초심불자와 보리심을 얻고자 하는 사부 대중들께

# 초심불자와 보리심을
# 얻고자 하는 사부 대중들께

일심日心 엮음

운주사

# 차례

삼귀의

위없는 부처님께 귀의하옵니다

위없는 가르침에 귀의하옵니다

거룩한 스님들께 귀의하옵니다 (3번)

귀의불경 귀의법경 귀의승경 (3번)


사귀의(티벳)

거룩한 스승님께 귀의하옵니다

거룩한 부처님께 귀의하옵니다

거룩한 가르침에 귀의하옵니다

거룩한 스님들께 귀의하옵니다 (3번)

귀의하는 공덕으로 완전한 깨달음 얻을 때까지 제가 귀의합니다


삼종계 － 섭율의계, 섭선법계, 섭중생계

삼학 － 계학, 선정, 지혜(계·정·혜)

삼독 － 탐·진·치(우리는 번뇌의 노예다.)


청법가

① 덕높으신 스승님 사자좌에 오르사

　 사자후를 합소서 감로법을 주소서

　 옛인연을 이어서 새인연을 맺도록

　 대자비를 베푸사 법을설하 옵소서

② 덕높-으신  법-사님  대법-좌에  오르사--
　법을-설하  옵-소서  맘을-씻어  주-소서
　모두 발심  하도록  같이성불  하-도록
　대원-력을  펴-시사  길을-인도  하-소서


육도중
삼선도-천상, 인간, 아수라
삼악도-지옥, 아귀, 축생


하사도 수행법
유가구족＝수행할 여유를 가진 인간의 몸
팔유가＝여덟 가지 수행할 수 있는 여유
십구족(십원만)＝열 가지 수행할 수 있는 조건


삼사도의 수행법-하사도, 중사도, 상사도
근기에 따라 차제에 맞게 수행한다.
끝없는 허공과 같은 어머니였던 모든 중생들과 함께 시방삼세 여래의
몸, 말, 마음, 공덕과 행 그 자체이시고, 팔만 사천 대장경의 근원이시
며, 모든 성인들 가운데 가장 수승하신, 직·간접의 은혜로운 바른
스승들께 귀의합니다.

# 제1편

# 부처님의 생애

부처님께서는 다음과 같이 말씀하셨습니다.

"나는 해탈의 길을 가르치지만, 해탈은 너희들 각자에게 달린 것임을 알아야 한다."

"너의 스승은 너 자신이다."

## 부처님 생애에 대한 이해

부처님에 생애에 대해 간단하게 말하면 세 가지로 나누어 설명할 수 있습니다.

① 중생을 구제하기 위해 깨달음을 성취하려고 한 시기(처음으로, 보리심을 일으킨 시기)

② 지혜와 복덕(지덕)을 쌓는 수행을 한 시기(중간으로, 무량겁 동안 두 가지 덕을 쌓은 시기)

③ 가르침 깨달음을 얻고 가르침을 베푼 시기(마지막으로, 성불하신

이후 다양한 법을 설하신 시기)

부처님의 생애를 이렇게 구분하는 이유는, 어떠한 존재도 본래부터 깨달음을 갖고 태어날 수는 없으며, 부처님께서도 무량겁 동안 수행하여 깨달음을 얻으셨듯이 우리 수행자들도 꾸준히 수행, 정진한다면 누구나 부처가 될 수 있음을 알게 하기 위해서입니다.

대승경전인『해심밀경』에서는 부처님의 가르침을 세 가지로 나누어 설명하고 있습니다.『해심밀경』은 유식학파의 소의경전입니다. 유식학파의 견해에 따르면, 제3법륜을 최상의 법륜이라고 인정합니다. 이유는 일체 존재의 성품을 3가지(변계소집성, 의타기성, 원성실성)로 나누어 자세하게 설명하셨기 때문입니다. 이를 유식삼성唯識三性이라 합니다.

※ 초전법륜初轉法輪 시기 : 사성제에 대한 가르침(고·집·멸·도)

※ 제2법륜第二法輪 시기 : 공성에 대한 가르침

※ 제3법륜第三法輪 시기 : 공성에 대해 자세하게 가르침


불교학파에 대한 분석과 이해가 중요합니다. (3법륜, 생기차제·원만차제)

예를 들어 부처님 생애에 대해서 테라바다(상좌부)와 대승불교에서의 견해가 다릅니다. 테라바다에서는 부처님의 성불 이전의 생애를 중생으로 생각하지만, 대승불교에서는 도솔천에서 내려올 때부터 부처님으로 인정합니다. 이미 부처를 이루시고, 화신으로 내려오신 것으로 생각합니다. 그러나 테라바다에서는 보신불을 인정하지 않습니다. 한국에서는 이 두 가지 다른 견해가 혼란스럽게 사용되어지는

것 같습니다. 또한 『해심밀경』에 따라 제3법륜을 최상의 법륜으로 인정하고, 8식(아뢰야식)을 유식파의 견해에 따르면서도 공성에 대해서는 중관파의 견해를 인정하는 등 혼란스러운 면이 있습니다. 4대 학파에 대한 분석과 정확한 견해가 부처님 가르침을 이해하는 데 중요합니다.

   * 원만보신은 노사나불


귀의 대상
   부처님
   팔대보살
   따라보살님
   호법신
   ─마하깔라는 관세음보살님의 신통력보살(분노존) 귀의대상이시다.
   ─세속 신들은 평안을 기도할 수는 있어도 귀의는 하면 안 된다.
   ─일반 신중단에는 믿으면 안 되고, 부탁은 할 수 있다.


◎옴 마니 뻬메 훔의 요점 설명
   ※ 산스크리트어 '옴'자는 아·우·마 세 글자로 이루어져 있습니다. 그 의미는 바로 신·구·의 삼문을 뜻합니다. 우리 중생의 신구의 삼문은 번뇌와 악습으로 청정하지 않고, 부처님의 신구의 삼문은 그런 번뇌와 악습에서 벗어나 아주 청정한 것입니다. 그렇다면 부처님은 원래부터 신구의 삼문이 청정한 것인지, 아니면 어떤 수행법을

통해서 청정해진 것인지를 묻는다면, 앞서 부처님의 생애에서 말씀 드린 바와 같이 석가모니 부처님 역시 처음에는 우리와 같이 윤회하 셨지만, 바른 스승을 만나 오랫동안 수행을 함으로써 결국 성불하신 것입니다.

그 바른 수행법들은 다양하지만, 요점을 간추리면 '마니'의 의미로 담긴 보리심과 '뻬메'의 의미로 담긴 공성을 깨닫는 지혜입니다.

※ 산스크리트어로 '마니'는 여의주를 뜻합니다. 여의주는 모든 소원들을 이루게 하는 보배인 것처럼 보리심 또한 일시와 궁극의 목적 모두를 이루게 하십니다.

마니-보리심-여의주-보배 (보리심 방편)

※ 산스크리트어로 '뻬메'는 연꽃을 뜻합니다. 연꽃은 진흙탕 속에 서 피어나지만 더러운 진흙에 물들지 않는 것처럼, 공성을 깨닫는 지혜 역시 번뇌 있는 중생의 마음으로 생기지만 그 번뇌에 물들지 않습니다.

뻬메-연꽃-공성을 깨닫는 지혜 (반야의 지혜 방편)

※ 산스크리트어로 '훔'자는 함께라는 것을 뜻합니다.

보리심과 공성을 깨닫는 지혜는 함께 해야 한다는 것을 의미합니다.

훔-보리심과 공성을 깨닫는 지혜는 늘 함께 해야 한다는 뜻.


다시 한 번 더 요약해 드린다면, '마니'의 의미가 담긴 참된 보리심의 방편과 '뻬메'의 의미가 담긴 공성을 깨닫는 반야의 지혜, 즉 방편과 지혜, 어느 한 편으로만 치우치지 않고 '훔'자의 의미와 같이 방편, 보리심과 반야의 지혜를 함께 닦는다면 우리의 청정하지 않은 신구의 삼문을 청정한 붓다의 신구의 삼문으로 바꿀 수 있다는 의미입니다. 즉 보리심과 반야의 지혜를 함께 닦는 수행법만이 성불할 수 있는 유일한 방법입니다. 라는 큰 가르침이 '옴 마니 뻬메 훔' 속에 담겨 있습니다. 그래서 '옴 마니 뻬메 훔' 육자 대 진언은 의미상으로 팔만 사천 법문의 핵심이 모두 다 들어 있는 진언의 왕이라고 티벳의 스승님들께서는 가르치십니다.

※ 귀의와 보리심 일으키기
　쌍게 최당 촉기 촉남라 장춥 바드루 닥니 껩수치
　거룩한 불법승 삼보에 완전한 깨달음 얻을 때까지 제가 귀의합니다.
　닥기 진쏙 기뺴 촉남끼 돌라 펜치르 쌍게 둡빠르쏙
　제가 보시 등을 행한 공덕으로 모든 중생 돕기 위해 부처 이루게 하소서.

　※ 소승, 대승은 보리심이 있고 없고 차이다.
　밀교와 대승은 일체중생을 위해 기도하고 보리심으로 보살도를 이룬다. 소승은 보리심이 없고, 자기 혼자 해탈을 추구한다.

　소승불교 — 보리심 없고, 아라한까지만
　대승불교 — 보살행 + 밀교, 일체중생 보리심
　티벳은 대승이다.

13

8길상 해석

① 일산－부처님의 상호 위 따가운 햇살을 가려주는 일산을 공양 올림으로써, 번뇌의 따가운 고통을 없앤다.

② 금어－부처님 눈에 금어 두 마리를 공양 올림으로써, 지혜의 눈을 얻는 공덕을 쌓는다.

③ 보병－부처님 목에 보석이 가득 담긴 보병을 공양 올림으로써 중생의 마음을 만족시키는 공덕을 쌓는다.

④ 연꽃－부처님 혀에 더러움이 물들지 않는 연화를 공양 올림으로써 거짓말, 험한 말 하지 않는 공덕을 쌓는다.

⑤ 법라－부처님 치아에 소리가 멀리 퍼져 나가는 법라를 공양 올림으로써 부처님 가르침이 널리 전해지는 공덕을 얻는다.

⑥ 인연고리－부처님 마음에 끝없이 이어지는 인연의 길상결을 공양 올림으로써 연기법으로 온전히 깨우치는 공덕을 쌓는다.

⑦ 승리당－부처님 몸에 승리당을 공양 올림으로써 수행의 모든 장애물에서 벗어나는 공덕을 쌓는다.

⑧ 법륜－부처님 발에 항상 굴러가는 진리의 법륜을 공양 올림으로써 부처님이 깨달으신 내용이 모든 중생에게 전해져 마음을 순화시키는 공덕을 쌓는다.


사마－4가지 마군

번뇌마군, 오온마군, 신의마군, 죽음의마군

관세음보살

　세간의 소리를 관찰한다.

　나무 ─ 욕정을 끊고 자성으로 돌아감

　아미타불 ─ 돌아가 귀의한다.


가사 이야기(9조 가사)

　부처님께서 1,250인 비구를 데리고 비사리에서 입문 유행하시던 중 암바라파제로부터 공양을 받으시고, 노지에 이르러 다시 한기를 느끼시므로 7조를 입으셨는데, 새벽녘에 제야에 이르시어 추우셔서 9조를 입으셨다(수하시다)고 한다.

　그리고 가사를 조성하는 데 있어서도 9조 가사를 조성하면 구백 칠천 칠겁의 죄를 소멸하고, 사후에 인천 삼유에 수념 왕생하여 지덕이 구족하다고 하셨다. 인연이 되어 청정한 마음을 다하여 가사불사에 동참하는 것이야말로 한량없는 공덕이라고 하겠습니다.


부처님 가사불사의 공덕(실화)

　160년 전 황해도 안악군 안악면 고령산 연등사에서 가사불사를 해서, 살생을 업으로 삼고 있는 남편을 제도한 보살 이야기입니다.

　어느 해에 가사불사를 하게 되었는데, 그 절에서 얼마 떨어지지 않은 곳, 험한 산에서 사냥을 해서 먹고 사는 이춘화라는 사람이 있었는데, 아내가 절에 다니는 것을 못마땅해 하였고, 그래도 부인은 절에 다녀와서 "오늘은 스님께서 설하시길, 살생을 많이 하는 사람은 단명횡사하고 자식을 잘 기르기 힘들다고 하니 우리도 직업을 바꾸는

게 어떨까요?"라고 하니, 이춘화는 화를 벌컥 내면서 "내가 하는 사냥은 단순한 취미가 아니라 우리 가족의 생계가 달린 직업이요."라고 하며 "호랑이 한 마리만 잡아도 3년은 먹고 살 수 있는데 그깟 농사짓고 입에 풀칠이나 하고 살겠소."라면서 답답한 소리 그만 하라고 하며, 절에도 작작 다니라고 하였다.

그래도 부인은 하루도 거르지 않고 절에 다니며 하루는 법회가 늦어 동네 사람들과 절에서 자게 되었는데, 남편은 화가 상투 끝까지 나서 중놈과 바람이 났다고 욕을 하며 '들어오기만 하면 당장 죽여 버리겠다'고 벼렸다. 부인이 집에 와서 사과를 해도 들어주지 않자 물동이를 이고 우물로 물을 길러 갔다. 이를 본 남편은 시기심이 일어나 저런 걸 데리고 살다간 무슨 꼴을 볼지 모르겠다며 지금 당장 죽여 버려야겠다며 활로 아내를 쏘았다. 분명히 활에 맞혔는데, 보니 아내는 잠시 뒤에 물동이에 물을 길어 부엌으로 들어가는 것이다. '이상하다, 잘못 쏘았나. 먼 산의 짐승들도 화살 하나면 끝인데' 하며 또 아내를 쏘았으나 아내는 태연하게 물을 떠서 밥을 짓고 있었다. 저녁을 먹으면서 남편은 이상하다고 생각하면서 이제 다시 절에 가지 말라고 했다. 그리고 자기가 쏜 화살이 어디에 떨어졌나 아무리 찾아도 보이지 않고 없었다.

그래도 부인은 그 날이 가사불사 회향날이라 절에 가고 싶었는데 못 가고, 절에서는 그 부인이 시주한 가사를 받을 스님께 올려야 되는데 부인이 못 가니 시주 받은 스님이 직접 찾아왔다. 남편은 스님을 몹시 못마땅해 하며 가져온 가사를 마지못해 쳐다보았는데 글쎄 이게 웬일인가! 가사를 봉투에서 꺼내자 자기가 쏜 화살촉

2개가 거기서 떨어져내렸고, 이를 본 스님도 놀랐다. 이게 웬일일까? 가사에 구멍이 두 군데 나 있는 것을 보고 아내는, "스님, 혹시 회향에 참석치 않아서 신장님이 벌을 주신 것이 아닐까요?" 하며 걱정하였다. 그때 남편 이춘화는 눈물을 흘리며, "부처님의 신통을 제가 믿지 않아서 생긴 일입니다." 하면서 부처님께서 오늘 일로 나를 교화시키기 위해 방편을 베푸신 것이라며 자신이 한 일을 소상히 말했다. 이후로 뚫어진 가사의 구멍을 메꾸기 위해 뒷구멍에는 해를 상징하여 일日 자를 수놓고 그 원 속에 금까마귀를 수놓았고(극락조), 아랫구멍을 메꾸는 데는 월月 자를 수놓아 달을 상징하고, 그 원 속에는 토끼가 방아 찧는 모습을 수놓았다고 한다. 남편도 개심하여 사냥을 하지 않고 열심히 불도를 닦는 불자가 되었다고 한다. 아내의 지극한 불심이 부처님을 감동케 하신 것이다.

※ 아제 아제 바라아제 바라승아제 모찌 사바하

　가떼 – 간다는 말(자량도) 〈오도다〉

　가떼 – 간다는 말(가행도)

　빠라가떼 – 저 언덕으로 간다는 말(견도)

　빠라삼가떼 – 저 언덕으로 완전히 갔다(수도)

　보디소하 – 보리에 머물러라(무학도)

부처님 12성지(8성지)

　① 천상에서 (간덴) 보살들에게 법문을 하시고 현재까지 중생구제
　　하시는 부처님

혜부담바또까르부(부처님 이름) 티벳말.

② 코끼리상아 6개 있는 꿈을 꾸시고, 어머니 뱃속으로 드시고

③ 룸비니동산－탄생하신 곳. (녠얜－부처님 신통력을 받은 곳)

④ 추텐남다룸－출가하신 곳, 29세 출가

⑤ 로투까와－6년 고행하신 곳

⑥ 붓다가야, 보트가야－성불하신 곳, 깨달으시고 35～80세까지 법을 설하심

⑦ 라즈기리－토굴 동굴, 토굴 속에서 고행하심

⑧ 와라나시, 사라나트－사성제, 다섯 비구에게 첫 법륜, 소승불교

⑨ 자구푼보리－법문하신 곳. (반야심경) 영축산으로 불보살님들, 많은 사람들(대승불교)

⑩ 양바첸, 양빤제－마지막 법문(3군데 법문하심). 소승, 대승, 밀교 설하심

⑪ 삼계의 비할 바 없는 공덕으로 사위성에서 위대한 신통을 나투시고 천신과 인간 모두로부터 큰 공경을 받으심. 12성지 부근에 있다고 합니다.

⑫ 차척동, 꾸시나가르－열반하신 곳

나무－모든 욕정을 끊고(나), 자성으로 돌아간다(무).

석가－세습

모니불－능인(무니)

아난존자－부처님 법을 가장 많이 듣고 1차 결집 때 경을 송출한 제자

유가구족-육도 중에서 가장 수행하기 좋은 인간의 몸으로 태어남

육도-천상, 인간, 아수라, 지옥, 아귀, 축생

인과-살았을 때 지은 선업과 불선업에 따라 더 많은 쪽에 의하여
　　죄가 정해진다.

삼사도-수행에 입문한 자의 근기와 마음 동기에 따라 수행방법을
　　크게 3가지로 나눈다. 하사도, 중사도, 상사도

요의법-불법의 도리가 현료하게 다 서술되어 있는 가르침

우바새, 우바이-재가 남녀로서 불도에 들어가 삼보에 귀의하고
　　5계를 받아 삼보를 극진히 섬기는 이를 말한다.


네 분의 친한 친척

부처님과 10대 제자 중 아난존자, 가섭존자, 목련존자


금강령은 부처님 불구이고, 금강저는 신이 지니는 도구다

가사-부처님 상징

승복-스님-장삼


사성제(고집멸도)

와라나시에서 5비구에게 초전법륜으로 사성제를 설하심.

① 고성제＝3가지가 있다. 고고, 괴고, 행고

　　고고-고통. •고통을 알아야 두려워하는 마음이 생김

　　괴고-귀의고

　　행고-생사윤회

② 집성제＝번뇌, 업, 2가지가 있다.

　번뇌 - 3독. 탐, 진, 치

　업 - 선업, 악업, 선도 악도 아닌 그냥 업.

　• 고통의 원인인 집착을 끊어야 함

③ 멸성제＝포교의 공덕. • 고통에서 벗어난 결과

④ 도성제＝(참된) 길, • 멸성제를 얻기 위한 방편, 닦아야 멸한다.

　첫째 보리심 일으키자마자

　둘째 사마타와 위빠사나 공성을 깨달은 마음

　셋째 공성을 정확하게 깨달은 도성제


불＝부처님

법＝멸성제, 도성제, 약, 일으켜야 부처님 (삼보의 스님은 아니다)

불보살님 위신력 - 힘, 축복이다

보리 - 깨달음(아뇩다라 삼먁삼보리) 위없는 완전한 깨달음이다.

금강살타 6자진언 - 옴 아 훔 호 함 캬 말라와라야훔페

다라니 - 주력

진언 - 만트라

반야심경 - 돈황석굴본


※ 보리심은 두 가지가 있으니 발원하는 원보리심, 발원한 것을
실행하는 행보리심이다.

　어디를 가고 싶어 하는 것과 실제로 가는 것이 다르듯이, 현명한
이들은 이 두 보리심의 차이를 안다. 보리심＝깨달음의 마음(평등심)

원보리심도 윤회 속에서 헤매는 중생들에게 공덕은 주지만, 행보리심과 같은 끝없는 공덕은 주지 않는다고 하였다.

원을 세우는 것과 행을 하는 것의 차이다.


◎ 아띠샤 스승님께서 부다가야에 있는 불탑 주위를 돌고 있을 때 따라보살님상과 샤카무니부처님 상호가 말씀하셨습니다.

"위대한 요기여, 그대 빨리 깨달음을 얻기를 바라면, 보리심을 수행해야 한다."

보리심을 갖고 한 번 절하면 보리심 없이 십만 번 절하는 것과 같은 공덕을 얻는다고 합니다.

인도의 위대한 스승 아띠샤는 보리심에 관한 가르침을 받기 위해 13개월 동안 험한 뱃길로 스승님을 찾아서 인도네시아까지 가셨다고 합니다.


공덕의 근원 — 위대한 스승님 쫑카빠 대사님 저술하심

① 우리는 반드시 죽는다.

② 언제 죽는지 알 수 없다.

③ 죽을 때에는 법(수행의 공덕) 외에는 아무것도 도움이 되지 않는다.

죽은 뒤에 몸과 그림자처럼 흑, 백 인과가 뒤따르는 것을 확고히 알아서, 불선들 작고 작은 것들도 소멸시키고, 선들 모두 행하기 위해 항상 근면 갖추게 가피하소서.

크고 넓고 끝없는 세계, 허공과 같은 마음 세계 관찰

① 청정법신 비로자나불

금색 광명을 띤 한 없이 맑은 물이 충만한 바다와 같은 성품
관찰

② 원만보신 노사나불

우리나라＝삼라만상의 뜻이 없는 중생과 사람.

티벳＝12세 조캉사원 능인(부처님)께서는 발심하고, 육바라밀,
이타행, 보리심, 깨달음으로 가셨다.

③ 천백억화신 석가모니불

④ 당래화생 미륵존불

⑤ 법신, 보신, 화신. 서방정토 극락세계 아미타 부처님

⑥ 동방만월세계 약사유리광여래부처님께 귀의


삼사도 수행법


하사도 수행법(하근기)

유가구족＝수행을 할 여유를 가진 인간의 몸

팔유가＝여덟 가지의 수행할 수 있는 여유

십구족(십원만)＝열 가지 수행할 수 있는 조건

삼사도의 수행법－하사도, 중사도, 상사도 근기에 따라 차제에
맞게 한다.

중근기(중사도) 공통적인 도의 차제

① 사성제를 통해 해탈을 추구하는 마음 일으키기(고, 집, 멸, 도)

② 해탈로 가는 길의 핵심인 삼학 중 계학 실천하기

윤회의 근본적인 성질인 색, 성, 향, 미, 촉. 이 다섯 가지 욕망의
대상은 아무리 채워도 만족할 수 없습니다.

계학 실천하기 : 가슴 깊은 곳에서 해탈을 추구하는 청정한 마음을
일으켜야 합니다. 이러한 마음 동기로 기억—해야 할 것과 하지 말아야
할 것을 잊지 않는 것—과 알아차림—장애가 수행에 방해가 되는지 되지
않는지 살피는 것—을 해야 합니다.

깊은 신중함—성행에 주의를 기울이는 것—으로 불법을 행해야 합
니다.

불법—교법경전, 증법수행의 뿌리인 별해탈계를 수행의 핵심으로
삼아야 합니다.


상사도(상근기의 도차제)

① 완전한 깨달음을 구하는 마음, 즉 보리심을 일으키기

② 보리심을 일으키고 나서 보살의 행을 실천하기

내가 윤회바다에 빠진 것처럼 과거 전생부터 나의 부모였던 다른
이들, 즉 모든 중생도 나와 같음을 알아 이것을 근거와 이유와 보리심
에 대해 경험 있는 스승님의 말씀을 통해서 깊게 살펴야 한다.

육도 윤회의 모든 중생들을 하나도 빠짐없이 윤회의 큰 바다에서
속히 건지겠다는 위대한 용기의 힘(짐) 지는 것이 최상의 보리심이다.
바른 스승님이 앞에 계신다고 관상한다.

보리심(마음)-평등심

사마타-집중, 위빠사나-관찰

보살행 실천하기

① 보살행인 육바라밀 실천하기

② 사마타(선정), 위빠사나(지혜) 실천하기

③ 최상의 승인 금강승을 실천하기


육바라밀을 요약한 삼종계에 익숙하지 않으면 어느 누구도 위없는 깨달음을 성취할 수 없다.

삼종계는

• 죄행을 막는 섭율의계

• 선법을 쌓는 섭선법계

• 중생을 이익 되게 하는 섭중생계


선정(사마타)=뒤집힌 현상, 즉 세속법에 대한 마음의 산란함을 멸하는 것이고,

지혜(위빠사나)=바른 뜻, 즉 공성을 이치에 맞게 분석하는 것이다.


최상의 승, 금강승을 실천하기

① 밀교의 입문인 관정을 바르게 받기

② 두 가지 성취의 바탕인 금강승계를 견고히 지키기

③ 밀교의 핵심인 생기차제와 원만차제를 바르게 닦기

1. 하·중·상사도의 공통도를 바르게 닦고서 밀교수행을 할 수 있는 근기가 되었을 때 성문승, 독각승, 보살승 등 모든 승 중에 최상인 금강승의 길로 들어가야 된다. 선연을 갖춘 이가 금강승에 들어가는 입문은 청정한 관문으로부터 시작된다.

생기차제 원만차제 밀교핵심

2. 두 가지 성취의 바탕인 금강승계를 견고히 지키기

금강승불께서 밀교의 입문인 청정한 관정을 받을 때 두 가지 성취인 '최상의 성취'와 '공통의 성취'를 이루는 바탕은 금강승계를 지키는 것이다.

3. 밀교의 핵심인 생기차제와 원만차제를 바르게 닦기

밀법의 두 가지 성취의 뿌리는 밀교의계(금강승계)를 목숨 같이 지키는 것에 있다.

이와 같이 계를 지킨 다음에 밀교의 핵심인 요체인 생기차제와 원만차제를 제대로 알아야 한다.


정진수행 - 세 가지 은혜, 즉 관정을 주신 은혜, 밀교를 가르치신 은혜, 수행의 요의법을 가르쳐 주신 은혜를 갖춘 스승의 말씀에 따라 금강승 수행법을 실천할 수 있도록 귀의의 대상인 바른 스승님을 만나 수행해야 한다.


※ 마지막 회향

① 수행할 때, 안·밖의 장애가 소멸되도록 회향한다.

② 바른 스승과 세세생생 떨어지지 않도록 회향. 또한 죄장, 악습

등의 안의 장애와 병마 등의 밖의 장애가 소멸되도록 회향한다.


13가지 참된 수행법

① 스승을 의지하는 수행법

② 유가구족의 몸으로 수행의 핵심을 구하는 마음을 일으키는 수행법

③ 삶의 무상함을 깨우치는 수행법

④ 인과에 대한 확고한 믿음을 지니고 법답게 수행하는 법

⑤ 사성제(고·집·멸·도)를 통하여 해탈을 추구하는 마음을 일으키는 수행법

⑥ 해탈로 가는 길의 핵심인 삼학도(계·정·혜)를 실천하는 수행법

⑦ 보리심을 일으키는 수행법

⑧ ⑦번을 일으키고, 육바라밀을 실천하는 수행법

⑨ 사마타(집중)와 위빠사나(관찰)를 함께 실천하는 수행법

⑩ 밀교의 입문 관정을 바르게 받는 수행법

⑪ 두 가지 성취(최상의 성취, 공통의 성취)의 바탕인 금강승계를 견고히 지키는 수행법

⑫ 밀교의 핵심인 생기차제와 원만차제를 바르게 닦는 수행법

⑬ 회향하는 수행법


십지와 오도

십지 - 환희지, 이구지, 발광지, 염혜지, 난승지, 현전지, 원행지, 부동지, 선혜지, 법운지

오도 – 자량도, 가행도, 견도, 수도, 무학도의 공덕들을 이루어서 금강지불의 경지를 오탁악세의 이 짧은 생애에서도 속히 얻을 수 있도록 귀의 대상인 바른 스승님을 관상하면서 가피를 구하는 것이다.

딕빠 찌양 미자싱 – 제악막작諸惡莫作 모든 악행을 막고
계와 푼숨 촉빠르제 – 중선봉행衆善奉行 선행을 모두 실천하여
랑기 셈니 용수들 – 자정기심自淨其心 자신의 마음 완전히 다스리는 것
데니 쌍게 뗀마인 – 시즉불교是則佛敎 이것이 바로 부처님의 가르침이다.


※ 도의 3가지 핵심 – 쫑카빠 스승님
• 출리심 – 와에증
• 보리심 – 장춥셈
• 공성 – 바른 견해(무자성, 무아); 올바른 견해 – 양닥빼다와(공성)


3가지 핵심을 쉽게 이해하고 실천할 수 있도록 7가지 제목으로 간략하게 설명
① 귀의 = 제쭌라마, 거룩하신 스승
　라마 = 공덕과 자비가 한량없다는 뜻. 위없는 분이라고도 한다.
② 지은이의 맹세
승리자이신 부처님의 모든 가르침의 정수인 출리심
청정한 보살님들이 찬탄하신 도인 보리심

행운아들이 해탈에 들어가는 문인 공성에 대한 바른 견해에 대해 쫑카빠 대사님께서 겸손하게 자신이 아는 만큼 해석하겠다는 다짐이다.

③ 법기를 갖춘 제자들이 듣게 함

가르침을 설하고 들을 때는 둘 다 청정한 마음을 가지고, 특히 대승의 가르침을 들을 때는 잘못된 길로 떨어지지 않도록 삼귀의 마음을 일으키고, 성문·연각과 같은 소승의 길로 빠지지 않도록 보리심을 일으켜야 한다.

④ 출리심 - 해탈, 깨달음으로 가는 길

금생과 내생의 모든 집착을 끊고 유가구족 얻기와 삶이 무상함을 알고 밤낮으로 해탈을 구하는 마음이 자연스럽게 일어나면 그때가 바로 출리심이 생겨난 경계이다. 출리심을 계속 닦아야 하고, 도달한 후에도 쇠퇴하지 않고 늘어나도록 노력해야 한다.

⑤ 보리심 - 평등심

보리심을 일으키지 않고 진리, 즉 공성을 깨닫는 지혜만으로 성불할 수 없을 뿐만 아니라, 출리심 또한 보리심의 토대 없이는 위없는 깨달음이자 완전한 행복, 즉 성불의 원인이 될 수 없기 때문에 지혜로운 이는 보리심을 일으켜야 한다.

거센 네 강의 급류 - 생·노·병·사

⑥ 공성에 대한 올바른 견해

공성, 즉 무자성, 무아를 깨닫는 지혜를 갖추지 못하면 출리심과 보리심을 잘 수습하여 닦더라도 윤회의 뿌리인 무지(아집)를 자를 수 없기 때문에 연기법(무아)을 깨닫기 위해 정진해야 한다.

연기, 즉 인과의 거짓 없음을 이해하는 것과 언설 벗어난 공성에 대한 이해 두 가지를 따로 따로 모순으로 인식함이 남아 있는 한, 공성에 대해 배우고 수습하는 것이 아무리 오래 되었더라도 아직도 능인인 부처님의 심오한 뜻, 즉 공성을 깨달은 것이 아니다. 어떤 한 존재를 연기로 이해함으로써 이 존재가 실재로 없다고 볼 수 있어야 공성을 깨달을 수 있는 것이다.

상견-실재로 있는 것

단견-아무것도 없다는 연기와 공성을 둘이 아닌 하나로 깨달아야 한다.

⑦ 실천을 독려하는 가르침

이차 인연 공덕으로 일체중생이 3가지 도의 핵심을 바르게 이해하여 증득하도록 서원한다.

3가지 도의 핵심-출리심, 보리심, 공성(도의 핵심)

만다라-깨달음의 경지(부처님 궁전)


생기차제-부처님 관상하고 빛이 내려와 모든 입장이 다 녹아내림

원만차제-해탈하여 부처 이루는 빛이 남. 밀라레빠처럼


이담-밀교에서 또다른 부처님의 형상을 수행의 방편으로 삼는다.

헤루까-다양한 형태의 이담 중 하나이다.

칸돌마-밀교의 여호법신이라고 말하며 다키니라고도 한다.

간돌라-보드가야 대탑 맨 윗부분 나가르주나가 부처님 진신사리
    를 봉안하였다고 전한다.

지장경

　도리천궁의 설법무대에 앉으시니 온갖 구름의 빛이 부처님을 향해 비추고, 다양하고 아름다운 소리가 울려 퍼집니다. 지장경은 그 장엄한 모습을 그리는 것으로 시작됩니다.

　거기에 등장하는 문수사리 보살님의 '사리'란 '다음 부처님'이란 뜻입니다. 보살 중에서 제일 먼저 부처가 될 수 있는 최상수 보살을 사리보살이라 부릅니다. 왕의 첫째 아들이란 의미와 같습니다. 문수사리도 헤아리지 못한다는 것은 무엇을 의미하는가? 지장보살이 제도한 중생이 한량없다는 뜻일까요? 헤아릴 수 없는 상태란 나누어 헤아리려 하면 끝이 없고, 모아서 전체로 보면 하나도 아니라는 것을 말함이 아닐까요?


◎ 밀교의 다섯 가지 기도법

　세상에 태어나 기도를 한 번도 안 해 본 사람은 꽃을 한 번도 본 적이 없는 것과 같다. 기도는 내 삶을 가꾸는 꽃밭이고, 영혼의 꽃밭을 가꾸는 일이다. 기도를 잊지 말라. 만약 그대의 기도가 성실하다면 그 속에 새로운 의미와 느낌이 있고 생생한 용기를 줄 것이며, 기도가 스스로를 가르치는 교육이라는 사실을 알 것이다.

　첫째, 식재법이다. 재앙과 고난을 제거하기 위한 기도를 하는 것이다. 인간의 현실 속에서 길·흉·화·복의 일이 있어 복을 맞이하고 재액을 쫓고자 하는 것은 사람의 기본 심리이다. 영복축액(迎福逐厄, 복을 맞이하고 액을 물리침), 재앙이 오지 않기를 일차적으로 희망한다.

　둘째, 증익법이다. 행복과 건강을 더욱 증진시키기 위한 기도법이다. 현재보다 상황이 더 좋은 방향으로 향상되기를 바라며, 역시 미래 지향적인 인간의 희망이다.

셋째, 경애법이다. 사람의 마음에 공경과 사랑이 생겨 서로 화목해지는 기도이다. 인간관계의 중요한 의미라 할 수 있다. 정신환경을 좋게 만들며 이로 인해 안락을 누릴 수 있다. 불화가 일어나면 서로의 행복에 침해가 되어 불행을 초래한다.

넷째, 조복법이다. 악인의 나쁜 마음을 조복하고 악귀 따위를 추방하기 위해 기도한다. 악을 물리치기 위한 힘을 얻어 퇴치하는 것이 모든 종교 윤리의 근본 전제가 되어야 한다.

다섯째, 구소법이다. 구소란 갈고리를 가지고 무엇을 끌어올려 원하는 자리에 놓아둔다는 뜻이다. 자기가 희망하는 경지에 이르기 위해 기도하는 것이다. 예를 들면, 수행자가 법을 통달하여 특정한 수행 지위에 이르고자 하거나, 직책을 가진 세속 사람이 승진을 원하는 것 등도 구소법이다.

## 기도의 두 가지 형태

① 하나는 부처님이나 불보살 혹은 신중들에게 소원을 빌면서 초자연적인 위신력을 얻어 다분히 기계적으로 현세의 이익을 사적으로 얻고자 하는 기도이다.

② 또 하나는 부처님 등 숭배 대상에 귀의하고 믿음을 독실하게 하고 자기의 죄업을 참회하면서 공리를 바라지 않고 감사, 찬탄하는 비공리적인 기도이다.

①번은 주로 민간 신앙이나 기능 신앙으로, 기도로써 액난을 물리치

고 복을 누리며 병을 낫게 하는 뜻으로 행하는 기도이고, ②번은 밀교 삼밀가지나 정토신앙의 염불 등이 이에 해당된다. 종교적 삶을 사는 사람들에게 인생이란 기도의 연속이라고 할 수 있다.

삼밀(비)가지 — 부처님의 신, 구, 의 삼업(선)에서 은밀히 중생에게 가피가 입혀지는 것(삼문).

우연을 가장한 위대한 공양

목욕을 마친 붓다는 거대한 나무 밑에 앉는다. 고행의 포기와 대안의 부재는 붓다로 하여금 많은 동반을 회상하게 했을 것이다. 아마도 붓다의 일생에서 가장 번뇌가 많았던 시기가 이 때가 아니었을까 싶다. 이 무렵에 등장하는 인물이 바로 수자타이다.

수자타는 목장주의 딸로 목축업이 잘 되게 하기 위해서 새벽에 우유죽을 끓여서, 우리 식으로 치면 서낭당에 나무신에게 기원을 올리려고 거대한 나무를 찾게 된다. 그때 평소와는 다르게 나무신이 인간의 모습으로 변신해 있는 것을 보게 되는데, 이는 고행 과정에서 잔뜩 야윈 붓다를 보고 착각을 일으킨 것이다. 결국 수자타는 가지고 간 우유죽을 붓다께 공양하게 된다. 이것이 불교사상 가장 위대한 공양으로 평가되는 수자타의 유미죽이다.

붓다는 이 음식을 드시고 어느 정도 기력을 회복한 뒤, 깨달음을 얻게 된다. 즉 수자타의 착각에서 비롯된 공양은 성도를 파생하는 최상의 공양이 되는 것이다. 이는 의도함이 없는 최상 의미가 전개되고 있다는 점에서 더욱 그렇다.

『노자』제37장에 보면 무위이 무불위라는 말이 있다. 특별히 하려고 의도하지 않아도 되지 않는 것이 없다는 의미다. 수자타는 전생에 쌓은 최상의 공덕으로 우연으로 가장된 필연을 완성하고 있는 것이다.

## 수자타의 우유죽―성도재일 최고의 공양

① 납팔죽의 풍속은 당나라 때부터 널리 퍼져 왕궁이나 민간에게도 이 날 수승한 죽을 나누어 먹었다.

② 중국 문화권에서 붓다의 성도일은 12月 8日 새벽이다. 이 날이 납월 8일이다. 철야정진을 하고, 이 때 수자타의 우유죽을 기념하여 불전에 올리고, 이러한 불죽을 두루 나누어 먹는 풍속이 있다. 이 죽(납팔죽)은 매우 좋은 영양죽으로 칠보죽, 오미죽으로 불린다.

## 죽음을 불사한 최고의 명상

붓다의 고행 포기를 주시하던 다섯 수행자들은 붓다가 타락해서 더 이상 수행자로서의 가치가 없다고 생각하여 결별을 선언한다. 후일 다섯 비구로서 다시금 상면하게 되는 이들이 보기에 붓다는 수행을 실패한 타협주의자로 보였던 것이다. 특별한 대안 없이 고행을 포기한 붓다로서는 이들을 잡을 수 없었다는 점에서 이 사건은 또 하나의 충격으로 다가오게 된다. 성도 이후 붓다가 친히 이들을 찾아가 교화한 것 속에는 이들의 오해에 대한 변증의 측면도 깃들어 있다고 하겠다. 완전히 혼자가 된 붓다는 심적으로 매우 불안했을 것이다(불안했던 것 같다). 왕궁을 나섰던 때의 패기나 스승들의 만류를 뿌리치고 교단을 나왔을 때의 호기는 전혀 느껴지지 않는다. 이 때 붓다는 일생을 통틀어 가장 특이한 행동들을 하게 된다.

붓다는 수자타에게서 우유죽을 받을 때 함께 얻게 된 발우를 나련선하(나련자라 강가)에 띄운다. 그리고는 당신의 깨달음이 멀지 않았다면 발우는 물을 거슬러 올라갈 것이라고 생각한다. 불전에는 이 때 발우가 물을 거슬러 올라갔으며 용왕이 이를 획득해 공양했다고 한다. 이는 당시 붓다의 심리 상태를 단적으로 나타내준다고 하겠다. 즉 점과 같은 비합리성에 의존할 정도로 붓다의 상황은 극히 불확실했던 것이다. 붓다는 마지막 명상을 위해 전각산을 올랐으나 탐탁지 않다고 생각하여 가야지역으로 가게 된다. 거기에서 한 그루의 핍발라 나무를 발견하고 주변에서 꼴을 베던 목동에게 자리에 깔 풀 한 단을 요청한다. 그리고 목동에게 그 풀이름이 길상초임을 듣고는 다시금 기뻐하게 된다.

붓다와 같은 이성적인 합리론자가 발우를 물에 띄워 기원하고, 길상초라는 풀이름을 듣고 기뻐했다는 것은 매우 이질적이다. 그러나 한편으로 생각하면 당시 붓다의 상황은 이런 작은 상서로움 속에서도 기쁨을 찾아야 할 정도로 절박했던 것이다. 그리고 마침내 깨달음을 얻지 못한다면 다시는 일어나지 않겠다는 죽음의 서원을 세우고 최후의 명상에 들어간다. 이 역시도 죽음을 불사하는 배수진이라는 점에서, 이 때까지도 깨달음에 대한 확신은 불명확했다는 것을 알 수 있다.

"깨달음을 통해 새롭게 태어나는 세계"

최후의 명상을 통해서 모든 것은 새롭게 된다.

붓다가 앉았던 자리는 금강보좌가 되고, 핍발라 나무는 깨달음의 나무 즉 보리수로 거듭난다. 그리고 가야 역시 바라문가야와 변별되면서 붓다의 가야, 부다가야로 불리게 된다. 관점이 바뀌면 존재는 새로운 인식을 한다(얻는다). 붓다의 정각은 비단 핍발라(보리수) 나무나 가야만이 아니라 전 우주를 거듭나게 하는 가치를 내포하는 것이다.

"사견을 타파하고 정각을 이루다."

붓다의 성도는 마왕을 이기는 것으로 성취한다. 우리는 인도 문화에서 마왕이 단순히 부정적인 존재만은 아니라는 점에 주의할 필요가 있다. 고대 문명의 발상지들은 한결 같이 여성차별이 심하게 나타난다. 이는 문명의 시작이 빠름으로 인하여 남성 위주의 문화가 일찍 정착했기 때문으로 이해된다. 인도 역시 예외가 아니다. 남녀차별과 관련하여 불교에도 "여성오장설"이라는 것이 있다.

여인의 몸은 하열하기 때문에 전륜성왕, 제석천왕, 범천왕, 마왕, 붓다의 다섯 종류의 수승한 존재는 될 수가 없다는 것이다. 그런데 여기에 버젓이 마왕이 포함되어 있다. 즉 마왕은 수승한 존재 중 사견의 파생자인 것이다. 지옥이 어리석음의 결과라면 마왕은 사견에 의한 존재이다. 어리석음이 무지를 동반하고 있다면, 사견은 교활한 악을 의미한다. 교활한 악의 권능으로 인하여 마왕은 지옥에 가는 것이 아니라 수승한 능력을 확보하게 된다. 붓다의 마왕 정복은 사견의 타파를 의미한다. 다시 말해 정각을 통하여 붓다는 더 이상 사심이 공심을 장애할 수 없게 된 것이다. 붓다는 정각과 함께 모든 계율을 구족하셨다는 것은 이를 의미한다. 공자는 70세에 마음먹은 대로 행하여도 법도를 넘어서지 않는다 라고 하였는데, 붓다는 성도와 더불어 이미 이러한 경계를 넘어 체득의 단계에 도달하고 있었던 것이다.

육바라밀(수행)

육바라밀은 대승보살들의 실천 덕목으로서 보시, 지계, 인욕, 정진, 선정, 반야(지혜)를 말한다.

바라밀은 파라미타를 음역한 것으로 금강반야 바라밀경처럼 구마라집 스님(343~413)은 바라밀이라 음역하였고, 마하반야 바라밀다심경처럼 현장 스님(600~664)은 '바라밀다'로 음역하였다. 바라밀은 보통 미혹의 이 언덕에서 깨달음의 저 언덕에 이르다는 뜻, 또 건너다라는 뜻으로 도피안, 도度 등으로 번역한다. 근래 학자들은 완성, 성취, 최상 등으로 풀이한다.

그런데 바라밀이 수행이라는 측면에서 언급될 때는 저 언덕에 이른 상태인 완성, 최상, 성취라는 의미보다는 저 언덕에 이르게 하는 방법으로 이해되기 쉽다. 즉 육바라밀을 실천함으로서 깨달음을 이룬다고 이해할 때에는 바라밀은 완성이라기보다는 완성으로 가는 방법으로 이해된다. 특히 반야심경에서는 반야바라밀다를 행한다고 언급하기 때문이다. 그러나 광덕 스님은 이에 대해 다음과 같이 단호하게 말씀하신다.

"바라밀은 완전에 도달한 상태를 의미한다. 종래 도피안 또는 도무극이라 번역했다. 반야에 의해 현전한 절대의 경계를 말한다 하겠다.

즉 진리의 세계를 의미하여 우리의 본래 실상, 진여법성에 도달하고 무한공덕이 구전한 대해탈의 상태다. 그러므로 바라밀은 피안에 이른다는 의미로 해석하는 것은 바라밀의 내포를 충분히 말한 것이 못되는 것이다."

스님 말씀에 의하면 바라밀에는 완성, 성취, 최상의 의미가 담겨 있다. 이때 도피안은 저 언덕으로 도달하는 과정의 뜻이 아니라 저 언덕에 도달한 상태의 뜻이 된다.

## "육바라밀 살펴보기"

보시바라밀 – 단바라밀 또는 단나바라밀이라 음역한다. 아무런 조건 없이 주는 것, 즉 보수를 바라지 않고 봉사하여 굶주림과 헐벗은 사람에게 주는 '재보시', 진리를 모르는 사람에게 '법보시', 두려워하는 이에게 용기와 위안 주는 '무외시' 등이 있다. 보시바라밀은 "삼륜청정" 한 보시여야 한다. 주는 이와 받는 이의 마음과 보시되는 물건이 모두 청정해야 한다. 안으로는 자신을 아끼고 탐을 끊고, 밖으로는 모든 중생에게 이로움을 주려는 마음을 내는 것이다.

지계바라밀 – 시라바라밀이라 음역한다. 계를 지니고 생활해 나감. 스스로 자기 자신을 고치고 남을 보호하고 적은 것에 만족, 착한 일 권장, 악행을 싫어하고 그른 것은 막고, 옳은 것은 실천하여 안온한 해탈의 길에 이르게 하는 지계바라밀이다.

인욕바라밀 – 찬제바라밀이라고 음역한다. 참기 어려운 일을 참고 욕된 일을 당하여도 스스로 성냄을 참고 남을 위해 용서하고 자신의 이익, 명예에 집착 않고 원망하지 않는 무아행을 말한다.

정진바라밀 – 비라야바라밀이라고 음역한다. 한결같은 마음으로 정성을 다해 끊임없이 계속하는 줄기찬 노력, 게으름과 방일에 물들지 않는 생활을 말한다.

선정바라밀 – 선나바라밀이라고 음역한다. 모든 헛된 생각을 버리고 마음을 고요히 한 곳에 집중하는 것. 번뇌 망상으로 인하여 생겨나는 번거롭고 소란한 마음을 진정시켜 정신 통일하는 것. 정 또는 삼매라 한다.

반야바라밀 – 지혜바라밀이라고 음역한다. 반야는 진리를 직관하는 지혜이다. 이 지혜는 경험이나 사색을 통해 얻는 지식과 다른 모든 분별을 떠난 무분별지이다. 반야란 진리의 세계, 만물의 참모습을 환히 비추어보는 밝음이다. 가장 중요한 바라밀이다.


① 여섯 가지 실천 덕목을 통해 바라밀에 들어서게 된다고 하는 가르침이 있다.

② 바라밀은 우리들이 본래 갖추고 있는 본래 실상이라는 광덕 스님의 말씀처럼, 그 여섯 바라밀을 이루기 위한 것이 아니라 본래 실상인 바라밀에서 나온 보살행이자 부처님행이라는 가르침이 있다. 지금 실천하고 있는 보시, 지계, 인욕, 정진, 선정, 반야 하나하나 바로 부처님행이다.


* 사법인 – 변함없는 만유의 4가지 진리로, ① 제행무상, ② 제법무아, ③ 일체개고, ④ 열반적정

* 삼계 - 생사유전이 쉴 새 없는 미혹의 세계를 셋으로 분리하여 일컫는 말.

① 욕계 - 탐욕 가운데서 식욕, 음욕, 수면욕이 강한 세계

② 색계 - 욕계와 같은 탐욕이 없지만(무) 미묘한 형체가 있는 세계

③ 무색계 - 색계와 같은 미묘한 몸도 없고, 순수한 정신만 존재하는 세계


* 사생 : 생명체가 태어나는 4가지 형태

① 태생 - 모태에서 태어나는 것으로 사람이나 짐승류

② 난생 - 알에서 태어나는 것으로 조류

③ 습생 - 습기에서 태어나는 벌레류

④ 화생 - 다른 물건에 기생하여 그것으로부터 태어나는 것이 아니고, 스스로 업력에 의해 의지할 바 없이 홀연히 생겨나는 것(사생 육도법계)


* 세속팔풍 - 사람의 마음을 선동하는 것으로 8가지를 말함

이익 좋아하고, 없으면 싫어하고

즐거우면 좋아하고, 불행은 싫어하고

듣기 좋은 말 좋아하고, 충고는 싫어하고

칭찬하면 좋아하고, 비방하면 싫어한다.


아띠샤 스승님께서는 인사말로 "쎔 상보 중외? 선한 마음 생겼습니까?"라고 하셨다.

케셔벤-학위를 받은 벤이라는 비구. 할 것과 하지 말아야 할 것을 구분

공양물은 직접 올리고, 가장 좋은 것으로 올린다. 부처님으로부터 오른쪽부터 올린다.

공양수-맨 윗잔에 1/3을 부어 7잔에 나누어 놓고 가득히 붓는다. 부처님 오른쪽부터 올린다. 초는 밝고 오래 탈 수 있도록 한다.

아라한의 7가지 재산=믿음, 계율, 들음, 보시, 부끄러워할 줄 앎, 남을 탓하지 않는 것, 지혜

공양게송-(오공계) 공양할 때(칠지공양): 티벳문화. 우리는 육법 공양.

오사명

① 어떤 귀한 것을 받으려고 아첨하는 마음

② 바라는 어떤 것을 구하고자 삿된 마음

③ 작은 것을 주고 큰 것을 바라는 마음으로 얻음

④ 다른 절에 할 것을 유도해서 하거나 억지로 하게 함

⑤ 신도들 앞에서 법다운 척하며 이 분이 시주하면 좋겠다고 함

출가자들이 계를 파하거나 다섯 가지 삿된 방법으로 재산을 모아 불사나 공양 올리면 큰 죄를 짓는다.

아따샤와 셸링빠 스승님은 12년을 같이 지내셨다. 설산의 나라 북쪽 티벳이다. 대번역가 린첸상뽀, 소번역가 렉셰는 티벳의 동자,

티벳의 왕 예세워는 아따샤를 모시려고 찾아나섰다가 외도의 왕 갈록이 왕을 죽이겠다고 가두자 조카 장춥웨가 금덩이를 구해 와서 석방을 요구했으나 더 큰 금덩이를 가져오라고 한다.

수미산－황금의 땅 위에 있는 모든 산의 왕. 동쪽은 은, 남쪽은 푸른 보석(베루야), 서쪽은 빨간 유리로 된 보석, 북쪽은 금으로 덮여 있다. 수미산의 동서남북 각각 색깔이 하늘에 비춤으로써 하늘 색깔이 그와 같고, 그 보석 색깔에 의해서 바다 빛깔도 그와 같다. 수미산의 높이는 물 위에 있는 것이 8만 유순이고, 물속에 잠긴 것이 8만 유순이다.

제2의 석가모니 부처님이라 불리는 인도 스승 나가르주나(용수보살)는 『중론』을 통해 공사상을 확립하여 이후 대승불교에 많은 영향을 주었다.

심왕－의식작용의 본체. 객관적인 대상의 총체적인 상을 인식하는 정신작용.
심소－심왕에 종속하여 일어나는 정신작용으로 심소유법이라고 함.
흰 코끼리－부처님을 상징
절－절하는 곳. 절로 절로 된다고.
마하반야－큰 지혜
마하살－큰보살, 대보살

성문-듣고 깨달음

연각-혼자 공부해 깨달음

독각-나한은 아라한

조계종은 조계사 육조혜능 스님을 주제로 지어진 종파


북, 법고-축생제도

목어-물고기 제도

운판-날짐승 제도

종-모든 중생, 지옥 중생


산신-지신의 왕

화두-활활 타는 불꽃 속에 핀 연꽃

보현행-실천

문수보살-지혜

포대화상-나누어주심(포대 속의 많은 보물), 부처님 화신이다.

등공양-세상을 밝힌다. 등불은 8가지 공덕이 있다.

서원은 공덕이고 원력이다(나와 남)

소원은 하나의 욕심이다.

심우도-자기 마음 자리를 찾아간다. ○, 무상, 없다.

백의 관음상-좌보처 남순동자, 우보처 용왕대신

금강저-호신용(지혜), 신들의 불구

금강령-부처님 불구(공성)

석가-인도 석가족

모니(무니)-능인, 마하능인

귀의-입문이며, 믿고 따른다(꺔됴)

람-도, 길

림-쓤소, 차제

귀의에도 하근기, 중근기, 상근기 귀의가 있다.

두려움과 육도의 고통을 생각해야 출리심이 일어나고 불법을 이해
한다.

문-닦고 공부한다(듣고)

사-생각하고, 관상, 관찰, 확신

수-수희찬탄, 습관 만들기와 바꾸기 반복하면서 해야 한다.

원-과거 부처님(귀의 대상)

위-미래 부처님(나의 미래)

호법신도 귀의 대상이다.

◎귀의승은 견도 이상이어야 된다.

스님 4분이 모이면 승가라고 하는데, 그 중에 한 분이라도 보리심이
있으면 승가라고 한다.


오도

자량도-복덕, 지덕(소·중·대 자량도가 있다)

가행도-4가지

견도-2가지

수도-9가지(학도 배우는 과정)

무학도-다 배우고 나면 아라한의 경지

성문, 연각은 소승이다.(소승은 오도 있고)


영가-오도 있고(15도가 있다)

대승은 오직 부처님뿐(대승의 오도)

보리심-소·중·대 보리도가 있다.

마음자리 닦아야 부처될 수 있다.

보리심-보리마음

입중론-월칭보살

보살행론. 행복수업


팔관회-고대 인도인들은 육재일이 되면 오전까지만 먹고 오후는 불식하는 풍습이 있다. 여기에 8가지 계율을 첨가한 것이 팔관재계이다. 속세인들은 매일 지키기 어려우므로 일정한 날을 정해 놓고 8가지 계율을 지키게 한 것이다.

8관은 금한다는 뜻이며, 재는 오전에 한 끼만 먹고 오후에는 음식을 멀리 한다는, 부정을 없애는 의식이다(포살계)

※ 고려시대 팔관회는 뜻이 조금 다르다.


계는 몸으로 짓는 허물과 잘못을 금하며 방지한다는 뜻이다.

부처님께서 싯비티 동쪽으로 가시다가 한 신도의 집에 들러 설법한 내용이다.

첫째, 살생하지 마라

둘째, 도둑질하지 마라

셋째, 음행하지 마라

넷째, 거짓말하지 마라

다섯째, 음주하지 마라

여섯째, 몸에 패물이나 화장 말고, 노래하거나 춤추지 마라

일곱째, 높고 큰 넓은 평상에 앉지 마라

여덟 번째, 제때가 아니면 먹지 마라, 고 하셨다.


불교＝습관 바꾸기(행복을 원하므로)

귀의는 불교에 입문한다는 뜻

귀의처는 오도를 이룬 분께 한다.

마하깔라는 승이고, 귀의처다.

관세음보살님의 분노존＝(신통보존)


붓다의 정의

번뇌장, 소지장을 멸하시고 일체지를 모두 갖추신 분이며, 자비와
공덕이 가득하시다.

번뇌장―탐·진·치 삼독이다

소지장―성불을 방해하는 것, 장애물

불―부처님전

법―사성제 중 도제, 멸제

승―승가(승인) 4분 모이면 승가라고 그 중에 보리심 한 분이라도
    있으면 승가다.

귀의 원인 - ① 두려움 3가지. 삼악도, 윤회, 일체중생
　　조건 - ② 믿음, 신심


출리심이 없으면 범부중생이다.(하화중생)

"중요한 계"
모든 계의 토대는 귀의계로부터 시작.
귀의하는 방법 4가지; 악업 줄이고, 선업을 늘리고, 이치대로 행하고, 도덕성이다.
부처님은 훌륭한 의사, 법은 약, 스님은 간호사, 나는 환자다.


귀의하여 생기는 8가지 공덕
① 귀의할 때 흉내 내거나 입으로만 하지 말고 마음속 깊은 곳으로부터 귀의하면 진정한 불자로서 입문하는 것이다.
② 근본적으로 마음속으로부터 삼보에 귀의하지 않으면 계를 받을 수 없다. 귀의하는 것은 모든 계율과 수행의 토대가 되기 때문이다.
③ 귀의하면 예전에 쌓았던 업장들도 소멸된다. 우리가 귀의하는 공덕의 크기를 잰다면 욕계, 색계, 무색계의 삼계를 모두 담을 만한 그릇보다 크다.
④ 큰 공덕을 쌓는다. 부처님께서는 깨달으신 분이시기에 우리의 마음 동기가 비록 완벽하지 않더라도 귀의하면 큰 공덕을 쌓는 특별함이 있다.
⑤ 사람과 귀신들로부터 해침을 당하지 않는다. 항상 삼보께 바쳐서

귀의해야 한다.

⑥ 삼악도에 떨어지지 않는다. 신들은 죽을 때 자신이 다음 생에 어디에 태어나는지 볼 수 있는데 지금 위치보다 대부분 낮은 생으로 태어난다.(천상에서 매일 놀고먹으며 게으르게 살았기에 천상계는 인간계보다 못해 다시 또 삼악도로 태어난다고 한다. 천상계는 인간계보다 못함)

⑦ 현생과 미래의 모든 일들이 저절로 된다. 소원 이루는 방편으로도 귀의하는 것보다 나은 것이 없다.

⑧ 빨리 성불할 수 있다. 누구나 삼보에 귀의해서 수행하면 모든 장애를 빨리 없앨 수 있다.


일심으로 귀의하면 죽을 때도 그런 마음의 힘에 의지하여 큰 공덕을 쌓으면서 죽을 수 있다. 부처님께서 살생을 왜 하지 말라고 하셨나. 살생의 과보를 받기 때문이며(십악행), 삼악도 떨어지지 않기 위해서다. 귀의하면 일시적으로는 삼악도에 떨어지지 않으며, 궁극적으로는 붓다의 경지 이룬다.

24시간 늘 귀의를 생각해야 된다.

행은 몸, 말, 중요하지만, 불교는 마음으로 행한다.

원인과 결과는 일치한다.(인과)


마음 동기 2가지

직접적인 동기

간접적인 동기

자성불도＝자력으로, 타력＝스승님 등으로

깝도, 쎔꼐 – 귀의와 보리심

깝슈치오 쎔촉


현교, 밀교 차이점

밀교 – 대승의 승보(최상의 무상요가)


보살계에서 성문의 바람

받는 이유 – 일체 중생 위해, 일체 종지 이루기 위해 받는다.(7일간)


공성 – 선한 동기 일어나고 공성의 지혜가 본존으로 향해.

정광명 의식을 통해서 공성의 지혜가 일어나고.


※ 존자님 말씀

불교는 절대로 없어지지 않는다. 누구도 없애지 못한다.

불교는 죽은 사자의 시체와 같다. 사자는 동물의 왕이라 그 누구도 건드리지 못한다. 다만 몸이 썩어서 몸속에서 벌레들이 생겨 먹는다. 수행자가 행을 잘못하여 불교를 파괴하지 않는 한.


길상초 – 불결을 소멸하고, 정화하는 힘. 스승님 가피를 받았다고.


붉은 띠 – 신·구·의를 의미. 부처되는 꿈을 관함.

어머니 21분 돌마

따라보살님 돌마니쓔짜찍

옴 지존모, 성모, 도모님께 예배하옵니다.

옴 따레 뚜따레 뚜레소하

도모-일체 중생을 윤회에서 인도해주시는 어머니이기 때문에 도모라 한다.

신속모-다른 부처님보다 행이 빠르기 때문에 신속모라 한다.

위맹모-마군을 남김없이 물리치기 때문에 위맹모라 한다.

삼계의 구제주-관세음보살님의 다른 명칭이다.(눈물에서 피어난 따라보살님)

범어로 따라(산스크리스트어), 한자로 도모, 티벳어로 돌마

• 칠세간-지옥, 아귀, 축생, 사람, 욕계의 신, 색계의 신, 무색계 의 신.

안락모-과보의 고통이 없기 때문에

지선모-원인인 불선을 짓지 않기 때문에

적정모-버려야 할 바. 번뇌가 없기 때문에


죄업소멸-백색 따라어머니 진언

옴 따레 뚜따레 뚜레마마 아유후 뿐녜

쟈나 뿟팀 꾸루예 스와라.


관세음 보살님과 함께 하는 진언

옴 아리아 따레 땀수하

아플 때 진언

옴 제쭌마 팍마 돌마라 착첼로 착첼돌마

따레 빠모 뚜다라이 직꾼셀마 뚜레된남

탐제 떼르마 소하 이게르 쩨라 랍돼


옴 - 신·구·의 삼문으로 부처님 신·구·의 뜻

따레 - 윤회에서의 고통과 어려움에서 해탈시켜 주신다.

뚜따레 - 8가지 공포(두려움)를 없애주는 뚜따레의 의미

사자, 코끼리, 화재, 뱀, 강도, 옥살이, 수재, 귀신 등을 말하며, 지수화풍의 외적인 위험이나 도적, 위험한 동물과 관련이 있다. 그러나 내적으로 진정한 위험은 무지, 애착, 성냄, 교만, 질투, 인색함, 의심과 같은 삿된 견해들이다.


① 마음 가운데에 있는 이 8가지 번뇌가 진정한 위험이다. 따라보살님께 귀의하고 기도함으로써 여기서 해탈할 수 있다. 둘 다 치료할 수 있기 때문이다.

② 외적인 위험은 내적인 번뇌에서 온다.


자신을 수희해도 좋다고 하였습니다.


황대선원 활산 성수 큰스님(입적) 친견 때 받은 칭찬입니다.

저는 화장을 하지 않습니다. 그런데 큰스님께서 "너는 얼굴에 분칠을 많이 해서 이렇게 희냐?"시며, "너는 가족들이 없나?" "다 있습니다.

남편도, 아들도 있습니다."

"그런데 어떻게 이렇게 할 수 있느냐. 너 참 대단하구나. 이렇게 하기 어려운데." 하시며, "참 이쁘구나!"

### 적천보살님(샨디데바) 입보리행론설

먹고, 자고, 뒷간 가고 남 보기에 게으름만 피운다고 보였으나, 열심히 공부해서 나중에 공중에 뜨면서 사라지셨다고 한다. 공부시간에 졸고 계셨지만.

송광사 보성 큰스님(입적)께서는 티벳 사원 후원하시면서 거의 육년을 매일 뵙고 했습니다.

어느 날은 "우리 보살 참 깨끗하구나, 손이 하얗다. 마음도 하얗다. 부처님 주시는 밥 한 끼는 그냥 먹지?" 하시며 웃으시는 그 모습! 눈에 선합니다.

### 12연기란

원인과 결과(인과)

삶과 죽음이 곧 연기다

### 삶의 정의

어리석은 자의 고통의 길

지혜로운 자의 행복한 길

고로 삶이다.

우리는 생불을 모르고 있다. 알면서도 외면하는지 모른다.

정통 부처님 정법을 그대로 이어가는 불법을 티벳 불교에서 알
수 있는데…

반야심경도 의문이다.

티벳글은 그렇게 길게 되어 있는데 우리는 너무 짧다. 물론 그
속에 다 있지만…

종범스님 법문 중

육식－안, 의, 비, 설, 신, 의

칠식－나라고 집착하는 것

팔식－저장하는 것. 돌고 돌아 온다.(윤회)

생사, 열반, 상공화, 생멸－적멸

애취

탐고(온다), 진고(온다), 치고(어리석음)

법화경(월호스님)

불타는 집에서 중생들을 구제한다. 탐·진·치 삼독에서, 욕계·색
계·무색계 삼계에서 벗어나야

정저지와－우물 안의 개구리

영의 세계는 선과 악의 흐름이 정확히 구분된다.

팔부신중-마후라가 그리스로마에서 경주까지 붓다의 가르침 절정의 미학. 그것이 곧 붓다의 깨달음이다.


부처되는 길-삼귀의 잘하고, 발원, 서원 잘 지키며 보리심, 자비심, 공성(지혜), 연기법(육바라밀) 사마타(집중) 위빠사나(관상) 용서, 모든 어머니 관상하여야 한다.

우담바라-진심, 부처님 마음. (성수 큰스님 설법)

공양진언-오관게


초기 불교-소승 불교

부처님의 육성을 그대로 전해온 남방 불교 쪽 소승. 보살은 없고 아라한이다.

대승은 보살이 되어야 한다.


승만경 (비구니 법진스님)

생사일여

마른 곳은 젖어지고

젖은 곳은 마르더라.


분단생사(8등신)

관세음보살님은 자유자재로 나타나신다.

우리는 번뇌의 하인이다.(삼독)

부처님 계신 곳(사리)

카필라국에 있는 사리가 최고라고 한다.


산치탑－아쇼카왕이 지은 1번탑

바루에 모래공양 올리고(흙) 반면 얼굴을 추하고 성격 더럽다고
부처님 말씀하심

7개탑은 아쇼카왕이 인도에 세움


왜? 우리는 부처님이 아닌 불상을 보고 지극한 정성으로 숭배하느
냐면, 부처님께서 안 계시니 대신 불상을 조성하여 부처님 뵙는 마음으
로 친견한다.


\* 도인(해산 큰스님)

불도를 잘 닦아서 부처님행을 하는 것이 도인이다. 무엇을 보고
안다는 것은 도인이 아니다.


부처님 정법시대－상법시대－지금은 말법시대


옴－신·구·의 삼문. 몸, 말씀, 마음

마니－보석 같은 보리심. 공성, 대보리심

뻬메－연꽃 같은 지혜, 대반야지혜

훔－다함께(방편), 공성과 지혜. 함께 닦는다면 수행 성불할 수
있다.

월칭보살-짠뜨라 끼르띠

법칭보살-다르마 끼르띠


**존자님 법회(한국인 법회)**

공이란 부처님을 통해서 텅 빈 마음이 생겨 세상으로 들어간다.
(득도, 텅 빈 세상)

한 점 명상, 빈 것, 공 이론은 불교적인 것이다.

이타심, 용서에 대해 과학자들에게 얘기할 수 있다.

물질적인 가치가 제한적이라는 것을 알고 나면 내면적으로 매우
외롭다.


번뇌-부정적(삼독)

불교는 우리의 고유한 보물이다. 불교에 대한 이해를 바탕으로
진정한 불교가 무엇인지 알아야 한다.

한국 불자는 명상을 하면서 공부에 귀를 기울어야 한다. 도전이
있어야 한다. 불교와 법에 대해 발전시켜 나가야 한다.


**세친보살의 구사론 3장 (요코하마 법회 때)**

홀수-하늘, 양, 정신 상징

일주문-한 줄로 지음. 수미산 상징한 기둥. 일주문은 인도에서 옴.

수투파-불탑(사리탑). 아쇼카왕 세움

3문-① 일주문, ② 천왕문, ③ 해탈문

대웅전

문을 3개 지나야 부처님 친견. 3문 구조다. 문을 다섯 개 지나면 황제를 상징

　좌·우 당간＝기둥

　당간－기둥과 기둥 사이

　기둥－깃발을 다는 기둥. 절의 특징을 표시


　귀의불 양족존－두 가지를 구족하셨다. 복덕과 지덕(지혜)

　이참＝마음으로 뉘우치고

　사참＝몸으로 참회, 죄업소멸

　사참＝흙, 물, 불, 바람(사대)

　오욕＝재물, 여색, 먹는 것, 명예, 잠

　뚤꾸＝환생자


　부처님께서는 법에 의지하되 다른 어떤 형상을 우상화하지 말라는 말씀을 하셨다. 일정 기간 동안은 부처님을 직접 표현하는 것이 금지되었고, 부처님의 사리를 모신 불탑이 중심이 될 수밖에 없었다. 이러한 시기를 무불상시대라고 하는데, 이 시기에는 부처님의 일대기 등을 문화적으로 형상화시키는 데 있어 난관에 부딪치자 부처님이 계셔야 할 자리를 불족적, 대좌, 보리수, 법륜 등과 같은 상징적인 그림으로 부처님을 대신 표현하였다. 그만큼 불상이 조성되는 것이 철저하게 봉쇄된 사회였음에도 불구하고 기원 전후, 드디어 불상이 탄생된다. 불상이 처음 나타나는 시기에 대해 큐산왕조 카니슈카왕 때로 추정하는데, 연대기상 더 이른 시기의 유물이 발견되고 있지 않기 때문이다.

그러나 경전상에서는 부처님 재세시에 이미 불상이 조성되었다는 기록이 있으며 『증일아함경』 「청법품」에서 다음과 같은 내용을 볼 수 있다.

제석이 부처님께 천상에 계실 것을 청하였을 때 어머님을 위하여 설법하셨으며, 부처님께서는 4중이 게으름을 피울까 염려하시어 시자를 데려오지 않으시고 혼자 천궁에 계셨다. 그때 우전왕 등은 모두 여래를 사모하여 곧 솜씨 좋은 공장에게 명하여 전단으로 높이 다섯 자의 부처님 형상을 조성하게 하였다.

위의 기록은 후대에 첨가된 내용이라고 보는 견해가 지배적이다. 아마도 불상의 양식 가운데 간다라 양식의 신호탄으로 조성된 유물에서 찾을 수 있지 않을까?

현재로서 최고의 불상으로 꼽히는 두 가지 유물이 있다. 바로 카니슈카 왕 당시 제작되었던 동전과 사리 용기를 들 수 있다. 동전의 경우 한쪽 면에는 불상과 "붓다"라는 새김이 보이고, 다른 한 면에는 카니슈카 왕의 모습이 "왕 중의 왕"이라는 새김과 함께 나타나고 있다. 사리 용기의 경우, 용기 뚜껑에 삼존상이 조각되어 있고, 용기에는 카니슈카 왕이 부처님 열반 당시 장례 행렬에 함께 하는 모습이 새겨져 있다.


내일보다 내생을 먼저 생각하라.


※ 2018년 9월 3일 존자님 법회

어느 스님이 감옥에 있으면서 자비심을 잃게 될까봐 가장 두려운 역경이라고 —

6개월도 되지 않은 신생아도 감정이 있다. 두 아이가 공을 가지고 놀다가 서로 뺏으려고 하는 영상을 보는 아가들이 인상을 찌푸렸다고 한다.

"사랑과 연민을 주로 필요로 한다."

과학자들에 의하면 사랑을 많이 받은 아이들은 편안한 삶을 살고, 성장 기간도 성숙하다.

사랑과 연민은 태어나면서부터 가지고 있는 감정이다. 자비심이다. 돈이 아무리 많아도 안락하고 행복하지 못하면 불행하다.

반대로 시기, 질투, 거만, 아만이 있으면 어우러지지 못한다. 존자님께서도 이런 사유를 지키며 살아가고 있다. 전세계 70억 인구가 다 그렇게 되기를, 70억 인류의 사랑과 연민을 강조하심.

종교는 사람들이 안락하기와 행복을 추구하는 생명체의 믿음이다. 중생들이다.

삼천년 전부터 여러 종교가 생겨났다. 철학과 사상이 다르다. 여러 학파로 나누어진 것도 사상과 교리를 배우고 실천하기 위해서다.(실천하다)

종교는 각자의 선택이고, 성향에 맞는 종교를 가진다.

공성 — 사랑과 연민 가운데 자비심은 연민심은 바로 대자비심이다.

분노를 자제해야 되며, 화가 나는 마음이 어디서 오는지 알아야 되며, 상대에 대해 무엇이 옳고 그른지 알아야 되며, 남을 괴롭게 하는 것을 알아차려야 된다.

정신적 장애는 감정과 심리를 통해서 내면의 성찰을.

사마타와 위빠사나 수행으로 마음치료.

종교 간의 화합은 매우 중요하다.


힌두교의 여신 이름－두르가(어리석은 자학)

반야심경

짧은 의미－"아"다. 가장 짧은 것

안, 밖의 의미가 없다.

안, 의, 비, 설, 신은 없다. 공하다, 실체가 없다.

중생들은 실제한다.

윤회－돈다－타에 의해


왜곡된 분별로써 삼독은 생겨난다. 시각적이다. 삼독은 왜곡된
분별에서 온다. 업과 번뇌는 희론이다. 공성으로 제거한다.

멸제－업과 번뇌를 여의면

상·호 의존하면 공성이고 연기다.

번뇌－내면의 분별 훈습으로 인해 집착한다.


심묘미묘(부처님)

중전법문

무자성법문

실체하는 바가 없다(무자성이다).

\* 보리수 아래서 모든 마왕을 물리치고 광명을 보셨다.

브따 빨리따 7장

생·주·멸(3가지 특성 지닌다)

현재라는 순간, 그것은 과거다.


## 35불 참회문

−서울 삼학사원 남카스님, 붓다의 대신통기원 법회 중

저( ○○○ )는(은) ※ 항상 각자 이름을 넣어서 합니다.(부처님께서 직접 설하셨다고 합니다.)

스승님께 귀의합니다.

부처님께 귀의합니다.

불법에 귀의합니다.

승가에 귀의합니다.


1. 여래, 아라한, 정등각이신 석가모니 부처님께 예경합니다.

2. 금강의 핵심으로 제압하신 여래께 예경합니다.

3. 고귀하게 빛나는 광명 여래께 예경합니다.

4. 천룡을 다스리는 여래께 예경합니다.

5. 승리의 군단 여래께 예경합니다.

6. 찬란한 환희 여래께 예경합니다.

7. 보배로운 불꽃 여래께 예경합니다.

8. 보배로운 달빛 여래께 예경합니다.

9. 의미 있는 친견 여래께 예경합니다.

10. 보배로운 달 여래께 예경합니다.

11. 무구 청정하신 여래께 예경합니다.

12. 용기를 주시는 여래께 예경합니다.

13. 청정한 범행 여래께 예경합니다.

14. 범행을 베푸는 여래께 예경합니다.

15. 청정수 여래께 예경합니다.

16. 천상의 감로 여래께 예경합니다.

17. 빛나는 덕성 여래께 예경합니다.

18. 거룩한 전단향 여래께 예경합니다.

19. 무량한 광채 여래께 예경합니다.

20. 찬란한 빛 여래께 예경합니다.

21. 슬픔에서 벗어나 성스러운 여래께 예경합니다.

22. 나라연 여래께 예경합니다.

23. 영광의 꽃 여래께 예경합니다.

24. 범행청정 빛줄기로 나타나신 완전한 지혜 여래께 예경합니다.

25. 연꽃의 빛줄기로 나타나신 완전한 지혜 여래께 예경합니다.

26. 성스러운 보배 여래께 예경합니다.

27. 성스러운 억념 여래께 예경합니다.

28. 거룩한 명칭이 널리 알려진 여래께 예경합니다.

29. 제석천 정상의 승리의 깃발 왕 여래께 예경합니다.

30. 모든 번뇌를 완전히 제압한 거룩한 여래께 예경합니다.

31. 싸움에서 완전히 승리한 여래께 예경합니다.

32. 가는 곳마다 승리하는 여래께 예경합니다.

33. 모든 곳을 빛으로 장엄하는 거룩한 여래께 예경합니다.

34. 고귀한 연꽃으로 완전히 제압하신 여래께 예경합니다.

35. 여래, 아라한, 정등각, 고귀한 연꽃에 앉아 계시는 산중의 왕이신
    여래께 예경합니다.


시방의 모든 세계에 계시는 여래, 아라한, 정등각, 세존이시여!
모든 붓다 세존이시여!
저를 보살펴주소서!


저는 이번 생과 그리고 시작 없는 전생부터 윤회를 거듭하면서,
제가 악업을 지었거나 남에게 악업을 짓게 했거나 남이 지은 악행을
기뻐한 것과, 불탑의 공양물이나 승가의 공양물이나 사방 승가의
소유물을 훔치거나 다른 사람에게 훔치게 하거나 다른 사람이 훔친
것을 기뻐한 것과, 오무간행을 저지르거나 다른 사람에게 오무간행을
짓게 하거나 다른 사람의 오무간행을 기뻐한 것과, 십불선행을 하거나
다른 사람에게 하게 하거나 다른 사람의 십불선행을 기뻐한 것 등
이러한 업장에 가리워져 지옥으로 가거나, 축생계로 가거나, 아귀의
땅으로 가거나, 변방의 땅에 태어나거나, 야만인으로 태어나거나,
장수하는 천으로 태어나거나, 감각기관을 온전히 갖추지 못하게 되거
나, 사견에 사로잡히거나, 부처님께서 오신 것을 기뻐하지 않는 어떤
업장이든 그 모든 것들을 붓다 세존, 본래지를 갖추신 분, 오안을
갖추신 분, 증명하시는 분, 진실하신 분, 일체지로 실체를 보시는
분, 그 모든 분들 앞에서 저는 고백합니다! 참회합니다! 숨김없이
모두 드러내겠습니다. 앞으로도 이러한 행동을 끊고 절대로 삼가겠습

니다.

  모든 붓다 세존이시여, 저를 보살펴 주소서! 제가 이번 생과 그리고 시작 없는 전생부터 윤회를 거듭하면서, 제가 하다못해 축생으로 태어난 유정에게 단지 한 입의 먹을 것을 베푼 선근과, 제가 계율을 지킨 선근과, 제가 청정하게 행한 선근과, 제가 중생을 성숙하게 한 선근과, 제가 최상의 보리심을 일으킨 선근과, 제가 지은 위없는 본래지의 선근, 그 어떤 것이든 그러한 모든 선근을 하나로 모으고, 남이 지은 선근도 모아, 제가 지은 선근과, 남이 지은 선근을 하나로 합해서 위없이 높으며, 더 없이 높고, 높고도 높으며, 위없고도 위없는 분에게 완벽하게 회향하며, 위없는 바르고 원만한 보리에 완벽하게 회향합니다. 과거의 모든 붓다 세존께서 완벽하게 회향하신 것처럼, 미래의 모든 붓다 세존께서 완벽하게 회향하실 것처럼, 현재의 모든 붓다 세존께서 완벽하게 회향하시는 것처럼, 그와 같이 저도 완벽하게 회향합니다!

행복수업 — 샨티데바(적천보살), 김영로님 옮김에서
  윤회의 원인들 — 번뇌, 무지, 업장, 습에 의하여 지옥으로 이끌려 가고 있다.

  여섯 가지 근본 번뇌 — 탐욕, 미움, 무지, 자만, 의심, 악견(그릇된 견해)들이 노예로 만든다. 번뇌는 무한한 고통의 원인이다.

  완전한 자유를 얻을 때까지 우리는 모두 노예다(번뇌의 노예). 번뇌는 윤회의 옥졸이다.

  사람은 그냥 둬도 언젠가는 죽지만 번뇌는 그냥 두면 죽지 않는다.

번뇌는 우리의 친척이다.

자신을 다스릴 수 있어야 남을 도울 수 있는 법이다.


번뇌 속에 살다가 번뇌 속에 가는 것은 실패한 삶이요,

죽는 순간만이라도 번뇌에서 벗어나면 그건 실패한 삶이 아니네.

그것은 성공한 삶이라네. 번뇌는 죽음보다 더 무서운 적이다.


번뇌는 거품, 환영으로 보는 이는 염라대왕의 눈에 보이지 않느니라

(법구경)


번뇌 – 삼독 – 탐(욕), 진(화), 치(어리석음, 무지)


지계와 정지

억념 = 대상을 기억하는 능력

정지 = 알아차리는 능력

마음은 억념으로 장악하고, 정지로 지켜야 합니다.

인연의 고리 = 세속과 열반, 지혜와 자비. 공과 연기가 하나임을

상징함.

조복 = 굴복

최대의 지계는 끊임없는 정지다. (아띠샤)


* 문제도 마음이고 해결도 마음이라.

육바라밀 중 지켜야 할 덕목

① 보시바라밀—자기가 어떤 걸 준다는 생각 없이 주는 것이 보시바라밀이다. 최선의 보시는 무탐이라고 한다.(탐욕)

3가지 지계—해치지 않기, 공덕 쌓기, 이타행 하기(남을 위해)

성난 마음만 정복하면 모든 적을 정복한 거나 마찬가지다.

—적을 만드는 것도, 친구를 만드는 것도 자기 자신의 마음이다.

행복과 평화로 가는 길은 없다.

행복과 평화가 바로 그 길이다.(부처님 말씀)

자신의 마음을 알면 마음 자체가 큰 지혜임을 알게 되어 다른 데서 부처를 찾지 않게 되나니, 이것이 우리가 실천할 수 있는 최고의 가르침이다.(부처님 말씀)

해탈은 자기 자신을 자기 자신으로부터 해방시키는 것이다.

삼혜—문사수

　　문혜　　사혜　　수혜

　　(듣고)　(닦고)　(찬탄)

번뇌는 공덕을 훔치는 도둑이다.

세상 사람들은 부끄럽지 않은 것을 부끄러워한다.

참으로 부끄러운 것은 악행과 교활한 거짓말인데.(밀라레빠)


마음속에 애착이나 미움이 일어나면 아무 행동도 말도 하지 않고, 나무토막처럼 가만히 있어야 한다.

무애착, 무집착, 무맹목, 이들 셋이 마음의 방패라네. 이들은 가볍고 튼튼하니 그대가 구해야 할 방패라네.(밀라레빠)


입으로 짓는 악행, 거짓말, 이간질, 험한 말, 잡담. 가장 좋은 약은 "공"하다는 약이다.(아띠샤)


모든 중생들을 어머니로 생각하면 자비심을 절로 생긴다.


큰 축복은 3가지 복전에서 나온다.

공덕의 복전과 은혜의 복전에 헌신하고, 고통의 복전인 고통 받는 이들에게 공을 가르쳐 고통에서 벗어나게 해주는 것이다.

공덕의 복전＝삼보전 귀의

은혜의 복전＝부모님과 같은 은인들

고통의 복전＝고통 받는 중생 구제

공양할 때도 고하고 먹는다. 음식을 먹을 때, 첫술은 삼보께 올리고, 두 번째는 은인에게 올리고, 세 번째는 중생들에게 올리고 먹는다.

어리석은 이들은 "금전"(돈밭)을 경작하고, 지혜로운 이들은 "복전"(복밭)을 경작하네.

최고의 목적은＝성불이다.


※ 성스러운 부처님의 가르침을 설하지 말아야 할 대상은?
  • 불경한 사람
  • 건강한데 환자처럼 머리에 터번을 쓴 사람
  • 우산이나 막대기
  • 무기를 들고 있는 사람
  • 머리를 베일로 가른 사람
  • 가르침을 받아들일 마음이 준비되어 있지 않은 사람.


유혹은 미혹의 바람이니 공의 지혜로 날려버리게!


자신에게 불쾌한 건, 남에게도 불쾌한 법


공경은 축복으로 가는 길.


정화와 축복의 진언 : 옴 마 훔, 옴 마 훔, 옴 마 훔,


공양 때－게송
  이 음식이 어디서 왔는고?
  내 덕행으로는 받기 부끄럽네.
  욕심 버리고, 이 몸 지탱하는 약으로 알고
  수행을 위해 이 공양을 받는다네.(먹습니다)

날마다 낮과 밤에 세 번씩 보살은 삼취경을 독송해야 합니다. 그렇게 해서 부처님과 보살님들께 의지함으로써 남은 죄업이 정화됩니다. 악업이 정화되면 축복의 에너지는 저절로 들어오네!

모든 것은 수행으로
지혜로운 이들에겐 모든 것이 스승이며
모든 행이 공덕이네.
모든 중생들의 깨달음을 위해 회향합니다.
(일체중생 부처 이루게 하소서.)

"나모 구루비아"-법사님께 귀의합니다.
달마-중생의 보호자
"정지"가 의미하는 것은 우리의 몸과 마음 상태를 항상 살펴보는 것이다(경계).
불교의 가장 깊은 가르침은 실천이라네.(밀라레빠)

※ 인욕바라밀
분노보다 더 큰 죄악은 없고, 인욕보다 더 큰 수행이 없으므로 우리는 여러 가지 방법을 통해 참는 법을 열심히 익혀야 합니다.
분노는 삼악도에 떨어지는 원인이니, 목숨을 잃는 한이 있어도 화내지 말아야 하네.(밀라레빠)
보병-보물병. 불로장생의 감로수와 같은 부처님의 가르침 상징.
보시와 부처님들께 올리는 공양들을 통해 수천 겁 동안 쌓아온 모든 공덕이 단 한 순간의 분노로 다 파괴될 수 있습니다.


※ 공덕을 파괴하는 4가지 원인

  ① 중생들을 위한 깨달음에 회향하지 않는 것

  ② 분노

  ③ 후회(자신이 한 선행을 부분적으로라도)

  ④ 선행을 남들에게 자랑하는 것

  깨달음을 위해 회향한 공덕은 분노로 파괴되지 않는다고 한다. 그러므로 공덕을 지은 뒤에는 반드시 회향해야 한다.

  항상 하는 3가지. 절, 수행(독경), 회향


화를 극복하는 방법

  ① 화의 허물들에 대한 분석

  ② 화의 원인 파악, 제거(근본 원인: 자기 집착)

  만족이 최고의 재산이다. 기대는 그대의 욕심, 비워버리면 불만은 생기지 않네.


  중생은 모두가 우리 어머니인데 누굴 좋아하고, 누굴 미워하랴!


  고통은 해탈로 가는 문.


  마음의 행복은 모든 성공의 토대.

수행자는 고통이나 죽음까지 각오하며 질병을 정신적인 성장의 수단으로 사용해야 하네.(밀라레빠)

더위나 추위, 바람과 비, 여행 질병, 감금, 구타 이런 것들을 참지 못하면 안 됩니다. 못 참으면 고통만 심해지니까요.
마음의 고통은 참으면 중단되나 못 참으면 증가하네.
작은 고통에 익숙해지면 우리는 큰 고통을 견딜 수 있습니다.
맑은 날은 맑아서 좋고, 흐린 날은 흐려서 좋네!

우리는 고통을 몹시 싫어하지만 고통은 여러 가지 긍정적인 점을 갖고 있다. 고통을 겪음으로써 교만심이 없어지고 고통 받는 사람들에 대한 자비심이 일어나며 악을 버리고 선을 좋아하게 된다.

질병과 죽음을 사랑함은 악업을 정화하는 축복이네.(밀라레빠)

조건＝원인
　인＝직접적인 원인 (원인)
　연＝간접적인 원인 (조건)
조건도 무아, 결과도 무아
연기＝의존성＝독립성이 없음(공)

원인 때문에 생기는 것은 원인이 없으면 존재할 수 없으므로 그것은 단지 환영과 같을 뿐인데 어떻게 이렇게 분명한 것을 받아들일 수

없을까? (나가르주나, 용수보살)


이해는 자비로 가는 길

만일에 모든 중생들이 소원이 이루어진다면 아무도 고통을 원하지 않으므로 세상에는 고통 받는 이가 아무도 없을 것입니다.


결과를 먼저 생각해보는 지혜가 있다면 고통만 주는 어리석은 행동은 아무도 하지 않으리라.


비온 뒤 맑게 갠 날 문득 난 깨달았네.

하늘에 구름이 있어 더욱더 아름다움을!


경전에 의하면 남이 끼친 해를 참으면 자기가 과거에 저지른 악행의 과보가 소멸된답니다.(찬드라키르티, 월칭보살)


※ 부처님 말씀

중생들의 허물에 일시적인 잘못이고, 그들의 본성이 선량하다면, 그들에게 화를 내는 것은 부당하다. 구름이 끼었다고 하늘에게 화를 내는 것이 부당하듯이. (화는 금물)


우리는 모두 무시이래로 우리가 지어온 업의 상속자다. 자신의 행복과 불행이 결정되는 것은 바로 무시이래로 쌓여온 자기 자신의 생각과 행위다.

불쾌한 말을 들으면 재빨리 메아리 소리를 생각하고, 몸이 상처를 입으면 자신의 전생의 업을 생각하라.(드럼톤)

어느 날 나는 깨달았네. 독설에는 독이 없고, 찬사에는 칭찬이 없다는 것을!

오늘 말은 빈 계곡의 메아리 같아 나는 애착도 반감도 갖지 않아 모든 애착과 반감 사라졌네.(밀라레빠)

재물과 돈은 풀잎 위의 이슬이다. 탐욕 내지 말고 베풀게.(밀라레빠)

유정물 – 지각이 있는 동물
무정물 – 지각이 없는 것

불법과 불상과 탑을 헐뜯고 훼손하는 이들에게 화는 것은 부당합니다. 부처님들은 해를 입지 않기 때문입니다.
정당한 분노도 정당화 될 수 없습니다. 그것은 안정을 무너뜨리기 때문입니다.

분노는 삼악도에 떨어지는 원인이니 목숨을 잃는 한이 있어도 화내지 말아야 하네.(밀라레빠)
화를 잘 내는 사람은 명심해야 한다. 지옥에서 고통 수업이 기다리고 있다는 것을.

환멸감-염리심

삼계
  욕계-인간계=탐욕이 지배하는 세계
  색계-알에서 태어난=형상에 얽매여 있는 세계
  무색계-의지 않고 홀연히 태어난=선정의 세계

  내가 가면 명예도 가지만 내가 지은 공덕은 나와 동행한다네.

8가지 악행
  사냥, 도박, 낮잠, 비방, 바람피우기, (노래, 춤) 유흥, 음주, 유람

  재물과 명예는 족쇄인데 그래도 탐나는가?

  고통은 축복의 정화수!

  부처님께서는 스님 시절에 어떤 중생들에게도 혐오감이나 화를
내지 않겠다고 부처님 앞에서 했던 약속을 지켜서 부처님이 되셨다고
합니다.

  인욕하려면 적과 나 둘 다 필요하므로 인욕의 과보는 둘 다 받게
되지만, 그 과보는 적에게 먼저 주어야 합니다. 그가 먼저 계기를
만들어 주었으니까요.

어떤 상황이든지 배울 기회로 삼는다면 세상에 아무것도 무익한 건 없다네.

공경하는 마음은 축복받는 마음이네.

악을 악으로 갚으면 세상의 고통이 늘어나나 악을 선으로 갚으면 세상의 고통이 줄어드네.

오만의 언덕은 위험하고 가파르네.(밀라레빠)

아무리 무거워도 용서받을 수 없는 죄 없으니 참회하여 축복을 받으소서.

불손은 불행의 늪으로 가는 길, 보복은 바보들의 눈 먼 행복이다.

[회향] 우리가 아이를 해치면 그 어머니를 기쁘게 할 길이 없듯이, 우리가 중생을 해치면 부처님들을 기쁘게 해 드릴 길이 없습니다. 그러므로 제가 지금까지 중생들에게 끼친 해는 모든 부처님들을 슬프게 한 것이므로 제가 오늘 이 모든 악행을 참회하오니, 부처님들이시여, 저를 용서해 주시옵소서.

나와 남 우리는 모두 한 몸이니 남을 해치면 나도 해를 입고, 남을 도우면 나도 덕을 보니 하나가 덕을 보면 모두가 덕을 보네.

윤회 속에 남아 있는 동안에 인욕하면 우리는 미모와 건강과 명성과 장수뿐만 아니라 전륜성왕이 누리는 안락까지도 얻게 됩니다.

인욕합시다. 가장 큰 수행은 인욕수행이라고 합니다. 가장 큰 법은 연기법이라고 합니다.

마음을 뒤흔드는 불쾌한 상황을 만나면 자신을 지켜보고 방심하지 말고, 이렇게 자신에게 계속 경고하라. "분노의 위험이 닥쳐오고 있네"라고. (밀라레빠)

※ 정진바라밀－정진이란 말을 탄 수행자는 단계를 거쳐 해탈로 이르고 항상 행복하나, 게으름이란 족쇄를 찬 수행자는 윤회의 심연에 갇혀 항상 불행하네. (밀라레빠)

정진은 악행에서 벗어나는 것이다. (찬드라키르티)

나태의 원인은 게으름과 쾌락과 잠을 좋아하고, 윤회의 고통에 대해 염리심을 갖지 않는 것이며, 쾌락은 타락으로 그리곤 나락으로 떨어지고 끊임없이 죽음을 생각하면 게으름은 악마는 쉽게 정복할 수 있다네. (밀라레빠)

부처님 말씀
염라대왕이 지켜보고 있고, 도망갈 길은 모두 막혔는데 그대 어떻게 먹는 것을 즐기고 잠과 사랑을 즐길 수 있습니까?

내일이 먼저 올지 내생이 먼저 올지는 아무도 모른다. 확실하지 않다. 그러므로 내일보다 내생에 대비하는 것이 더 가치 있고 현명하다.(부처님)

어떤 것은 아직 시작도 못했고, 어떤 것은 반밖에 못했는데 느닷없이 죽음이 닥쳤으니 "이젠 끝장"이라고 탄식하겠지요?

우리는 모두 승객이다. 악행은 악도로 가고 선행은 선도로 가는 차표이다.

악을 악인 줄 모르고 선을 선일 줄 모르면 어떻게 악을 피하고 선을 행할 수 있으랴?

불법은 윤회의 고통을 없애는 최고의 치료제다.

부처님의 치료법은 가장 부드러운 치료법이다. 최고의 의사이신 부처님께서는 의사들이 쓰는 일반 치료법이 아닌 지극히 부드러운 치료법으로 모든 큰 질병을 고쳐주십니다.

공덕을 쌓으면 몸이 안락하고 지혜를 쌓으면 마음이 안락하네.

부처님, 보살, 연각, 성문 수행은 행복으로부터 더 큰 행복으로 가는 길이다.(부처님)

중생들을 위해 정진하는 데에 도움이 되는 4가지 힘은 열망과 자신감, 기쁨과 버림이다. 열망을 발생시키는 것은 선업의 혜택에 대해 명상하고 윤회의 고통에 대한 두려움을 일으키는 것이다. 버림은 청정과 자유로 가는 길.

악업을 짓기는 쉬우나 씻기는 어렵다.
공덕을 쌓기는 어려우나 허물기는 쉽다네.

"인과응보"
고통은 악행의 과보
행복은 선행의 과보
번뇌의 오염 씻으면 청정한 기쁨 넘치네.

선행으로 부처님의 정토에 태어나는 이들은 부처님의 빛을 받아 연꽃에서 태어나서 달콤한 부처님의 말씀을 양식으로 최고의 안정과 행복을 누린답니다.
반면에, 과거에 지은 악행 때문에 지옥에 태어나는 이들은 피부가 벗겨지고 칼, 창, 온갖 고문을 여러 겁 동안 받는답니다.

번뇌를 정복하여 자유를 얻을 때까지 우린 모두 노예. 번뇌의 노예라네!

어느 날 번쩍 정신 들어 돌아보니 내 인생의 대부분은 낭비였다네!

자신감은 긍정적인 에너지, 자만은 부정적인 에너지다. 정진하면서 어려움을 견디는 이들은 끝없는 공덕을 쌓게 된다네.(밀라레빠)

부처님이 되기까지 우리는 모두 불완전한 중생. 자만은 그 불완전함의 한정표라네.

마음이 아만으로 부풀어 오른 사람들은 악도에서 다시 태어난다. 이들은 나중에 인간으로 다시 태어나더라도 노예가 되어 남들의 음식을 먹게 된다.

자신을 치켜세우는 것은, 자신을 떨어뜨리는 행위다.
잘난 척하는 것은 못났다는 자랑이다.

자신을 정복한 이가 진정한 정복자다.
아만이라는 번뇌를 정복하라.
결과가 행복일지 고통일지 몰라도 중생들은 자신들의 행복을 위해 노력한다. 불법 수행의 결과는 행복이 확실한데 어째서 우리가 행복을 얻지 못하겠는가?

신체적으로 해를 입을 위험한 상황을 만나면 사람들이 자신의 눈을 보호하듯, 정신적으로 해를 입을 번뇌를 만나면 우리는 우리의 마음을 보호해야 합니다.

불법수행의 목표는 최고의 행복이다.

번뇌는 불.
수행은 물.

기력이 떨어지면 잠시 하던 수행을 중단했다가 나중에 다시 하고,
잘 끝낸 수행은 내버려두고 다음 수행으로 넘어가는 게 좋습니다.

번뇌는 칼.
불법은 방패.
노련한 병사가 싸움터에서 적의 칼을 피하듯이 번뇌의 칼을 피하고
방편으로 극복해야 합니다.

억념은 우리의 마음을 지켜주는 칼이다.

수행자의 집은 집중하는 마음.

졸음과 게으름이 오면 우리는 즉시 물리쳐야 합니다.

번뇌와 같은 허물이 일어날 때마다 호되게 꾸짖고 다시는 그런
일이 일어나지 않도록 몇 번이고 다짐해야 합니다.

수행은 티 없이 순수하고, 순수하게 ─

집착이란 짐 버리면 몸과 마음 가벼워지네.

솜털이 바람의 힘을 받아 이리저리 움직이듯이, 정진하는 기쁨의 활력을 받으면 우리는 모든 것을 성취할 것입니다.

※ 선정바라밀
이 세상의 모든 행복은 바라는 데서 오고, 이 세상의 모든 불행은 자기 자신의 행복을 바라는 데서 오네.

선정에 의해 모든 산란한 생각이 극복되니 선정은 모든 불교 수행을 위해 가장 중요하다네.(밀라레빠)

연꽃-깨달은 마음의 청정 상징.

이번 생과 다음 생을 하나로 보는 데 익숙해져 태어남과 죽음의 두려움 모두 잊어 버렸네.(밀라레빠)

죽을 때에 가장 나쁜 것은 분노와 같은 나쁜 감정에 빠지는 것. 수행자는 평화롭게 가네.

속세의 부귀 허망하나니 설령 그대 산더미처럼 쌓을지라도 결국 모두 버리고 떠나야 할 텐데 보시함이 더 낫지 않겠는가?(밀라레빠)

무상＝위없는, 무아＝공이로다.


자신을 시체처럼 여기고, 자신에 대해 관심을 갖지 말라.(밀라레빠)


자기와 남을 하나님을 깨닫도록 노력하게. 이것을 깨닫지 못한
이는 항상 보리심에 매달려야 하네.(밀라레빠)


내 몸도 하나, 중생도 하나, 모두가 하나.


차별심은 무지의 마음이고, 평등심을 지혜의 마음이다.


염리심＝해탈
보리심＝성불


내 이웃이 사랑하는 어머니 중생들이 고통 받고 있는데, 나 어떻게
행복하랴?


의식의 상속＝사람의 마음(영혼)
오온＝사람의 몸(안, 이, 비, 설, 신)


자비를 명상하는 데 익숙해져서 나와 남 차이 모두 잊어버렸네.(밀
라레빠)

잘난 사람은 잘난 척하지 않네!

너가 있어서 나가 있네!

나는 하나인데 남들은 무수하니 누가 더 중요하랴?

기대는 이기적인 것, 자연적인 흐름을 방해하네.

관세음 보살님께서 이 세상 모든 악과 고통이 저에게서 정화되어 선과 행복으로 퍼져나가소서. 위험에 처했을 때 관세음 보살님 이름을 3번 부르면 위험에서 해방된다고 합니다.

나를 너와 바꾸면 나는 너가 되고 너는 나가 되어 우린 하나라네.(입장 바꿔 생각해)

무간지옥(오역죄) - 오무간업
• 부를 죽인 죄
• 모를 죽인 죄
• 부처님 몸을 손상하는 죄
• 아라한을 죽인 죄
• 승가의 화합을 깨뜨린 죄

자기 자신만 생각하는 작은 마음으로 어떻게 큰 행복을 맛볼 수 있으랴?

자신들을 위하는 건 윤회의 길, 남들을 위하는 건 열반의 길

내가 귀하니, 남도 귀하네!

자아를 버려라.(아만심)

나와 남 바꾸기 수행(이타심)

이기적인 마음이 내 모든 고통의 원인임을 나 이제 알았네.

욕망의 불이 타면 불만의 재만 남네!

욕망은 동요(하는 것) 무욕은 고요(라네).

욕망이 늘어나면 불만도 늘어나네.

그대와 남들 사이 모든 차별도 버려야
그대가 남들에게 봉사할 자격이 있네.(밀라레빠)

법륜(불법의 바퀴)
부처님의 가르침이 영원히 굴러감. 계속됨을 상징한다.

불법은 죽은 사자의 시체와 같다. 그 누구도 파괴할 수 없다. 사자는

누구도 이길 수 없기에 건드리지 못하고, 다만 오래 되어 썩게 되면 그 속에 벌레들이 생겨 훼손한다. 그것은 수행자가 잘못하여 불법을 훼손시키는 것과 같다.

※ 지혜 바라밀(가장 중요함)

모든 것은 허공과 같다.

공하다는 것을, 이것은 윤회의 뿌리를 자를 가장 예리한 칼이요, 깨달음으로 이르는 가장 중요한 길입니다.

색과 공을 같게 보는 이는 바른 견해 경지에 도달했네.(밀라레빠)

지혜바라밀을 들음으로써 나머지 다섯 바라밀을 열 겁 동안 수행하는 것보다 훨씬 더 많은 공덕을 얻는답니다.

세속적인 진리＝외부현상＝상대적인 현실 (공이 아닌 것)
궁극적인 진리＝내부실상＝절대적인 현실 (공이다)

세 가지 진리: 물질의 진리, 마음의 진리, 공의 진리

외부세계는 모두 환영이니, 난 내부 마음 관찰한다네.(밀라레빠)

공은 지혜의 대상, 공을 생각하라. 기쁠 때도 슬플 때도.

다른 것에 의존하지 않는 것은 어디에도 존재하지 않는다. 그러므로 영원한 것은 어디에도 존재하지 않는다.(아리아데바, 성천보살님)

모든 것은 끊임없이 변하므로 모든 현상은 과정에 불과하다. 그러므로 영원히 존재하는 것은 아무것도 없다.

중관론자들은 모든 것이 실체가 없다(공하다)고 주장한다. 그래서 중관론은 흔히 공의 이론이라고 불린다.

유식학자들은 의식(마음)만 실재로 존재한다고 주장한다. 실재로 존재하는 것은 변하지 않고, 변하지 않는 것은 아무것도 할 수 없으므로, 마음은 실재로 존재한다고 볼 수 없다.

유식＝학자들(유식학파)
중관론자＝(중론) 17승가

쓸 데 없는 번뇌를 키우지 말고 그대의 마음을 자연스레 흐르게 하라.(밀라레빠)

열반＝모든 그릇된 생각과 상충하는 감정이 꺼진(그친) 상태

인식자＝마음＝의식

윤회의 원인은 무명이다.

수행은 이론과 실천 사이의 간격을 줄여가는 과정이다.

모든 게 공하고, 공 자체도 공하니 이게 공 공!
(공을 깨닫는 지혜)

공을 보는 습관을 개발함으로써 실체가 존재한다고 보는 습관이 사라지고, 모든 것은 실체가 없다는 견해를 익힘으로써 이 견해 자체도 나중에는 사라집니다.(공)이요.

상견＝모든 것이 존재한다는 견해 (존재)
단견＝아무것도 존재하지 않는다는 견해 (비존재)

어떤 보살님이 공덕과 지혜를 쌓아 부처님이라는 기둥을 세워 놓으시고 열반하셔도 그는 계속해서 중생들의 소원을 이루어주십니다.

지혜바라밀이 어머니라고 불리는 것은 모든 삼세의 부처님들께서 이 바라밀로부터 태어나셨기 때문이다.

대승＝큰 수레(보살도), 소승＝아라한
대승(큰 수레)은 모든 중생들을 위해 부처가 되는 것을 목표로 삼는데 소승(작은 수레)은 개인의 해탈을 추구한다.


경전에 의하면, 공을 깨닫지 못하면 성불은 그만 두고라도 해탈도
할 수 없기 때문입니다.

비바사-실재론자

해탈은 성불로 가는 길


소승도 부처님 가르침, 대승도 부처님 가르침

문제는 수레가 아니라 거기에 실린 내용이네.


삼학=계율, 선정, 지혜

삼장=경장, 율장, 논장


고통이 원인은 번뇌, 번뇌의 원인은 무지, 무지의 해결은 지혜.


수지=받아서 잊지 않고 마음속에 새겨가짐


부처님께서는 모든 고통의 원인인 번뇌라는 질병을 치료하시기
위한 약으로 가르침을 펴셨습니다. 그대가 더 높고 심오한 가르침을
이해하지 못한다고 해서 부처님의 가르침을 가르침이 아니라는 결론
을 내려서는 안 됩니다.


실재=실재론자(현상이 실제로 존재한다고 생각하는 사람)

즐거운 느낌은 애착을 일으키고, 괴로운 느낌은 마음을 일으킨다.

괴로울 땐 무아를 생각하라.
"나"가 없는데, 뭐가 괴롭히랴!

주객이란 생각 품지 않으면 어떤 마군도 그대를 해칠 수 없다.

내 몸도 "나"가 아니고 내 마음도 "나"가 아닌데 "나"가 어디에 있는가?

명목상으로 – 세속적으로.

"나" 안에도 밖에도 아무것도 없는 경지. 이것이 공삼매. 무아경이다.

무아(소승) = 아공
무아(대승) = 아공 + 법공

"나"는 있는 것(존재)이 아니라 변하는 것(과정)일 뿐이다. 모든 게 끊임없이 변하는데 무엇을 "나"라고 할 수 있겠는가?

어제의 나, 오늘의 나, 내일의 나. 모두 다른 나

물질도 실체가 없고 의식도 실체가 없고 고통도 공하고, 기쁨도 공하네!

기쁨과 슬픔을 하나로 느끼니 얼마나 행복한가!(밀라레빠)
상대적인 분별 버리면 모든 게 한 맛

요기＝지와 관이 합일을 이룬 수행자(남자). 여자는 요기니.

이론이나 개념에 대한 애착은 자신을 혼란에 빠뜨릴 뿐이라네.(밀
라레빠)

세세생명 쌓여온 우리들의 무명의 어둠이 너무 짙고 번뇌의 습기가
너무 강해 해탈의 길은 멀고도 머네!

실재로 존재하는 것은 다른 어떤 것과도 관계를 맺을 수 없다.

오온의 집합체＝사람(안, 의, 비, 설, 신)

마음의 공을 깨닫지 못하는 사람은 악의 영향으로부터 벗어날
수 없네.(밀라레빠)

중생들의 세계는 고통과 기쁨이 공존하는 이원적인 세계
부처님의 세계는 안락만이 존재하는 통합적인 세계

오랫동안 공에 대해 명상하면 실제 상태의 열반에 도달한답니다.

모든 것이 공하니 공도 공하네!

다른 것에 의존하는 것은 실체나 자성이 없다.

어디든지 이 지혜바라밀 가르침이 있는 곳에 내가 거기 있노라.(부처님)

오대-(원소) 지·수·화·풍·공

만물의 창조자가 실제로 있을까요?

영원한 것은 변할 수 없으므로 아무것도 할 수 없다.

행동＝업

모든 것은 조건에 따라 일어났다가 사라질 뿐이니 스스로를 만들어 낼 수 있는 것은 아무것도 없다.

원질＝일반 원칙

우주의 창조자도 없고, 창조하는 물질도 없다.

우주의 구성 요소들인 즐거움, 고통, 즐겁지도 괴롭지도 않은 느낌, 이 균형 상태에 있는 것이 "원질"이라 하는데, 우주가 발생하는 것은 이들이 균형을 잃을 때라고 합니다.

소리도 공이고, 메아리도 공! 모두 지나가는 바람일 뿐이네!

실제로 존재하는 것은 항상(영원히) 있어야 하는데 이 세상 어디에도 그런 것은 아무것도 없다.

공에 대해 명상하면 초월적 지혜를 얻는다.(쌓는다)

공의 지혜로 보면, 어떤 발생이나 소멸, 어떤 존재도 없다. 영원한 정적 외에.

저기 건너가야 할 열반도 없고, 여기 버려야 할 윤회도 없다네. 진실로 자신의 마음을 아는 게 스스로 부처가 되는 거라네.(밀라레빠)

외로움이 두려워 친구를 구했더니 내가 얻은 친구는 영원한 공의 기쁨이니 나 이제 외로움 두렵지 않네.(밀라레빠)

처음부터 마음은 한 번도 존재한 적이 없다는 것을 깨닫는 사람은 삼세의 부처님들의 마음을 깨닫는다.(사라하)

허공의 공을 체득했더니 삼라만상이 나와 하나 되었네!(밀라레빠)

누구나 타고난 빛나는 공한 마음을 깨달으면 부처가 된다네.(밀라레빠)

정견(바른 견해)은 공의 지혜요
수행은 무집착을 깨달음이며,
정행은 무욕의 영원한 놀이요
성취는 티 없이 깨끗한 발가벗음이네.(밀라레빠)

어느 날 나는 깨달았네.
환영 같은 "나"가 환영 같은 "나"를 괴롭힌다는 것을!

모든 형상이 환영일 뿐임을 깨달아 나는 아집이란 질병에서 벗어나
윤회의 주객이란 족쇄도 잘라버리고 불변의 법신인 붓다의 영역에
이르네.(밀라레빠)

나는 가장 가치 있는 사람이라네. 인간으로 귀중한 기회를 가장
잘 이용하는 일에 종사하고 있으니까.(밀라레빠)

이 고통을 이용하여 정신적인 성장을 증진시키지 못한다면 어떻게
모든 슬픔과 맹목적인 투쟁을 극복할 수 있으랴?(밀라레빠)

한 순간 동안 공에 대해 명상한 것이 십겁 동안 지혜바라밀에 관한 가르침을 다른 중생들에게 설명해 주는 것보다 훨씬 많은 공덕을 얻는다고 합니다.

내게 가장 소중한 레충빠야 관념을 버리고, 모든 걸 포괄하는 공을 깨닫고 이 원성을 멸하라. 이것이 나의 마지막 유언이니라.(밀라레빠)

배고픈 사람이 음식 이름만으로 만족할 수 없고 음식을 먹어야 하듯이, 공을 이해하려면 그것의 정의를 알기보다 명상으로 그것을 체험해야 한다네.(밀라레빠)

회향廻向

팔길상─불교의 여덟 가지 길한 상징

서방정토＝아미타바 부처님이 다스리는 극락세계

아미타바 진언
옴아미타바 흐리, 옴아미타바 흐리, 옴아미타바 흐리

옴 아마라니찌 벤쩨예소하 3번 이상
무량수 부처님 진언 ~ 아미타불진언

금강수보살님 진언=바즈라파니

  옴 바즈라 파니훔

  옴 바즈라 파니훔

  옴 바즈라 파니훔


연꽃을 드신 분=파드마파니=관세음보살님

  옴 마니 뻬메훔

  옴 마니 뻬메훔

  옴 마니 뻬메훔 (자비의 진언)


문수사리보살님 진언

  옴 아라 빠짜나디

  옴 아라 빠짜나디

  옴 아라 빠짜나디 디 디…


북구로주=흔히 영원한 행복의 나라로 불리는 곳.


자비진언(옴 마니 뻬메훔)은 불법의 핵심, 가장 청정한 불법입니다.


약사여래불 진언

  떼야타 옴 베칸제 베칸제 마하 베칸제 베칸제 란자 삼뭉가떼 소하
(3번)

무량수불=아미타유스 진언

옴 아마라니찌 벤쩨예 소하


(예전에는) 백고좌법문－나라와 백성의 안위를 위해 하고

팔관회－바다에서 죽은 영혼 천도, 뱃길 상인들의 안위와 행복을 위해 염!


연각＝홀로 깨달은 사람＝독각

성문＝아공을 깨달은 소승수행자


환희지＝보살초지


허공처럼 넓고 자비로운 마음이 바로 보리심이요. 이런 마음 일으키는 것이 발보리심이다.


사람들은 불행에서 벗어나기를 바라면서도 불행의 원인들을 향해 달려가고, 행복을 바라면서도 무지하기 때문에 행복의 원인들을 원수처럼 물리칩니다. 왜? 지혜가 없기 때문에－


단 한순간의 악행으로도 한겁동안 무간지옥에 머물게 된다는데, 무시이래로 악행을 지어온 이들이 어떻게 선도에 태어나리요?


나쁜 말과 생각과 행동, 모든 나쁜 에너지는 불행의 원인이 됩니다.

이런 것이 우리 곁에 남아있는 한 우리는 참된 행복을 누릴 수 없습니다. 고의로든 무지로든 악행을 저지른 뒤에 우리가 할 수 있는 최선의 행동은 가능한 한 빨리 참회하여 그 나쁜 에너지를 좋은 에너지로 바꾸는 것입니다.

보시와 부처님들께 올리는 공양들을 통해 수천 겁 동안 쌓아온 모든 공덕이 단 한 순간의 분노로 파괴될 수 있습니다.

모든 범죄와 악행은 조건 때문에 일어나고 아무것도 원인 없이 일어나는 것은 없습니다. 어떤 이는 무지하여 화를 내는데, 이들 중 누구의 행동이 허물이 없고 누구의 행동이 허물 있다고 하겠습니까?

이 세상 모든 행복은 남들의 행복을 바라는 데서 오고, 이 세상의 모든 불행은 자기 자신의 행복을 바라는 데서 오네.

나 자신과 같은 이들이여, 깨달으소서. 모든 것은 허공과 같다는 것을.
이것은 윤회의 뿌리를 자를 가장 예리한 칼이요, 깨달음으로 이르는 가장 중요한 길입니다.

샨티데바=적천보살의 보살수행 혹은 이를 줄인 "보리수행"이 한글 대장경에는 "보리행경"으로 번역되어 사람들에게 알려져 있습니다.

오경 = 색(거울) · 성(소리) · 향(소라, 속향기/냄새) · 미(과일) · 촉(옷)


태조 때 무학도사는 부처의 눈에는 부처만 보이고 돼지의 눈에는
돼지로만 보인다고.


영가는 금강경, 반야심경 독경, 일체보살 마하살, 경전으로
"바라"는 악기 – 소리(영가공양 때)


　　　오도　　　　　　　(반야심경 핵심)

1. 가떼 – 자량도　　　　 – 간다

2. 가떼 – 가행도　　　　 – 간다는 말

3. 빠라가떼 – 견도　　　 – 저 언덕으로 간다

4. 빠라삼가떼 – 수도　　 – 저 언덕으로 완전히 갔다

5. 보디소하 – 무학도　　 – 보리에 머물러라

아제 아제 바라아제 바라승아제 모찌 사바하 뜻


다라니 – 주력, 진언 – 만트라


존자님께서 사성제 중 업을 멸할 수 있음을 깨닫고 생명은 도를
깨우치기를 원 –


법화경 서품에 보면
　부처님 설법을 듣고 가장 먼저 깨친

① 아야교진여와

② 탐욕과 집착을 모두 떨쳐버린 마하가섭과

③ 마음의 모든 번뇌를 항복 받은 가야가섭과

④ 교화에 뛰어난 나제가섭과

⑤ 지혜가 제일가는 사리불과

⑥ 신통이 제일가는 대 목건련과

⑦ 부처님 가르침을 알기 쉽게 설명 잘 하는 논의제일 마하 가전연과

⑧ 남의 마음 꿰뚫어보는 천안제일의 아로루타와

⑨ 천문과 역술에 뛰어난 겁빈나와

⑩ 해율제일의 교범바제와

⑪ 마음이 흔들리거나 뒤바뀐 생각 안 하는 이바다와

⑫ 경행과 좌선을 잘하는 필릉가바차와

⑬ 병 없고 욕심 없는 박구라와

⑭ 어려운 질문에 해답 잘 하는 마하구치라와

⑮ 기쁨이 가득 찬 마음으로 설법 듣는 난타와

⑯ 그 용모가 부처님처럼 빼어난 손타라 난타와

⑰ 실천적인 용기와 설득력을 가진 설법제일의 부루나미다라니자와

⑱ 모든 현상이 공에 의한 것임을 잘 아는 해공제일의 수보리와

⑲ 부처님 곁을 잠시도 떠나지 않고 시중 든 다문제일의 아난과

⑳ 부처님의 아들이면서도 자기의 덕이 높은 것을 드러내지 않고 언제나 겸손한 태도를 간직했던 밀행제일의 라홀라 등이다.

이와 같은 큰 아라한들은 그 이름과 덕행이 모든 대중에게 알려진 선지식들이다.

사무량심(마음)

모든 이(들)의 행복을 주는 자심

모든 이의 괴로움을 덜어주는 비심

모든 이의 행복을 함께 기뻐해주는 희심

모든 이들에게 베푼 일에 대해 보답을 바라지 않고, 남으로부터
받은 피해도 모두 용서해주는 사심


사무애

가르침의 내용이 완전무결하여 누구에게나 타당한 절대의 진리인
'법무애'

가르침의 설명이 완전무결하여 누구든지 다 이해하는 '의무애'

가르침을 가장 적절한 말을 자유자재로 사용하여 누구나 알아들을
수 있는 '사무애'

가르침을 설하는 데 남이 감사하건, 미워하건, 비웃고, 욕하고,
돌 몽둥이로 때리고, 목숨까지 빼앗으려 해도 언제나 고맙고 기쁜
마음으로 설법하는 '요설무애' 등 4가지 자유자재한 마음인 "사무애와"


옴＝길상(신). 몸을 상징

훔＝다함께(심). 마음 상징, 공성·지혜


들음으로서 생기는 이득

① 계·정·혜 삼장에서 율장(계)의 의미를 알고 계율을 파하는
일을 피할 수 있다.

② 경장의 의미를 알아서 선정(정)을 닦을 때 일어나는 산란한 마음 등의 무의미한 일을 버리게 되며,

③ 논장을 이해함으로써 지혜(혜)를 닦아 번뇌를 제거하고 깨달음의 경지에 오르게 된다.

삼학이다.

람림, 깨달음으로 가는 길(쵸펠스님 번역)

1. 유가구족 - 육도 중에서 수행하기에 가장 적합한 인간이 갖춘 조건으로서, 보배로운 여의주보다 더 고귀한 이 몸으로 의미 있는 수행을 한다면 삼악도에 떨어지는 것을 막을 수 있으며, 제석천은 물론 완전한 깨달음의 경지인 금강지불에도 이를 수 있다.

수행방법

2. 하사도차제 - 수행에 입문한 자의 근기와 (초심자) 그 마음 동기에 따라서 수행방법을 크게 하사도, 중사도, 상사도 차제 이 셋으로 나누어 설명하고 있다.

3. 요의법 - 불법의 도리가 현료하게 다 서술되어 있는 가르침이다.

4. 출리심 = 생사 윤회의 고통에서 벗어나고자 하는 마음.

중사도차제 = 수행이 익숙해지기 시작한 자를 위함(말함).

5. 보리심 = 이타행에 의지하여 완전한 깨달음에 이르기를 발원하는

마음이며 대승의 도를 주관한다.

상사도차제＝중도적인 견해를 익히는 상사도차제 수행이 익숙해진 자를 위함(말함).

* 람림 시작하는 날 비몽사몽에 일러주신다. 그대로 유지하고 가면 된다고.

『보리도등론(차제)』을 전수하신 아띠샤 스승님

소승, 대승에서 밀교에 이르기까지 모든 불법을 『보리도등론』에 종합하여 티벳에 전수하신 인도의 대스승님. 552생 동안 수행자로만 태어나신 분이다. 벵골의 법왕 게외벨의 왕자로 태어났으나 왕위에 집착하지 않고, 수행하고 싶어서 온 것이다. 29세에 출가하시고, 157분의 스승님을 모셨다. 스승님 라훌라굽타(밀교 스승님)－부처님 아들이심.

6. 헤루까(데촉)＝밀교에서 수행의 방편으로 삼는 또 다른 부처님의 형상을 "이담"이라고 하며, "헤루까"는 다양한 형태의 이담 중 하나다.

7. 칸돌마＝밀교의 여호법신을 말하며 "다키니"라고도 한다.

8. 칸돌라＝보드가야 대탑 맨 윗부분을 말하며, 나가르주나(용수보살)가 부처님 진신사리를 봉안하여 불사하였다고 한다(전해진다).

아띠샤 생애─보리심 수행을 위해 셀링빠 스승을 만나러 셀링국(인
도네시아)으로 13개월 동안 배를 타고 항해했다. 심한 태풍, 파도를
기도의 힘으로 이겨 내고, 같이 간 수행자 125명과 14일 동안 쉬면서
스승님을 관찰한다. 셀링빠께서 비구 353명, 사미 62명(597명)이
스승님을 호위하는 것을 보고 큰 환희심이 일어났다. 두 분은 12년을
같이 보냈다. 스승 셀링빠께서도 북쪽의 설산으로 가라고 하셨다.
그곳은 티벳이다.

**9.** 우바새＝우바새, 우바이는 각각 재가의 남·녀로 불도에 들어가
삼보에 귀의하고 오계를 받아 삼보를 극진히 섬기는 이들을 말한다.

**10.** 이타행＝다른 이들에게 공덕과 이익을 베풀어주며, 중생을 구제
하는 모든 행위.

**11.** 증법＝부처님의 가르침을 교법이라 하고, 교법을 실천하는 것을
증법이라 한다.(수행)
　　　쬐꼼─관법(관찰하며), 쪽곰─지법(집중하여)
　　법에 정통한 스승님 나가르주나(용수보살), 무착보살(아상가)의
전통에 따라 만들어진 것이어서 다른 것보다 더욱 특별하다.

들음으로서 생기는 이득
　　가. 삼장에서 율장의 의미를 알고 계율을 파하는 일을 피할 수
있다.(계)

나. 경장의 의미를 알아서 선정을 닦을 때 일어나는 산란한 마음 등의 무의미한 일을 버리게 된다.(정)

다. 논장을 이해함으로써 지혜를 닦아 번뇌를 제거하고 깨달음의 경지에 오른다.(혜)

삼학이다.

율장 경장 논장 - 3장

계율 선정 지혜 - 3학


12. 아라한의 7가지 재산=믿음, 계율, 들음, 보시, 부끄러워할 줄 알고, 남을 탓하지 않고 지혜 등을 말한다.


13. 최대=비록 법을 알고 있으면서도 실천하지 않아서 오히려 마음이 더욱 거칠어지는 것을 말한다.(티벳말로 최대라 한다)


14. 까담=석가모니 부처님의 가르침(현교, 밀교)을 분별 없이 모두 정법으로 여기는 수행자들.


15. 귀의와 보리심을 일으키기

쌍게 최당 촉기 촉남라 장춥바르두 닥니 깝수치

닥끼 최세 기빼 쏘남기 (제가 법문하는 공덕으로)

돌라 펜치르 쌍게 둡빠르쏙

닥기 최녠 기빼 촉남끼 (제가 법문 듣는 공덕으로)

닥기 진쏙기빼 촉남끼 (제가 공양 올린 공덕으로)

돌라 펜치르 쌍게 둡빠르슉 (모든 중생 돕기 위해 부처 이루게 하소서)

일체중생 부처 이루게 하소서

16. 수인＝무드라

17. 람뽀체＝티벳어로 큰길이라는 뜻

18. 람충빠＝작은 길(좁은 길)이라는 의미다.

람충빠 이야기 (게송)

부처님께서 기원정사에 계셨다. 그 당시에 먼지는 흙먼지가 아니고 업장의 먼지이다. 먼지는 업장의 이름이지 먼지가 아니다. 지혜로운 이가 이러한 먼지를 버리게 되면, 그것이 곧 깨닫는 것이다.

19. 오도＝자량도, 가행도, 견도, 수도, 무학도

20. 세속팔풍＝풍이라고 붙인 것은 사람의 마음을 선동하므로 붙여진 이름인데, 이는 자기에게 이익이 있으면 좋아하고, 이익이 없으면 싫어하며, 즐거우면 좋아하고, 않으면 싫어하고, 듣기 좋은 말하면 좋아하고, 듣기 싫은 말하면 화를 내며, 칭찬을 들으면 좋아하고, 비방하는 말을 들으면 화를 내는 것 등 8가지를 말한다.

21. 게셰벤＝학위를 받은 "벤"이라는 비구 "게셰"는 수행적으로 해야

할 것과 하지 말아야 할 것을 확실하게 보여주는 스승. 또는 티벳 겔룩빠의 큰절에서 공부과정을 다 마치고 받은 학위를 말함

※ 게세벤의 공양이 최고의 공양이라고 한다. 마음 동기가 중요하다. 아띠샤 스승님께서는 연로하셔도 공양을 직접 올리고 청소도 직접 하셨다.

남을 통하면 그 공덕이 자신에게 오지 않는다. 누가 대신하겠다고 하면 "내가 힘들다고 해서 너희들이 나 대신 먹을 것도 대신할 수 있겠는가?" 반문하신다고.


부처님 오른쪽부터 공양을 올린다.
나중에 32상으로 태어나는 공덕이라고 한다.


공양 올릴 때는 칠지공양 - 고숨기뻬 고네착첼로…
공양 내릴 때는 회향공양 - 이담구루 라뜨나…


명상(참선) 참구
관상을 할 때는 비로자나 칠법 관상자세로 해야 한다.
호흡 - 자기 마음 동기에 번뇌가 섞여 있는지 살핀다. 아주 자연스럽게 천천히 내쉰다.
(번뇌) 그것이 밖으로 나가고 있다는 것을 알아차린다.
◎들이쉴 때는 호흡이 안으로 들어오고 있다는 것을 알아차려야 한다. 숫자는 처음에는 7번, 9번, 11번, 15번, 21번 등을 손이나 염주로 세지 않고, 마음으로 세어야 한다. 그렇게 하면 마음이 평정해

지는 상태로 돌아간다.

◎호흡을 내쉴 때 자신의 모든 번뇌가 검은 빛으로 나가는 것으로 살펴야 한다. 만약 번뇌가 일어나지 않는다면 굳이 호흡을 가다듬는 일을 따로 할 필요가 없다.

◎아띠샤 스승님께서 뿌리에 독이 있다면 나뭇가지나 잎에도 독이 있고, 열매도 독이 있고, 뿌리가 약이라면 나뭇가지나 열매, 잎도 약이라고 말씀하신 것처럼, 탐냄, 성냄, 어리석음으로(삼독) 가득 찬 뿌리의 마음 동기라면 무슨 관상을 하더라도 그것은 죄를 짓는 것이다. 이와 같이 번뇌 등의 마음 동기로 행하면 "듣고, 생각하고, 닦는 것"을 하더라도 자기 마음이 원하지 않는 열매를 맺게 된다. 반면 살생을 한 경우라도 선한 마음 동기라면 큰 공덕을 쌓게 되는 경우도 있다.

◎석가모니 부처님께서 어느 전생에 500명의 상인과 함께 배를 타고 보석을 찾아서 돌아오는 길이었다. "미낙등퉁"이라는 사기꾼이 배에 탄 상인들을 모두 죽이려고 하자 부처님께서는 당장 500명 목숨을 구하고 먼 훗날에 "이낙등퉁"을 지옥에 떨어지지 않게 구하려는 큰 연민으로 "미낙등퉁"을 죽여서 사만 겁 동안 닦아야 할 큰 공덕을 한 번에 쌓으셨다. 살생을 해서 공덕을 쌓는 것은 어디에도 나와 있지 않지만, 큰 연민의 마음 동기를 가졌으므로 그렇게 큰 공덕을 쌓게 된 것이다. 선행이나 불선행의 과보가 크고 작고는 모두 마음 동기에 달려 있다.

◎예를 들면 4명이 똑같이 경전을 독송하더라도
• 한 명은 보리심으로 하고, • 한 명은 출리심으로 하고, • 한

명은 다음 생에 좋은 곳에 태어나게 해달라는 마음으로 하고 •한 명은 이번 생의 무병장수를 바라는 마음으로 기도한다면, 같은 시간 같은 장소에서 똑같은 시간 동안 기도했다고 하더라도 그 과보는 매우 다르다.

첫 번째 사람은 보리심으로 기도했기 때문에 그 기도는 완전한 깨달음의 원인이 되고, 보살행인 대승의 수행이 된다.

두 번째 사람은 사바세계 치료제를 위한 발심으로 기도했기 때문에 이는 해탈의 원인이 되는 중사도 수행이 된다.

세 번째 사람은 다음 생을 위해서 기도했기 때문에 그 기도는 해탈의 원인은 되지 않지만 삼악도에 떨어지지 않는 하사도 수행이 된다.

네 번째 사람은 이번 생만을 위해 기도했기 때문에 이는 수행이 아니다.

사람들이 "아띠샤" 스승님께 이번 생의 행복과 재산을 위해서 하는 모든 수행은 어떤 과보가 있는지 여쭈었다.

아띠샤 스승님께서는 그 과보로 이번 생은 행복할 수 있으나 다음 생에는 지옥, 아귀, 축생으로 태어나게 된다고 대답하셨다.

만약에 보리심이 저절로 일어나지 않으면 일부러 보리심에 대한 마음 동기를 만들어서라도 해야 한다. 이렇게 하면 이번 생의 성취도 따라오게 된다고 하셨다.


22. 라마땡아=(티벳말) 다섯 그룹의 스승들이라는 의미다.

**23.** 이담=밀교에서 수행의 방편으로 삼는 또 다른 형태의 부처님 형상을 이담이라고 한다.

석가모니 부처님께서는 오른손 끝으로 땅을 누르고 계시는데, 이는 마구니들을 완전하게 물리치시는 수인이며, 왼손 위에 놓여 있는 발우 안에는 무병의 감로수가 있으며, 이는 몸속에 있는 마구니들을 물리치는 것을 상징한다.

아뇩다라 삼먁 삼보리=위없는 완전한 깨달음

보리-깨달음.

위신력 =힘, 축복.

촉성=복전. 공양을 올리는 대상.

## 귀의하는 방법

완전한 귀의를 하기 위해서는 두 가지 마음에 의지해야 하는데, 그것은 두려움과 신심이다. 여기서 두려움은 이 사바세계의 모든 고통과 그 속에서 당하는 각각의 고통을 생각하여 두려워하는 것을 말하며, 신심은 그 두려움에서 벗어나게 할 수 있는 힘은 오직 삼보뿐 이라는 믿음을 말한다.

신심-믿음

대승의 특별한 귀의란 앞에 말한 두려움과 신심 두 가지에다 고통 받음을 보고 연민심을 내는 것을 더한 것이다. 즉 두려움, 신심, 연민심 3가지다.

불상이 좋다 나쁘다는 평가는 절대로 하면 안 된다. 만든 사람의 실력이지 -

종파를 비난하는 모든 행위도 큰 죄를 짓는 것이다.

승가에게 죄를 짓는 것은 불보나 법보에 향해 지은 죄보다 더 커서 아무리 참회해도 그 뿌리가 조금씩 남아 있게 된다.

24. 8가지 공덕
    1) 진리를 아는 공덕
    2) 관습적인 일체 존재를 아는 공덕
    3) 스스로 증득하는 공덕
    4) 진리를 아는 그 자체의 공덕
    5) 번뇌에 대한 애착으로부터 해탈하는 공덕
    6) 장애가 되는 번뇌로부터 해탈하는 공덕
    7) 더 낮은 번뇌로부터 해탈하는 공덕
    8) 해탈 그 자체의 공덕 등을 말한다.

주지나 원주가 어떤 이가 시주를 하고 싶을 때, 그렇게 많이 할 필요 없다고 조절해 주는 것도 무간지옥의 원인이다. 시주금에 대해 일체 말하면 안 된다. 무간지옥 행이라고 한다.

쫑카빠 대사가 문수보살님께 빨리 깨우치기 위해서 어떤 방편이 좋을지 물어 보았을 때 "스승과 부처님께서는 둘 아님을 알고 기도하며, 복덕을 쌓고 소멸하는 데 노력해야 한다"고 말씀하셨다.

## 공덕을 쌓고 업장을 소멸하는 7가지

### 절하기

"노르상"이라는 수행자가 부처님 뵙기를 무척 바라던 어느 날 멀리서 부처님께서 보이자 흙먼지도 아랑곳하지 않고 오체투지를 하면서 석가모니 부처님께 다가갔다. 부처님께서는 그러한 "노르상"의 신심 깊은 절을 무척 좋아하셨고, 그러한 절 형태가 지금까지 티벳에서는 이어져오고 있다.

밀교의 스승 "나로빠"께서는 오체투지해서 쌓이는 공덕을 믿는다면 몸과 발이 좀 길었으면 좋겠다는 생각을 하게 된다. 대장경에서는 절을 많이 하면 몸이 황금빛깔처럼 되는 등의 공덕이 있고, 몸이 땅을 덮을 때의 흙의 티끌 숫자만큼 전륜성왕으로 태어나는 공덕을 쌓게 된다고 설명하고 있다.

### ※ 바른 절하기

절을 올릴 때에 합장의 경우 두 손을 딱 붙이는 것은 외도들이 하는 것이니, 그렇게 하지 말고 엄지손가락을 두 손바닥 안으로 넣어서 여의주 모양으로 만들어야 한다. 마주한 두 손을 정수리 위에 올리고, 이마에 댄 후 목과 가슴에 차례대로 대는 이유는 부처님의 32상 중에서 살상투백호, 부처님 말씀, 부처님의 마음이 각각 생기도록 하기 위해서이다. 이때 신·구·의로 쌓은 업장을 소멸시키는 것을 같이 관상하여도 된다.

공양물－복전이라는 공양의 대상 "촉싱"
　　본존과 이담 다섯 비구까지.

◎공양물을 두 가지로 나눌 수 있는데, 하나는 향, 꽃, 초, 공양수, 과일, 떡 등 물질을 올리는 방법과 다른 하나는 부처님의 가르침을 올바르게 배워서 충분히 실천하여 남에게도 가르치며, 봉사하는 모든 비물질적인 행위 그 자체를 말하며, 나아가 자기 마음으로 이 우주의 좋은 것이나 귀한 것을 만들어 올리는 것 또한 거룩한 공양이 된다.

물질적인 공양을 올릴 때 남에게 보여주기 위해서나 명예 등으로 상을 낸다면 이는 오히려 공양물을 올려서 망치는 것이니 올리지 않는 것만 못하다. 불보살님들께 올리는 최고의 공양물은 십계 등의 모든 계율을 잘 지키는 일인데 계율은 잘 지키지 않으면서 공양물만 가득 올린다면, 불보살님들은 재물을 탐내는 분들이 아니기 때문에 기뻐할 이유가 하나도 없다.

◎금강은 공성이고, 살타는 마음이라는 뜻
깨우친 공성의 지혜를 중생에게 나투시어 업장을 소멸시켜 주시는 참회본존 금강살타 보살님(부처님)
금강살타 백자진언은 업장소멸

**25.** 수희찬탄하기＝질투하지 않는 마음으로, 다른 사람들이 선행하는

것을 보고 기뻐하는 것을 말한다.

참회하는 공덕(사대치력)은 화냄을 사그라들게 하는 것과 그 죄업이 소멸되는 두 가지 큰 이득이 있다. 참회하기 위해서는 죄업을 소멸하는 4가지 큰 힘을 길러야 한다.

첫째, 참회할 대상을 아는 힘이다. 우리가 죄를 짓게 되는 대상은 부처님과 중생들이기 때문에 그에 참회하는 대상으로 삼아야 한다.

둘째, 자기가 쌓아온 죄를 알고 진절머리치면서 후회하는 힘이다. 이런 마음이 생기면 다음에 죄를 짓지 않겠다는 마음도 저절로 생긴다.

셋째, 죄를 다시는 짓지 않겠다고 결심하는 힘이다. 이것은 매우 중요하다. 참회하는 이득을 알고서 다시는 죄를 짓지 않겠다고 확고하게 결심해야 한다. 한 예로 우리가 남을 헤치지 않겠다고 말만하고 전혀 결심을 하지 않으면 그것은 다시 거짓말하는 죄까지 짓게 된다. 단 하루라도 죄를 짓지 않겠다고 결심한다면 하루라도 죄를 짓지 않고 하루는 보낼 것이다.

넷째, 치료제가 되는 행을 하는 힘이다. 전에 죄를 지은 것을 후회하는 마음으로 완전하게 소멸되게 하는 방법은 주로 6가지를 든다. 여래의 명호를 부르거나, 진언을 외우고, 경을 읽거나, 공성에 대한 견해를 가지고, 공양물을 올리며, 불상 조성 등 불사하는 것을 말한다. 절은 35붓다 참회불 명호 부르고 절하는 것도 깊은 참회의 방법이다.

수회하기(수회찬탄)

아들이 보석을 찾았을 때, 아버지가 진심으로 기뻐해주는 것과 같은 마음으로 하는 것을 말한다. 이 행은 주로 보살들이 실천하므로 일반인들은 실천하기기 어려울 수도 있지만, 이것을 잘 행하면 공덕 쌓는 데에 이보다 나은 것은 없다. 쫑카빠 대사께서는 몸을 말을 하지 않더라도, 편안하게 공덕을 쌓을 수 있는 것이 수희하는 것이라고 말씀하셨다. 한 일화를 보면, 석가모니 부처님 당시에 "쎄겔"이란 왕이 석가모니 부처님과 성문들에게 대중 공양을 크게 올렸는데 그때 거지 "데빠"가 그것을 보고는 마음속 깊이 "이는 참으로 대단한 일이다. 이렇게 많은 수행자들에게 공덕을 쌓는구나!"하고 질투 없는 진실한 마음으로 수희했다. 그때 석가모니 부처님께서 공양을 올린 왕에게, "이번 공양에 대하여 누구의 이름으로 축원해야 합니까?" 하고 묻자, 왕은 본인이 공양을 올렸으므로 당연히 가장 크게 쌓았을 것이라고 속으로 생각하면서, "가장 큰 공덕을 쌓은 사람의 이름으로 축원해 주십시오!" 하고 말씀올렸다. 그러자 석가모니 부처님께서는 거지 "데빠"의 이름으로 축원해 주셨다.

거기에 있던 모든 사람들이 놀라서 그 이유를 묻자, 부처님께서는 "데빠"가 전혀 질투심 없이 수희했으므로 그 공덕이 가장 크다고 말씀하셨다. 한편 왕은 석가모니 부처님께 자기처럼 왕으로 살면서 수행할 수 있는 방편이 무엇이냐고 여쭈었다. 석가모니 부처님께서는 수희하기, 보리심 일으키기, 회향하기 이 세 가지를 질투하거나 비교하는 마음 없이 수희하여야 한다고 말씀하셨다고 한다. 그리고 이번 생에 스스로 기도하거나 보시 공양을 올리며 법문을 듣고, 관상하며, 계를 지키는 등을 행할 때는 교만하지 않는 마음으로 해야 한다. 교만하면 공덕을 오히려 줄어든다. 우리는 금전적인 계산에만 관심이 많은데, 금전이 아무리 늘어날지라도 그것은 이번 생에만 주어지는 작은 행복일 뿐이다. 그렇지만 수희한 공덕을 계산하면 다음 생에 귀한 몸을 얻는 것에서부터 완전한 깨달음에 이르기까지 큰 도움이 된다. 죄를 지으면 삼악도에 떨어지게 되므로, 진실로 계산을 잘하고 싶으면 이런 것에 대한 계산을 잘해야 된다고 한다.

## 부처님께 법륜 굴려 주시기를 권청하기

석가모니 부처님께서 보드가야에서 깨달음을 얻으신 후 49일 동안 법륜을 굴리지 않으셨지만, 천상의 신 인드라와 브라만들이 부처님께 법륜을 굴려달라고 간청하였다.

그러한 요청 때문에 처음 다섯 비구에게 "사성제"를 설하신 것이니, 우리도 시방에 계시는 모든 부처님께 마음으로 법을 청하거나 관상했던 "촉싱"에 계시는 부처님들께 끊임없이 법륜을 굴려달라고 마음으로 청해야 한다. 그러면 큰 이득이 될 것이며, 그렇게 하지 못하면 이 또한 큰 손해가 될 것이다.

## 부처님께서 열반에 드시지 말 것을 권청하기

중생의 근거에 맞게 불법을 받아들일 수 있도록 응신으로서 우리 앞에 지금 나타나 계시는 부처님들께 열반에 드시지 마시고 계속 가르침을 펴 달라고 권청하는 것이다. 이것은 매우 중요하다. 석가모니 부처님께서 열반에 드시기 직전에 아난다에게 "여래는 '사무소외'와 '사신족에 의지하여 금강과 같은 몸을 얻었기 때문에 마음만 먹으면 몇 겁보다 더 살 수 있다"라고 하셨으나, 아난다는 마왕의 현혹으로 인해 그 뜻을 알지 못하여 부처님께 열반에 드시지 말라는 권청을 올리지 못했다고 한다. 마왕이 부처님을 찾아뵙고 열반에 드셔달라고 요청하였을 때 부처님께서는 아난다에게 어찌할까를 물었다. 아난다는 마왕의 "현혹된 축복으로 귀머거리 상태였다." 그는 아무 소리도 듣지 못하여 궁금했으나 부처님께서는 늘 좋은 말씀만 하시니 지금도 그와 같을 거라고 여기고는 그저 고개를 끄덕여서 부처님께서 열반에 드시는 것이 좋다는 의사를 표했다. 후에 아난다가 마법이 풀려 깊은 관상에 든 후에야 부처님의 물음이 무엇이었는지 뒤늦게야 깨닫고, 부처님께 열반에 드시지 말아 달라고 다시 권청을 올렸지만, 이미 마왕의 부탁을 받아들이셨으므로 약속은 약속이니 때가 되었다고 말씀하시고는 80세에 열반에 드셨다.

우리는 항상 이것을 명심하고 부처님들께 법륜을 굴려 설법해달라고 권청 올리는 것과 오래도록 열반에 드시지 말아 달라고 권청하면서 그분들도 기꺼이 수락함을 관상해야 한다.


**26**. 사무소외

1) 일체법을 깨닫고 증득했다고 하는 두려움 없는 자신감

2) 일체의 번뇌를 아주 끊었다고 하는 두려움 없는 자신감

3) 수행의 장애되는 것은 이미 다 설했다고 하는 두려움 없는 자신감

4) 고통의 세계의 미망에서 벗어나 해탈에 들어가는 길을 설했다고 하는 두려움 없는 자신감을 말한다.

**27.** 사신족

　1) 꿰뚫어보는 철시.

　2) 아무리 미세한 소리도 듣고자 하면 들을 수 있는 철청.

　3) 다른 사람의 마음을 능히 알 수 있는 능력인 지타인심.

　4) 허공을 날 수 있는 신통력인 비행 등 4가지 자재력을 얻는 것을 말하며, "사여의족"이라고도 한다.

**28.** 회향＝본인의 지은 공덕을 남에게 향하도록 회향하는 것.

　수행을 시작하기 전의 마음 동기와 마칠 때의 회향, 이 두 가지는 절대로 빠뜨려서는 안 된다. 의지함이 없이는 생겨나지 않는다는 공을 바탕으로 하여 방편과 지혜를 마음에 함께 만들어서 회향해야 한다.

　우리가 수행을 하거나 공덕을 쌓고 봉사하면서도 기도 관상하는 것에 크게 진전이 있고 없는 것도 회향하는 자세에 달려 있다. 회향을 잘못하게 되면 수행을 하기 어려운 환경이나 몸을 받고 태어나는 원인이 된다. 기도하고 회향할 때도 이번 생을 위해서만 하거나 다른 사람이 나쁘게 되면 좋겠다는 식으로 회향하면 당연히 자신이 그 나쁜 과보를 받게 된다.

　회향하지 않으면 쌓았던 공덕이 화내는 마음으로 모두 다 타버린다. 자기보다 더 많이 깨우친 사람에게 화를 내게 되면 백겁 동안 쌓아둔 공덕이 다 타버리게 된다.

•화내는 마음으로 공덕을 태우지 않게 하는 방법은 회향하는 것이다.

•일체중생이 바른 스승을 만나기 위해서

• 일체중생들에게 보리심이 일어나게 하기 위해서

일체중생이 사바세계에서 벗어나게 하도록 회향해야 한다. 그렇게 하면 위와 같이 회향한 우리가 쌓은 공덕이 남아 있게 된다.

"물 한 방울을 바다에 떨어뜨리면 바닷물이 다 마를 때까지 그 물 한 방울이 남아 있다"고 대장경에서 설명하고 있듯이, 우리도 타인을 위해서 이와 같이 회향해야 한다.

위에서 설명한 대로 칠지공양을 행한다면, 절을 올림으로써 교만이 없어지고, 공양물을 올림으로써 아까워하는 마음 없어지고, 참회함으로써 삼독을 없애고, 수희함으로써 질투심이 없어지며, 법륜을 굴려 달라고 권청함으로써 정법에 대하여 쌓았던 죄를 소멸한다. 열반에 드시지 말라고 권청함으로써 스승들에게 지은 죄를 소멸하며, 회향함으로써 화내는 마음의 치료제로 삼아 깨달음의 세계로 나아가게 된다.

한편, 절을 올리면 부처님의 살상투와 같은 32상이 생기고, 공양물을 올리면 물질적인 부와 수행적인 부를 얻게 된다. 참회하면 번뇌장과 참회장을 닦게 되고, 수희하면 누가 보아도 빠짐없는 완벽한 몸을 얻게 된다. 법륜을 굴려 달라고 권청하면 감미로운 목소리를 얻게 되며, 열반에 드시지 말라고 권청하면 장수할 뿐 아니라 금강신을 얻게 된다. 또 회향함으로써 부처님의 모든 공덕들을 얻게 되는 이득이 있다.

**29.** 번뇌장＝이장의 하나

　탐욕, 화냄, 어리석음의 삼독을 근본으로 하며, 열반을 장애하고 생사에 유전케 하므로 번뇌장이라고 한다. 번뇌장을 단멸하면 아라한의 경지에 도달한다.

**30.** 소지장＝이장의 하나

　번뇌의 훈습에 의해 생기는 것으로, 완전한 지혜에 대한 미세한 장애를 말한다. 번뇌장과 소지장을 함께 단멸하면 일체지를 얻어 부처가 된다.

・발원할 때 바른 마음 동기와 일치시키기

　위에서 말한 것처럼, 바른 마음 동기로 자기의 근본 스승과 부처님이 둘이 아님을 사유해서 깨우침이 생기도록 발원하는 것이다.

・근본 스승을 찾음으로써 생기는 이득

　우리가 근본 스승에게 진실로 의지할 때 부처님의 경지에 가까워지며, 무량겁 동안 닦아야 할 도를 한 생에 깨달을 수 있게 되는 것도 근본 스승에게 의지하는 방법을 알아야만 가능해진다. 그러지 않고는 우리가 닦아야 할 도를 모르는 것과 같다. 불보살들을 뵙는 것을 스승 뵙는 것보다 더 귀한 것처럼 생각하는데, 불보살들을 뵙는 것보다 우리의 근본 스승을 뵙는 일을 더 소중하게 여겨야 한다. 수행자에게는 부처님의 경지로 제자를 이끌어줄 수 있는 수행 경험이 풍부한 스승이 반드시 필요하다. 그렇지 않고 삿된 길로 이끄는 도반이나 친구들을 스승이라고 생각해서 의지하면 진리와는 반대의 길로 가게 되어 나중에 후회만 남게 된다.

• 근본 스승님 계신 곳은(내 생각)

제2의 고향 다람살라 거기에 계시는 겔와 린뽀체(달라이라마 존자님), 스님 린뽀체들께 공양 올리는 공덕은?

일체 불보살들께 수많은 공양을 올리는 것보다 근본 스승들의 털구멍 하나에 공양 올리는 공덕이 훨씬 더 크다. 부처님께서도 근본 스승에게 조금 시봉한 공덕의 크기는 무량겁 동안 우리의 머리나 팔다리들을 보시하면서 쌓은 공덕과 비슷하다고 말씀하셨다. 공덕을 많이 쌓을수록 부처님의 경지에 가까워지는데 공덕을 쌓는 데는 짐승, 인간, 성문, 연각, 보살, 근본 스승의 순서로 그 공덕이 더욱 커진다고 한다. 일체 불보살들께 공양 올리는 것보다 살아있는 근본 스승에게 공양 올리고 공경히 대하는 공덕이 훨씬 크다고 한다.

* 근본 스승님은 직접 공양을 드시므로 공덕이 더 크다.
* 근본 스승을 만나게 되면 삿된 장애가 저절로 사라진다.
* 근본 스승에 의지하여 실천하면 번뇌나 허물이 저절로 소멸된다.
* 근본 스승에게 의지하여 실천하면 깨우침이 증장된다.

우리는 법좌에 앉아서 법문을 펴는 스승들만 스승으로 생각하는데 이는 매우 잘못된 생각이다. 같이 지내면서 편안하게 직접 가르치는 분들이 훌륭한 스승들이다.

※ 아띠샤 스승님의 스승은 152명이나 된다. 바른 스승을 만나기 위해 찾아 다니셨다고 한다.

"스승을 의지처로 삼고 나서 제자가 되어 스승을 비방하면 모든 부처님을 비방하는 것과 같으니 그에게는 항상 고통만 따를 것이다. 내가 의지하는 스승을 절대 비방하지 말아야 한다."

※ 깔라차크라에서는 손가락 튕겨서 내는 소리(탄지성)를 65개로 나누어 그 하나하나를 찰나라고 하는데, 탄지성 내는 동안 밀교의 스승에게 화를 내면 65겁 동안 쌓았던 공덕이 없어지고, 가장 무시무시한 무간지옥에 태어나게 된다고 설명하고 있다.

31. 무간지옥＝팔열지옥의 하나로 지옥 중에서 가장 고통이 심한 곳이다.

티벳의 대성자 밀라레빠의 수제자 레충빠는 한 생에 깨달을 수도 있었지만, 스승의 말씀을 3번 어김으로써 한 생에 깨닫지 못하고 3생을 다시 태어나 수행하고서야 깨달음에 도달할 수 있었다고 한다.

"밀라레빠"는 스승님 마르빠에게 빈 솥을 공양 올림으로써, 평생 배고픈 상태로 수행해야 했다.(풀만 먹으면서 수행)

스승을 바르게 찾는 방법

스승의 진면목을 겸손한 마음으로 반드시 살펴야 한다. 한편, 뜻은 중히 여기지 않고 구성진 가락으로 멋지게 염불하거나 요령과 같은 불구를 마치 악공이 악기 다루듯 하거나, 경전을 보지도 않고 기도문을 줄줄 외우거나, 자신은 실천하지도 않고 미사여구로 남에게 달콤한 법문을 하는 것 등은 근본 스승이 갖추어야 할 조건이 아니다.

율장에 보면, 소승적인 스승, 대승적인 스승, 밀교적인 스승의 조건들은 따로따로 설명하고 있다. 여기서 대승적인 스승을 주로 말하자면, 이는 다음과 같은 조건을 갖추어야 한다.

• 계율에 의지하여 자기 마음을 충분히 조복시킨 자.
• 지혜로써 아상을 없앤 자
• 선정으로 산란한 마음을 없앤 자를 찾아야 한다.

내가 믿고 있는 스승(스님)

근본 스승을 살아있는 부처님으로 본다면 이번 생과 다음 생의 모든 일들이 저절로 성취되는 큰 이익이 있기 때문이다.

옛날 티벳의 어느 노모가 인도로 장사하러 가는 아들에게 석가모니 부처님 진신사리를 구해오라고 부탁했다. 아들은 그러겠다고 대답은 했지만 자꾸 잊어버리고 구해오지 못했다. 어머니는 이번에도 구해오지 못하면 내 아들이 아니라고 하며 꼭 구해오라고 한다. 아들은 또 잊어버리고 말았다. 아들이 어머니 간곡한 부탁이 떠올랐을 때 마침 길 옆에 죽은 개가 있었고, 그 개의 이빨이 눈에 띄었다. 아들은 그 이빨을 뽑아 어머니께 진신사리라고 올렸는데, 어머니는 진심으로 그것을 믿고 열심히 기도를 올리자, 나중에 이것이 실제로 증식하였다. 부처님 진신사리는 증식하는 힘이 있는데 어머니의 진실한 믿음으로 개의 이빨이 부처님 진신사리와 같은 증식하는 효과를 낳게 한 것이다. 만약 어머니가 진실로 믿지 않았다면 이는 불가능한 일이었을 것이다.

마찬가지로 스승의 축복이 크고 작은 것도 자신의 절실한 믿음에 달려 있다. 사실 살아있는 부처님께서 내 앞에 나타나신다 하더라도, 내가 믿음을 갖지 않으면 부처님을 알아볼 수가 없다.

데바닷따와 석가모니 부처님의 첫 번째 시자인 "선성"이란 비구는 부처님과 함께 지냈지만, 부처님으로부터 아무런 가피도 얻지 못했다. 이는 믿음이 없어서 생긴 큰 손실이다.

아상가-무착보살님
미륵보살을 친견하려는 분
12년을 동굴에서 수행하면서 가피를 주시는 은혜

인도의 위대한 스승 "나로빠"의 스승 "띨로빠"는 진흙으로 만든 만달라로 나로빠의 얼굴을 후려치듯이 때렸는데 나로빠는 후에 그러한 가피로 선정을 깨우칠 수 있었다. 우리에게는 전생부터 오늘에 이르기까지 수많은 스승들이 계시는데 이분들은 모두 부처님의 화신이다.

◎ 행으로 근본 스승님을 모시는 방법
위대한 요기 "밀라레빠"는 물질적인 재산으로 공양 올릴 것이 나에게는 비록 없지만, 스승의 은혜에 나는 행으로 보답하리라 하고 말씀하시곤 했다. 열심히 인내하는 수행이야말로 스승을 기쁘게 하는 보답이다.

쉴 때 하는 일―쉴 때를 잘 활용할 줄 안다면 인생 자체를 의미 있게 보내게 된다.

**32. 염지―심소 중의 하나로, 마음이 들어가고 나가는 것을 알아차림**

※ 아띠샤 스승님께서는 많은 사람 속에 있을 때는 자신의 입을 살피라고 하셨고, 혼자 있을 때는 마음을 살피라고 하셨다. 우리가 받기 어려운 유가구족의 몸을 지금 갖추었으니 이는 한량없이 기쁜 일이며, 반면 죽음과 무상을 생각하면, 이보다 더한 슬픔이 없음을 알게 된다. 이는 유가구족 몸을 알아차리기, 유가구족의 몸이 매우 가치 있음을 알아차리기, 유가구족의 몸을 받기가 어려움을 관상하기, 이 세 가지가 있다.

1) 유가구족의 몸을 알아차리기
이는 팔유가와 십구족으로 나누어 생각해야 한다.
• 팔유가는 수행할 수 없는 장애로부터 벗어나 여덟 가지 여유를 갖춘 것을 말하며,
• 십구족은 수행하기 위해 갖추어야 할 조건 열 가지를 갖추었음을 말한다.
  ㉠ 팔유가＝지옥에 태어나지 않는 것
    지옥―법의 소리를 들을 수 없고, 고통밖에 없다.

ⓛ 아귀로 태어나지 않는 것-배고픔과 목마름이 극심 고통

ⓒ 축생으로 태어나지 않는 것-어리석고 바보 같아 수행할 능력이
없다.

ⓔ 오래 사는 신으로 태어나지 않는 것-나는 신으로 태어났다와
나는 죽을 때가 되었다는 2가지밖에 모름

ⓜ 부처님의 가르침을 모르는 땅에 태어나지 않는 것-야만인으로
태어나면 법의 소리를 들을 수 없다.

ⓗ 부처님의 존재를 모르는 시대에 태어나지 않는 것-수행 방법을
몰라서 성취할 수 없다.

ⓢ 감각기관을 움직이는 데 장애가 없는 것-바보와 귀머거리와
벙어리처럼 수행이 무엇인지 잘 몰라서 지옥, 아귀, 축생, 신,
네 가지로 태어나면 수행할 여유를 가질 수 없음을 알아야 한다.
또한 인간의 몸으로 태어난 것을 한량없이 기뻐해야 한다.

ⓞ 그릇된 견해를 품지 않는 것-사이비 종교에 빠지는 사람들은
비록 오래 살더라도 지혜를 쌓을 수가 없으니 이것이 가장 나쁘
고 불행한 일이다. 나쁜 8가지 조건에서 완전히 벗어나 수행하
기 좋은 조건을 갖추었음을 알고 나면 어찌 크게 기뻐하지 않겠
는가?


2) 십구족(십원만)

ⓐ 인간으로 태어나는 것-다음 생을 위해서나 완전한 깨달음에
도달하기 위해서는 육도 중에서 인간의 몸이 가장 적합한 조건을
갖추고 있다.

ⓛ 불법이 존재하는 땅에 태어난 것 – 우리는 지금 부처님의 가르침과 인연이 있고 많은 스승들이 계시며 수행할 조건들을 갖추고 있다.

ⓒ 가르침을 이해하는 능력이 있는 것 – 우리가 법을 이해할 수 없을 만큼 심한 장애인으로 태어났다면 수행할 수 없을 것이다.

34. ⓔ 오역죄를 범하지 않는 것 – 아버지를 살해한 죄, 어머니를 살해한 죄, 아라한을 살해한 죄, 부처님 몸에 상처를 입히는 죄, 승가의 화합을 깨뜨리는 죄, 이런 죄를 지으면 한 생에 아라한 경지에 오를 수 없다.

ⓜ 신심을 갖춘 것 – 이는 계율을 잘 지키는 것을 말하며 특히 삼장(경·논·율)이나 보리도차제에 관심을 갖는 것.

ⓗ 석가모니 부처님께서 존재하시는 것 – 만약 부처님께서 이 세간에 존재하지 않는다면 가르침 또한 없다.

ⓢ 정법이 설해지고 있는 것 – 부처님께서 계셔도 법을 설하시기 전에 우리가 죽는다면 부처님께서 이 세상에 출현하신 것이 우리에게 아무런 의미가 없게 된다.

ⓞ 그 가르침이 현재까지 전해지고 있는 것 – 우리가 지금 부처님 가르침과 람림을 배우고 있는 것도 그 가르침이 현재까지 전해지고 있기 때문이다.

ⓩ 그 가르침을 받는 것 – 마음을 열어 부처님 가르침과 인연을 맺는다면 우리는 충분히 그 가르침을 받을 수 있다.

ⓒ 주변의 도움을 받는 것 – 수행하는 데에 후원자나 시주자들이 있기 때문에 이 조건 역시 우리는 갖추었다. 이 십구족 중에

㉠~㉤까지 5가지는 자신에 관한 것이고, ㉥~㉧까지 5가지는
수행할 수 있는 환경이다.

# 제2편
# 수행을 시작한 초심자의 체계
## − 하사도 차제와 공통의 마음 닦는 방법 −

◎ 죽음을 생각함으로써 생기는 이득

이는 죽음을 생각함으로써 큰 뜻을 얻게 되는 이득, 죽음을 생각함으로써 큰 힘으로 수행하게 되는 이득, 죽음을 생각함으로써 후회 없이 매우 기뻐하면서 죽게 되는 이득, 3가지로 설명한다.

석가모니 부처님께서 『대열반경』에 "발자국 중에서 최고는 코끼리 발자국이고, 모든 인식 중에서 최고는 무상과 죽음에 대한 인식이다."라고 말씀하셨다. 죽음을 생각하면 완벽한 수행을 할 수 있다. "쨍아린 뽀체"께서는 아침에 무상에 대한 생각을 하지 않으면 그 날은 이번 생애 다시 빠져들게 된다고 말씀하셨다. 이번 생에 빠져들게 되면 모든 노력이 진정한 수행으로 변하지 않는다고 한다.

예전에 어떤 수행자는 "나한테 죽음 와도 두렵지 않다."라고 말했다. 최고의 수행자는 죽음을 즐기고, 중간의 수행자는 죽음을 싫어하지 않고, 낮은 수행자는 죽음에 후회가 없어야 한다. 우리는 최소한 "수행을 열심히 했으니 이제 죽어도 후회가 없구나!" 하고 말할 수 있어야 한다.

◎ 죽음의 실제를 생각하기

죽음은 때가 정해지지 않음을 사유하기, 죽음의 상태를 관상하기 2가지다.

이는 반드시 죽게 됨을 사유하기, 언제 죽을지 모름을 사유하기, 죽을 때 수행 외에는 아무것도 도움이 되지 않음을 사유하기, 3가지 이다.

지옥 이름

팔열지옥―8가지 불지옥

① 등활지옥, ② 흑승지옥, ③ 중합지옥, ④ 규환지옥, ⑤ 대규환지옥, ⑥ 초열지옥, ⑦ 대초열지옥, ⑧ 무간지옥 등

예전에 목련존자가 불지옥에서 조그만 불씨를 인간세계에 가져와서 바닷가에 두었는데, 그 마을 사람들이 너무 더워서 그곳에 있을 수 없었다고 한다. 몸이 작으면 금방 타지만 지옥은 크게 태어난다.

※ 인간계와 삼악도의 경계는 한 호흡 차이일 뿐이다. 내일이나 내년 이맘 때 우리가 지옥에 있을지 여기에 있을지는 아무도 모른다. 불지옥에 태어나면 어떻게 될지 관상해야 한다.

**1.** 아추=티벳어로, 추울 때 내는 의성어다.

얼음지옥(팔한지옥)

　이 지옥은 불지옥의 북쪽 땅 아래에 위치해 있다. 죽기 직전에 차가운 것에 집착하였기 때문에 바르도가 꿈처럼 지나고 깨어나면 이런 얼음 지옥에 태어나 있다. 모두 얼음으로 되어 있고 어둡다.

　① 알부타지옥, ② 나랄부타지옥, ③ 알찰타지옥, ④ 확확파지옥, ⑤ 호호파지옥, ⑥ 올발라지옥, ⑦ 발특마지옥, ⑧ 마하발특마지옥 등 8가지로 관상한다.

**2.** 끼휘=티벳어로, 매우 고통스러울 때 내는 의성어다.

　이런 지옥에 태어나는 주요 원인은 "인과" 등이 없다고 하는 그릇된 견해에서 비롯된다. 다른 사람의 옷이나 불상에 입힌 옷을 훔치거나 벌레나 짐승들을 죽이려고 냉동시키거나 죽게 한 과보이다.

**3.** 뵌교=티벳에 불교가 전파도기 전 존재했던 샤마니즘적 성향이 강한 토속종교다.

람림(보리도차제) "부처되는 길"
**4.** 신심=덧없는 것을 여읜 청정한 마음. 불교도가 되는 첫걸음으로서 불, 법, 승 삼보 및 인과의 이치를 믿고 따르는 것을 말한다.

＊ 불법에 입문하여 귀의하기

1) 삼보에 귀의해야 하는 이유

자신이 완전하게 귀의하였는지는, 마음속으로 그 이유를 바르게 알고 있는지 아닌지에 달려 있다. 본인이 윤회와 삼악도의 고통을 두려워하는 것과 거기서 구해줄 수 있는 능력은 오직 불·법·승 삼보에 있다는 믿음, 이 두 가지를 갖추어야 한다. 만일 이 두 조건을 갖추지 못하면 바르게 귀의했다고 할 수 없다. 따라서 ① 자신이 삼악도의 고통을 두려워함, ② 윤회의 고통을 무서워함, ③ 타인이 받는 윤회로부터 고통 받는 것을 보고 깊은 연민을 느낌, 이 세 가지는 차례대로 하사도, 중사도, 상사도에 귀의하는 원인이 된다. 위 세 가지 중 삼악도의 고통을 관상해서 두려워하는 것이 하사도에 귀의다.


＊ 귀의하는 대상

이는 귀의처를 알아차리기와 귀의할 만한 가치가 있음을 알아차리기, 이 두 가지로 설명한다.


귀의처를 알아차리기

완벽한 귀의처로서 정법을 설하신 부처님과 그분의 가르침, 그 가르침을 따르는 분들을 일컫는 승가, 이 세 가지 보배가 무엇인지 정확하게 알아야 함을 말함.

세속인들은 왕·신·용·조상 등을 귀의처로 삼기도 하고, 외도인들은 제석천이나 브라만과 같은 세속신을 귀의처로 삼는 경우가 대부분인데 그러나 신들이나 왕들은 사바세계에서 맴돌고 있으므로 귀의처로 삼을 만한 가치가 없다. 귀의할 대상은 오로지 불·법·승 삼보뿐이다.

삼보에 대해서 제대로 알지 못하면 바르게 귀의할 수 없다. 꼼꼼하게 살피지 않으면, 대승적인 수행자라는 이들도 병에 걸리거나 급하게 해결해야 할 장애가 부딪혔을 때, 세속적인 신인 산신, 용신, 조상 등을 귀의처로 삼아서 온갖 공양물을 둘러메고 그들이 거주하는 곳을 찾아다닌다. 이처럼 세속신들을 소중하게 생각하는 것은 삼보에 대한 믿음이 없고, 인과를 알지 못하는 자신의 마음이 밖으로 드러난 것이다.

이런 경우 "대승적인 수행자"라는 이름은 둘째치고 불자라고도 칭할 수 없다. 세속신이나 용들은 자신들이 언제 죽을지도 모르기 때문에 다른 생명을 구제할 수가 없다. 그들을 의지처로 삼는 사람은 의식 수준이 매우 낮다고 해야 할 것이다. 그런 세속신, 잡신들은 도움이 되기보다 사람을 해치는 경우가 더 많다. 그러나 불보의 부처님께서는 모든 허물과 번뇌를 여의고, 갖추어야 할 모든 것들을 갖추신 분이다.

법신은 진제의 불보이고, 색신은 속세의 불보이다. 법보는 간단하게 말하면 하·중·상사도에서 설명하는 내용이며, 더 깊이 설명하면 경전의 형식과 내용에 따라서 12종류로 나눈 십이부경 등이 있다. 또한 원래 법보라 함은 멸성제와 도성제에 관한 "마음 깨우침의 진리"를 말한다.

* 승보는 원칙적으로 승보로서 갖추어야 할 8가지 공덕을 갖춘

아라한의 경지에 이른 자를 말하며, 일반적으로 비구계를 받은 4명 이상 스님들의 모임이다.

8가지 공덕은 ① 진리를 아는 공덕, ② 관습적인 일체 존재를 아는 공덕, ③ 스스로 증득하는 공덕, ④ 진리를 아는 그 자체의 공덕, ⑤ 번뇌에 대한 애착으로부터 해탈하는 공덕, ⑥ 장애가 되는 번뇌로부터 해탈하는 공덕, ⑦ 더 낮은 번뇌로부터 해탈하는 공덕, ⑧ 해탈 그 자체의 공덕 등을 말한다.

※ 예전에 어떤 사람이 호랑이한테 물려갔는데 계속 관세음보살 진언을 외운 덕에 풀려나서 목숨을 구할 수 있었다고 한다. 이런 경우와 같이 세속적인 일을 성취하고자 할 때는 굳이 삼보 모두에 귀의하지 않더라도 가능하다. 그러나 삼악도에 떨어지지 않고, 윤회의 모든 고통으로부터 벗어나기 위해서는 불·법·승 삼보 모두에게 귀의해야만 한다. 예를 들면, 큰 병에 걸린 환자가 있다면 그 병에서 벗어나기 위해서는 약과 의사와 간호사 셋 모두가 필요한 것처럼, 우리가 이 삼악도와 사바세계의 병과 같은 고통에서 벗어나기 위해서는 그 벗어나는 방법을 보여주는 의사와 같은 불보와, 벗어날 수 있는 길인 하·중·상사도의 약과 같은 법보 간호사와, 같이 수행을 성취할 수 있도록 도와주는 승보 모두가 필요하다. 이와 같이 이해하여 귀의처에 대하여 알아야 한다.

위대한 부처님의 덕목

① 위대한 몸의 덕목

부처님의 몸이 32상과 80종호의 위대한 덕목으로 갖추어져 있음을
알아야 한다. 32상은 위대한 사람을 의미하고, 80종호는 이러한 지혜
를 안으로 갖추고 있는 것을 나타내는 것이다. 벽지불·성문·전륜성왕
과 모든 중생들의 공덕을 하나로 모으면 부처님 몸 털구멍 하나의
공덕과 비슷하다고 한다. 그러한 털구멍이 엄청나게 많은데, 그것을
모두 모은 공덕의 100배가 부처님 80종호 중에서 하나의 공덕에
해당된다. 80상의 모든 공덕을 모은 것의 천 배는 32상 중의 하나인
백호에 해당된다. 백호공덕의 천 배가 살상투에 해당한다. 백호공덕
의 일억십만백 배에 해당하는 공덕이 부처님 목소리다. 부처님의
32상이나 80종호에서 몸의 부분 하나하나가 목소리의 역할을 해서
법문을 하신다. 살상투나 몸에 난 털들은 마음의 역할을 해서 모든
것에 대해 자세하게 알아 상주할 수 있다. 일반적으로 부처님을 뵈었을
때 살상투의 높이는 네 손가락을 붙여서 옆으로 세운 높이로밖에
보이지 않지만, 보살 '슉창'이라는 분이 신통으로 그 높이를 재어보니
삼천대천세계까지 올라가도 그 끝이 보이지 않았고, 결국 더 높이
올라갈 수 없어서 그 끝을 가늠할 수가 없었다고 한다. 부처님 법복은
몸으로부터 네 손가락의 폭을 합한 만큼 떨어져 있어서 몸에 붙지
않았다. 걸을 때는 발이 땅에 닿지 않는데도 바닥에 법륜이 새겨진
발자국이 남는다. 부처님 발 아래 식인종이 닿으면 7일간 행복하고,
짐승들은 짐승의 몸에서 벗어나서 천국에 태어나는 등의 특징이

있다.

## ② 위대한 음성의 덕목

다양한 언어로 수많은 질문이 이어져도 부처님께서는 그 각각의 말로 듣고 묻는 이의 근기에 맞게 설법하시는 위대한 덕목을 갖추셨다. 듣는 사람의 근기에 따라서 단계별로 듣는 것처럼, 경전도 소장경, 중장경, 대장경으로 나누어진다. 부처님 음성은 가까이서 듣거나 멀리서 들어도 그 차이가 없다. 목련존자가 신통으로 많은 세계를 넘나들면서 석가모니 부처님의 음성을 확인했는데, 전혀 변함이 없이 크지도 작지도 않은 한결같은 목소리였고, 그것이 어디까지 들리는지 그 끝을 확인할 수 없었다고 한다. 그뿐만 아니라 매우 감미롭고, 듣는 순간 탐심이 사라지며 교만이 사라지는 등 온갖 번뇌가 사라지고, 누가 들어도 황홀하여 마음을 빼앗기게 된다. 진리에 능통한 사람들은 좋아하고, 중간 정도의 의식을 가진 사람들은 의식을 발전시키고, 수준이 좀더 낮은 사람들은 마음을 순화시켰다고 한다. 이와 같이 부처님의 음성은 모든 중생들의 만병통치약과 같아서 음성의 위대한 덕목에 찬탄은 끝이 없다.

## ③ 위대한 마음의 덕목

모든 것을 다 아는 일체지와 연민 두 가지가 있다.

첫째, 일체지는 선정에 든 상태에서도, 손바닥에 직접 놓고 자세하게 보는 것처럼 어디에 있거나 무엇을 하거나 모든 것들을 훤히 볼 수 있음을 말한다. 옛날에 사람이 죽으면 남아 있는 이들이 죽은 이가 살아 있을 때의 모습을 만들어 혼을 불러놓고 그 앞에 음식을 차려서 제사를 지냈을 때, 남아 있는 사람들은 석가족 '가체'가 실제로 나타났다고 생각했다. 석가모니 부처님께서는 '칸제'(건달바)와 '약샤'(대자재천) 등의 귀신이 죽은 사람의 현신처럼 속이고 내려온 것이라고 말씀하셨지만 사람들은 믿지 않았다. 그때 부처님께서는 모든 석가족들에게 봉지 안에 곡식을 종류별로 담아서 그 안에 어느 가족의 것인지 이름을 써서 가져오라고 하셨다. 석가족들은 수가 많아서 코끼리등에 그것을 실어와야 할 정도였다. 부처님께서 그것들을 하나도 틀리지 않고 보지의 주인을 가려내시자, 그때서야 사람들은 부처님 말씀을 믿게 되었다. 그뿐만 아니라 율장에 보면, 불에 탔던 다양하고 많은 나무들을 바닷물에 집어넣어 오랫동안 흔들어서 나오 그 재를 부처님께 올리면, 그 재가 어느 나라 나무의 것이며, 나무의 어느 부분의 것인지를 전부 아셨다고 나와 있다. 부처님께서는 작은 개미의 마음조차도 아셨듯이 모든 생물들의 마음을 다 아셨다. 윤회세계를 벗어난 보살들이 알지 못하는 것들도 다 아는 것과 같이 한량없는 위대한 덕목을 갖추셨다.

둘째, 위대한 연민의 복덕을 보면, 우리가 자신을 사랑하는 것처럼 부처님께서는 모든 중생들에게 그러한 연민을 갖고 계신다. 우리들처럼 고통 받고 있는 중생을 보아야 연민이 생기고 안 보면 생기지 않는 것이 아니다. 일체중생이 고통 받고 있는 것을 항상 보고 그에 대한 대자비를 끊임없이 베푸신다.

④ 위대한 행의 덕목

제석천이 자신의 노력 없이 '베두야'라는 보석이 깔린 땅위에 나타났을 때, 다른 작은 신들이 그것을 보고 제석천과 똑같이 되기를 바라면서 그것을 얻으려는 마음으로 노력하는 것처럼, 부처님의 32상과 80종호를 보면 우리가 그 원인이 되는 것을 닦게 됨이 부처님 몸의 행이다. 32천상계에는 신들의 공덕으로 북을 치는 사람이 없어도 북치는 소리가 법문이 되어 신들을 깨달음의 세계로 이끄는 것처럼, 부처님께서 굳이 노력하지 않으셔도 인연있는 자들은 부처님 법문소리를 듣고 제도되는 것이 부처님 목소리의 행이다. 구름에서 비가 내려 곡식이 익어가는 것처럼, 모든 중생들의 마음에 선행의 결실을 만드는 것은 부처님 마음의 행이다. 그러므로 부처님께서는 신통의 몸을 나투셔서 중생들을 순화시키고, 목소리의 행으로 법문하시며, 번뇌 없는 마음의 행을 보여주신다. 하늘의 달이 모든 물과 풀잎 위의 이슬에 이르기까지 아무런 조건 없이 달빛을 비추듯이, 중생들의 마음이 인연과 때가 된다면 그곳에 부처님의 행은 저절로 일어난다.

◎ 위대한 가르침의 덕목

위에서 설명한 '위대한 부처님의 덕목'은 어디에서 나오는가? 그것은 멸성제·도성제와 같은 근본적인 깨우침과 경전에 의지한 법보의 위대한 덕목들을 사유하면 알 수 있다. 멸성제와 '보살십지' 또는 '오도'가 원래의 법보에 해당한다. 한편 『보리도차제』와 같은 경전은 우리 마음을 정화시키는 것이므로 이 또한 법보라고 할 수 있다.

## 5. 보살십지＝열 가지 보살의 계위

* 귀의할 서원(약속)

　부처님께서는 구제하는 분이시고, 법은 구제하는 실체이며, 승보는 구제함의 동반자로서, 이 세 가지를 굳게 믿고 귀의처로 삼겠다고 서원해야 한다. 이는 환자와 의사와 약과 간호사에게 치료를 위해 도움 받을 때, 각기 다른 세 갈래의 방법으로 받는 것과 같다. 정법을 하나씩 마음에 새김으로써 마음속에 두려움을 하나씩 없앨 수 있기 때문에 이를 구제함의 실체라 한다.

* 귀의했음을 타인들에게 발설하지 않기

　불자들은 삼보를 완전한 귀의처로 삼아야 한다. 삼보만이 든든한 배경이 되어서 삼악도나 사바세계의 고통에서 우리를 구제해줄 수 있기 때문이다.

* 귀의함으로써의 이득

　불자로서 불교에 입문하게 되면 모든 계율의 기초를 다지게 된다. 이를 통해 예전에 쌓았던 업장이 소멸되고, 큰 공덕을 속히 쌓으며, 사람과 사람 아닌 것들로부터 해침을 당하지 않고 삼악도에 떨어지지 않는다. 금생과 미래의 모든 일이 저절로 되며 빨리 성불할 수 있는 등 8가지 이득이 있다.

　① 마음속 깊은 곳으로부터 귀의하면 진정한 불자로서 입문하는 것이다.

② 귀의하는 것은 모든 계율과 수행의 토대가 되기 때문이다.

③ 예전에 쌓았던 업장도 소멸된다. 귀의하는 공덕은 삼계를 모두 담을 그릇보다 크다고 한다.

④ 큰 공덕을 쌓는다. 부처님께서는 깨달으신 존재이므로 우리의 마음 동기가 비록 완벽하지 않더라도 귀의하면 큰 공덕을 쌓는 특별함이 있다.

⑤ 사람과 사람 아닌 것(귀신)들로부터 해침을 당하지 않는다.

⑥ 삼악도에 떨어지지 않는다. 신들은 죽을 때 자신이 다음 생에 어디에 태어나는지 볼 수 있다. 지금 위치보다 대부분 낮은 생으로 태어나게 된다.

⑦ 현생과 미래의 모든 일들이 저절로 된다. 소원 이루는 방편으로도 귀의하는 것보다 나은 것이 없다. 예전에 위대한 스승들은 삼보에 귀의한 것을 바탕으로 해서 현재, 미래, 모든 일들을 해 나갔다.

⑧ 빨리 성불할 수 있다. 누구나 삼보에 귀의해서 수행하면 모든 장애를 빨리 없앨 수 있다. 일심으로 귀의하면 죽을 때도 그런 마음의 힘에 의지하여 큰 공덕을 쌓으면서 죽는다.

**6.** 야만따까=지혜의 본존 문수사리 보살의 화신인 분노존을 말하며, "이담" 중 하나이다.

\* 모든 행복의 뿌리인 인과에 대한 온전한 신심

삼악도에서 벗어날 수 있는 실질적인 가르침은 법이며, 정법 중에서도 인과를 제대로 알아차리고 실천해야 한다. 인과를 모르면 이는 수행을 어떻게 해야 하는지 모르는 증거다. 진정한 수행자라면 인과를 철저하게 알고 실천해야 한다.

인과의 실제를 전체적으로 사유하는 방법
- 인과는 반드시 존재함을 사유하기
- 업은 갈수록 늘어남을 사유하기
- 짓지 않은 업은 과보가 생겨나지 않음을 사유하기
- 한 번 쌓은 업은 절대로 없어지지 않음을 사유하기
  열 가지 계율—십계. 꼭 지켜야 한다.

7. 사대주=수미산의 사방에 있는 대륙으로 남섬부주, 동불바제, 서구야니, 북구로주.(동서남북을 말함)
  아띠샤 스승님께서는 많은 사람이 있는 곳에서는 자기 입을 살피고, 혼자 있을 때는 마음을 살피라고 하신 것.

8. 툰빠뿐시=화목한 네 형제들이라는 의미
  4마리 동물은 코끼리, 원숭이, 토끼, 새로, 이들은 '우리는 선후배로써 앞으로 서로 공경하며 살자'라고 이야기를 나누며, 누가 선배인지 알아보기로 했다. 근처에 있는 큰 나무를 보고 코끼리가 "내가 아주 어렸을 때 이 나무가 내 키만큼 자라있는 것을 보았어." 하고 말하자, 원숭이는 "나 역시 어릴 때 내 키만큼 자라 있는 나무를 보았지." 하고 말했다. 듣고 있던 토끼가 "그 나무의 싹이 자랐을 때 내가 이슬을 마신 적이 있는 걸." 하고 말했다. 그러니 새는 "이 나무는 내가 열매를 먹고 버린 씨앗이 싹 터서 자란 것이다." 하고 대답했다.
따라서 코끼리보다는 원숭이가 선배이고, 원숭이보다는 토끼가 선배
이고, 토끼보다는 새의 나이가 더 많다는 것을 알게 되었다. 서로
존경하며 코끼리 위에 원숭이가 타고, 원숭이 위에 토끼가 타고,
토끼 위에 새가 앉아서 서로 사이좋게 다녔다. 우리 출가자나 재가자
모두 겸손하고 서로 존경할 때 귀한 가문에 태어날 수 있다(부처님,
아난존자, 가섭존자, 목련존자), 라고 함.


## 케셰벤의 공양과 마음 동기

케셰벤의 수행방법을 알아야 한다.

선업과 불선업을 생각하면서 수행해야 한다. 죄를 짓는 찰나에
그것이 죄가 되는 것임을 알아차리고, 죄 짓는 것을 막아야 한다.
꼭 참회해야 된다.


## 해탈하고자 하는 마음

해탈—묶여 있는 것을 푸는 것을 말한다.(끈에 묶여 있는 상태에서
풀려나면 그것으로부터 벗어났다고 말하는 것처럼)

우리는 번뇌와 업의 끈으로 묶여 있다. 그렇기 때문에 계속해서
욕계, 색계, 무색계 삼계 안에 태어나 육도를 맴돌고 있다.


**9.** 삼계=생사유전이 쉴 새 없는 미혹의 세계를 셋으로 분류하여
일컫는 말.

1) 욕계—탐욕 가운데서 식욕, 음욕, 수면욕이 강한 세계(인간세계)

2) 색계-욕계와 같은 탐욕은 없으나 미묘한 형체가 있는 세계(알에
　　서 태어남)

3) 무색계-색계와 같은 미묘한 몸도 없고, 순수한 정신만 존재하는
　　세계

　육도에서는 태생, 난생, 습생, 화생의 사생으로 모든 생명체를
묶고 있는데, 이러한 사생에서 벗어나는 것이 해탈이다.


**10.** 사생=생명체가 태어나는 4가지 형태

　1) 태생-모태에서 태어나는 것으로 사람이나 짐승류

　2) 난생-알에서 태어나는 것으로 주로 조류 등

　3) 습생-습기에서 태어나는 벌레 등

　4) 화생-다른 물건에 기생하여 그것으로부터 태어나는 것이 아니
　　고, 스스로 업력에 의해 의지할 바 없이 홀연히 생겨나는 것임.
　　제천, 지옥, 중음신(바르도) 등의 유정들을 말함.

　이러한 사생에서 벗어나는 것이 해탈이다.


　윤회란-삼계의 맨 꼭대기부터 가장 낮은 무간지옥에 이르기까지
다양한 몸 받음을 말한다.

　제7대 달라이라마 "껠상갸쵸"는 윤회란 육도로 태어나는 원인 그
자체를 말한다고 한다.(원인을 만들지 말아야 한다)


사성제 - 고·집·멸·도

　부처님께서 바라나시 "녹야원"에서 처음으로 다섯 비구에게 법륜을

굴리셨을 때

- 이것이 성스러운 고통의 진리, 고성제이다.
- 이것이 일체 생기는 성스러운 진리, 집성제이다.
- 이것이 모든 고통을 멸하는 진리, 멸성제이다.
- 이것이 멸함에 이르는 성스러운 진리, 도성제이다.

하고 3번, 열두 번 반복하여 염송한 것이 그 시작이다.

여기서 "진리"라고 말하는 것은 성스러운 자가 그것을 진리로 보았기 때문이다. 원인과 결과를 따져보면 원인인 "집성제"를 먼저 가르쳐야 하지만, "사성제"의 순서를 바꾸어서 결과인 "고성제"를 앞에 설했다. 왜냐하면 고통에 대하여 두려움(두려워하는 마음)이 먼저 생겨야 하기 때문에 고성제를 먼저 설하신 것이다. 먼저 두려워하는 마음이 생기지 않으면 그 원인이 되는 집착을 버릴 수 없기 때문이다. 한편 원인이 "도성제"가 결과인 "멸성제"보다 앞서서 설명되어야 하지만, 집착에서 완전히 벗어나기 위해서는 먼저 그 원인이 되는 도를 실천해야 하므로 이와 같은 순서로 말씀하신 것이다.

"사성제"는 성불하고자 하는 사람들이 가장 중요하게 다루어야 할 진리이다.


**11.** 사법인 – 변함없는 만유의 4가지 진리로 제행무상, 제법무아, 일체개고, 열반적정이다.

티벳의 위대한 스승이 돌아가실 때 "유언"을 청하니 "윤회세계의 일은 무상하여 아무 의미가 없구나!"라고 반복하였다는 일화가 있다.

왕과 거지가 죽어 중음신 상태에 있을 때는 조금도 차이가 없다.

몸을 자주 바꾸는 허물관상을 해야 한다.

신분이나 지위가 자주 바뀌는 허물을 사유하기.

율장에 보면,

- 쌓았던 모든 것은 결국은 다 허물어지게 되어 있다.
- 높이 올라간 것은 결국 떨어지게 되어 있다.
- 만나는 모든 관계는 결국 헤어지게 되어 있다.
- 살아있는 모든 것들은 결국 죽게 되어 있다고 나와 있다.

윤회 세계의 어떠한 부귀영화도 결국은 다 변하게 되어 있다. 우리가 엄청나게 고생하면서 모은 집과 재산들도 강도들이 빼앗아 가면 제대로 써보지도 못하고 사라지듯이. 또한 지금은 형제나 친척들이 모여들지만, 이들도 몇 년 후에는 반드시 헤어지게 되어 있다. 우리가 갖고 있는 높은 계급들도 아무런 쓸모가 없다.

스승 "궁탕빠"가 명예의 계급이라는 마른 나무를 지나치게 타고 오르다가, 나무 끝의 가느다란 가지에서 부러지는 것이 아쉽구나! 중간쯤에 멈추었으면 좋았을 것을… 하고 말했다. 전생이나 내생뿐 아니라 이번 생의 신분, 지위조차도 확실하지 않아 왕이나 대통령이 감옥에 가는 경우도 흔히 볼 수 있다.


- 친구가 없는 허물을 사유하기

『입보리행론』에 나온 것처럼, 어머니 자궁에서 태어날 때 혼자 태어나고, 중간에 아파도 그 고통을 혼자서 받아야 하며, 결국 죽을 때도 혼자 죽어야 한다. 도와주는 이는 아무도 없다. 윤회 세계 사슬은 스스로 끊는 것이다.

그 고통을 끝내고 싶다면 윤회하는 원인을 알아야 한다.

삼악도는 하사도 수행 관상하기

삼선도는 중사도 수행 관상하기

### 아수라의 고통 관상하기

아수라는 수미산 위에 신들이 사는 곳 바로 아래에 위치한다. 네 가지의 아수라 계가 있다. "외젠", "다외텡와", "네상뽀", "미요와", 네 곳이다.

**12.** 수미산＝황금의 땅 위에 있는 모든 산의 왕. 동쪽은 "은", 남쪽은 "푸른 보석"(베루야), 서쪽은 "빨간 유리로 된 보석", 북쪽은 "금"으로 덮여 있다.

수미산의 동서남북 각각 색깔이 하늘에 비춤으로써, 하늘 색깔이 그와 같고, 그 보석 색깔에 의해서 바다 빛깔도 그와 같다. 수미산의 높이는 바다 위에 있는 것이 팔만유순이고, 물속에 잠긴 것이 팔만유순이라고 한다.

천상계와 아수라계는 2층 건물처럼 위아래가 바로 붙어 있다. 아수라는 신과 비슷하지만, 신과 경쟁해서 이길 때가 없다. 아수라계는 아름다운 여인들이 많이 있는데 신들이 계속해서 그들을 빼앗아가는 고통이 있다. 아수라는 신들에 대해 항상 질투하는 고통이 불타듯 한다. 신들에게는 수명이 다할 때까지 죽지 않게 해주는 감로수가 있다. 아수라계는 전쟁으로 인한 고통이 끝이 없으며 그 고통은 인간

세계의 몇 배나 더 강하다. 아수라들이 전쟁에서 죽을 때 그 부인들은 직접 보고 받는 고통을 관상해야 한다.

## 신들의 고통 관상하기

사천왕이 사는 곳에서의 일주일은 인간세계의 350년에 해당된다. (하루가 50년이다.)

신들은 일주일 동안 고통을 받으며 수명을 다한다. 그것이 인간이 350년에 해당한다. 신들을 세 번의 때라고 부른다.

자기가 태어날 때 "태어났다"라는 생각,

지금은 "어떤 존재인가"라는 생각,

죽을 때 "어디로 태어나는가"를 아는 것,

이 세 가지뿐이기 때문이다. 신들은 인간들처럼 과거의 일을 생각해서 발심이 생기거나 남의 고통을 보고서 자비심이 생기는 등의 선행을 하지 않는다. 전에 쌓아둔 공덕만을 사용하기 때문에 결국 그 복이 다 없어지게 된다.

신들은 행복을 마음껏 즐기기 때문에 복을 무척 많이 깎아 먹는다. 우리는 지금 복을 쌓아야 할 때이지 까먹을 때가 아니다. 이와 같이 신들은 자신이 쌓아둔 공덕을 모두 사용하기 때문에 거의가 삼악도에 떨어진다. 신들이 사는 천상계에서는 신의 몸과 자기가 가지고 있는 재산, 친구 등 부귀영화가 다 소멸되면 삼악도에 태어나는 것을 미리 직접 보기 때문에 마음의 고통이 지옥생의 고통보다 16배나 더 크다.

13. 심왕＝의식작용의 본체. 객관적인 대상의 총체적인 상을 인식하

는 정신작용

**14.** 심소＝심왕에 종속하여 일어나는 정신작용으로 심소유법이라고
한다.


## ◎ 해탈에 이르는 길의 본질

**\* 집착으로 인하여 윤회함을 알아차리기**

이는 번뇌가 생기는 것, 업을 쌓게 하는 것, 죽어서 다시 태어나게
되는 것의 3가지로 설명한다.


**\* 번뇌가 생기는 것**

윤회세계 허물과 각각의 허물을 관상하면서 마음에서 해탈에 이르
고자 하는 출리심이 생기면 어떤 원인으로 인해 윤회하는지 그 원인을
알아야 한다. 그 원인인 집착에는 업에 의한 집착과 번뇌에 의한
집착 이 두 가지가 있다.


**\* 번뇌를 알아차리기**

우리가 윤회하는 뿌리는 번뇌이다. 탐·진·치 삼독.
번뇌는 본인이 태어나자마자 번뇌 그 자체의 힘으로써 정화되지
않는 마음을 계속해서 일으킨다. 번뇌를 알아차려야만 한다. 알아차
리지 못하면 원수를 모르고 무기를 휘두르는 것처럼, 어떤 치료제를
써야 할지 모르는 것과 같으니 번뇌를 정확하게 알아야 한다.

번뇌에는 뿌리에 해당되는 근본 번뇌와 가지에 해당되는 수번뇌, 두 가지가 있다.

• 근본 번뇌 – 이는 여섯 가지가 있다.

첫째, 탐욕 – 우리 마음에 드는 대상인 물질이나 몸, 먹을 것, 마실 것 등을 볼 때 그 대상과 떨어지지 않으려는 욕심을 말한다.

\* 화냄이 제일 나쁜 것

원수 등 자기가 싫어하는 대상을 보면 마음이 더욱 거칠어져서 불타오르듯 화를 내는데, 이는 그동안 쌓았던 공덕이 모두 타버리는 큰 허물이 된다. 화내는 것보다 더 큰 죄는 없고, 인욕하는 것보다 더 큰 고행은 없다. 이처럼 화냄의 무기는 해탈의 목숨을 빼앗는다. 화냄은 번뇌 중에서 공덕을 없애는 데 가장 큰 힘이 있으며, 삼악도에 떨어지는 주된 원인이 되므로 더욱더 조심해야 된다. 이에 대한 치료제는 "인욕" 관상 등이다. 한편 화를 내는 것이 아니라 제자들에게 도움이 되었으면 하는 마음으로 바램으로 때리는 것은 나쁜 것이 아니다.


\* 번뇌가 생기는 순서

근본 번뇌, 즉 6가지 모든 번뇌들은 자신에 대한 집착과 살가야견에서 일어난다. 고통과 업과 번뇌의 모든 뿌리인 살가야견과 무지를 하나로 보는 견해에 따르면, 모든 번뇌는 살가야견에 의해 일어난다고 한다.

한편 살가야견과 무지를 둘로 보는 견해에 따르면 이들은 주로 무지에서 온다고 한다. "나"를 식별하는 살가야견은 나에게 칭찬해주는 것을 좋아하는 것 등, 나가 마음속에 존재하는 것처럼 생각하여 그것을 인식하고 사용함으로써, "주체"가 생기게 된다. 이렇게 해서 생긴 주체가 "나"를 애착하고 남을 미워하며, 도와주는 사람에게 애착하고 해치는 사람에게는 화를 내며, 이도저도 아닌 중간의 사람은 무시하게 된다. 모든 번뇌의 뿌리나 살가야견에 의해서 탐욕, 화냄, 의심 등이 생기게 되고, 그로 인해 업을 쌓게 되며, 그것이 윤회하는 원인이 된다. 윤회의 뿌리는 살가야견, 무지, 아집이 같이 작용하기 때문이다. 번뇌를 완전하게 없애기 위해서는 "아집에 대한 무지"의 치료제인 "무아"를 깨닫는 "지혜"를 닦아야 한다. 그러므로 만병통치약 은 "무아를 깨닫는 지혜"라고 한다. 우리가 세간에서 짓는 모든 죄는 자기를 애착하는 데에서 생긴다. 애착을 버리면 죄를 짓지 않는다.

* 번뇌의 씨앗=근거

"톡메쌍뽀" 보살의 「보살도를 닦기 위한 37가지 실천」에서는 "나쁜 대상을 버림으로써 번뇌가 차례대로 없어지고, 산란한 마음을 없앰으로써 공덕이 저절로 늘어나며, 청정한 마음으로써 수행에 대한 믿음이 깊어지는 조용한 곳에 머무는 것이 보살행의 실천이다."라고 한다.

번뇌가 생기는 대상은 멀리하고, 수행할 수 있는 장소에 머무는 것이 매우 중요하다.

◎ 번뇌와 허물

대장경에 번뇌는 자기를 망치고, 모든 생명들을 망치게 하며, 계율 도 망치게 해서 항상 마음에 큰 고통을 준다고 나와 있다. 번뇌는 허물이 많다. 번뇌 때문에 훌륭한 스승들을 비판하고 이번 생과 다음 생의 모든 일에 고통의 업을 쌓아서 해탈과 완전한 깨달음의 경지와는 점점 멀어진다.

부처님과 호법신들로부터도 멀어지게 된다. 일반적으로 원수와 화해하면 화냄이 사라지고 해침을 당하지 않을 수 있는데, 번뇌라는 원수는 가까이 할수록 자신을 해칠 뿐이다. 전생에 (윤회) 무간지옥 등에서 겪은 모든 고통들은 번뇌가 일으킨 것이다. 다음 생에 윤회하는 것도 번뇌 때문이다. 어떤 원수보다도 더 독한 것이 번뇌이다.

"게셰벤"이 "번뇌 그가 긴장하면 나도 긴장하고, 그가 느슨해지면 나도 느슨해진다. 내 마음의 문 앞에 치료제의 칼을 들고 서 있는 것밖에 다른 할 일은 없다." 하고 말한 것처럼, 번뇌는 가장 독한 원수임을 알아차리고, 즉시 치료제를 사용해야 한다. 치료제는 마음 다스리기 등 수행하기.


삼요도-출리심, 보리심, 올바른 견해(공성). 세 가지 핵심.


**15.** 남쪼 남쑴-이는 주된 세 가지 길, 삼요도라는 뜻을 담고 있다. 진정으로 수행하고 싶으면 빠짐없이 다 갖추고 있는 요의법을 찾아서 그에 의지하여 수행해야 한다.


\* 죽어서 다시 태어나게 되는 것

이는 죽음, 바르도(중음신 상태) 태어남 3가지, 죽음이 발생하는 데는 수명이 다 하고, 복이 다함 등 원인이 있다. 죽음을 향해 있는 마음은 다음 생에 태어날 업에 마음이 끌려서 죽는 순간 그쪽으로 마음이 쏠려버린다. 이때 마음이 쏠리는 원인은 "십이연기" 중에서 여덟 번째인 "애"와 아홉 번째인 "취"이다.

무상계-12연기


\* 바르도(중음신) 상태

"바르도"에서의 몸은 육근을 모두 갖추고 있으며, 심안통이 있고, 자기 업에 따른 신통력이 있어서 어머니 자궁과 같은, 자기가 태어날 장소 외에는 어디를 가고자 해도 걸림이 없다.

바르도의 수명은 매우 다양한데 대부분 7일이라고 한다. 7일이 지나서 다시 태어나지 못하면, 중음신 상태로 다시 들어가 7번을 반복하여 49일 안에는 반드시 다시 태어난다.


\* 태어남

태생을 비유하자면, 처음 중음신 상태에서 부모가 결합하여 피와 정액이 섞여 있는 것을 보고서 그에 대한 탐심으로 어머니 자궁을 좋은 집으로 착각하여 그 안으로 들어간다.


12연기, 즉 인과

석가모니 부처님께서 『사루장빠경』(도간경)을 설하실 때, "이것이 있으므로 이것이 있다. 이것이 생겼으므로 이것이 생겼다." 하고 말씀하신 것처럼, 무지로부터 행 등의 십이연기가 차례로 이어진다.

첫째, 무지는 윤회하는 뿌리다. 지혜는 "아"가 없음을 아는 것이다.

사람이나 사물을 보았을 때, 본래부터 '자아'가 있다는 착각, 이를 일러 십이연기에서는 무지라고 한다. 무지는 맹인처럼 '인과'에 대하여 미혹한 경우와 '공'에 대하여 미혹한 경우 두 가지가 있다.

둘째, '행'은 일을 하는 것과 같아서 무지가 일으킨 마음 동기가 윤회하는 몸을 만드는 행 그 자체를 말한다. 인과에 미혹하여 무지가 일어날 때 "복덕이 될 수 없는 업"을 쌓는 행을 하며(불선업), 공에 미혹하여 무지를 일으켜서 "복이 되는 업"(선업)을 쌓는 행과 과보가 변하지 않는 업을 쌓는 행을 한다.

셋째, '식'은 두 가지가 있다. 원인이 생겼을 때의 식과 과보가 일어났을 때의 식이다. 행의 업보로 습이 생기는 것은 원인이 되는 식이고, 우리가 어머니 자궁 속에서 생기자마자 그때 생기는 식은 "과보가 되는 식"이다. 예를 들면 무지로 살생하는 업을 행할 때 순간적으로 업습을 쌓는 것이 "원인"이 되는 식이다. 그 업의 힘에 의하여 지옥에 태어날 때의 식은 과보가 되는 식이다.

넷째, 명名색이다. 예를 들어 자궁에서 태어나는 것을 볼 때, 수·상·행·식 네 가지가 명에 해당하는 연기이다. 어머니와 아버지의 피와 정액이 만날 때 처음 들어가는 식부터 일주일마다 변하는 것들이 색에 해당하는 것으로서, 이러한 것을 명색의 연기라 한다.

다섯째, '육입'은 육경과 안·의·비·설·신·의의 육근, 육식이 모여서 그 작용이 변할 수 없는 상황에 이름을 말한다.

여섯째, '촉'은 육근, 육경, 육식이 모여서 대상을 좋아하거나 싫어함, 그리고 그도 저도 아님 등의 감각이 일어남을 말한다.

일곱째, '수'는 촉으로 인하여 행복과 고통, 행복하지도 않고 고통스럽지도 않은 것, 이 셋 중에서 하나가 생기는 것을 말한다. 예를 들면, 마음에 드는 대상을 만나면 행복한 느낌이 생기는 것이 이에 해당한다.

여덟째, '애'는 위의 행복한 느낌들과 떨어지기 싫어하는 애와 고통으로부터 멀어지고 싶어 하는 애, 행복이나 고통이 있을 때 그들로부터 평정한 상태가 되고 싶어 하는 애를 말한다. 수 때문에 애가 생긴다고 말하는 것은 무지 등이 모여서 촉이 일어나고, 촉으로 인하여 수가 일어나고, 수로 인하여 애가 일어나는 것을 말한다. 무지가 없으면 수가 있어도 애가 일어나지 않는다.

아홉째, '취'는 애가 더욱 강해져서 대상에 집착하는 것을 말한다. 이는 4가지가 있는데 욕망으로 색·성·향·미·촉을 취하는 것, 앞서 말한 "번뇌가 있는 견해" 다섯 가지 중에 살가야견을 제외한 다른 4가지 견해를 취하는 것, 사견에 해당하는 계율과 금행을 취하는 것, 자아가 있다고 취하는 것 등이다.

열째, '유'는 "다시 윤회함"을 말한다. 행에 의해서 식에 업습을 뿌려서 유를 취하여, 다음 생의 몸에 태어나는 힘을 더욱 강하게 한다.

열한 번째, '생'은 그와 같이 유를 만들어서 그 업의 힘이 더욱 강해지면 사생 중의 하나를 택하여 식이 들어가는 순간을 말한다. 예를 들어 태생의 경우, 정자와 난자가 결합되어 어머니 자궁 속으로 식이 들어가는 순간이 이에 해당한다.

열두 번째, 노·사의 연기는 차례로 일어난다. '노'는 몸의 상태가 차례로 늙어가는 것이며, '사'는 식과 몸이 분리되어 몸을 버림으로써 없어짐을 말한다.

이러한 12연기의 순서를 알 필요가 있다. 이는 업과 번뇌와 고통 세 가지로 이루어지는 바 무지, 애, 취는 번뇌에 속하고, 행과 유는 업에 속하며, 나머지 일곱 가지는 고통에 속한다. 그러므로 12연기를 사유하여 윤회세계 공통의 고통을 봄으로써, 마치 감옥에서 벗어나고 싶어 하듯이 윤회세계에서 벗어나고자 하는 마음이 생기는 것이 출리심이다. 그렇게 벗어나고 싶은 마음이 생기면 해탈의 길을 배워야 한다.

## 해탈의 본질을 알아차리기

이는 어떤 몸이 윤회에서 벗어날 수 있는가, 어떤 길에 의지하여야 윤회에서 벗어날 수 있는가, 이 두 가지로 설명한다.

### 1) 어떤 몸이 윤회에서 벗어날 수 있는가.

윤회의 허물을 사유해보면, 윤회의 모든 것은 물통 안에 비친 달이 바람에 흔들려 찰나 찰나도 멈추지 않듯 무상한 것임을 알 수 있다. 윤회의 행복과 모든 물질적인 안락은 독사의 머리 밑에서 쉬고 있는 것과 같아서 두렵고 위험할 뿐이다. 육도의 어디에 태어나도 고통밖에 없는 줄을 알면 불타는 집이나 감옥에 갇혀 있는 것처럼 그 속에 머무는 것에 싫증을 느끼고 거기에서 벗어나고자 하는 마음이 저절로 일어난다. 따라서 윤회의 원인 되는 업과 번뇌 이 두 가지를 분명히 알아야 한다. 많은 원인 중에서도 번뇌와 무지가 그 주된 뿌리임을 알아야 하며, 그로부터 벗어나는 방법 또한 알아야 한다. 그로부터 벗어나기 위해서는 유가구족인 인간의 몸을 갖추고 계율을 받아서 실천해야 하며, 그와 같이 행할 때에야 윤회로부터 벗어날 수 있다. 윤회로부터 벗어나는 데에는 유가구족인 인간의 몸보다 더 나은 것이 없다.

2) 어떤 길에 의지하여야 윤회에서 벗어날 수 있는가.

윤회의 뿌리를 뽑기 위해서는 윤회의 뿌리에 미혹과 아집이 함께 있음을 알고 그것을 없애야 한다. 그것을 뿌리 뽑지 않으면 다른 치료제로는 번뇌를 일시적으로 물리칠 수 있지만 근본적으로는 없앨 수 없다.

아집과 비슷한 법으로는 아집을 없앨 수 없으며, 아집과 반대되는 치료제로써만 윤회의 뿌리를 없앨 수 있다. 그것은 바로 "나"가 없음을 깨닫는 지혜이다. "나"가 있다는 생각과 반대되는 지혜인 "나"가 본래 없음을 깨닫기 위해서는 아집의 뿌리를 뽑을 수 있는 무아의 지혜가 필요하다. 만약 무아의 지혜가 없으면 다른 어떤 치료제를 사용하더라도 그것은 아집을 강하게 할 뿐 그 뿌리는 절대로 뽑을 수 없다.

무아의 지혜를 바르게 깨우치려면 "삼학" 중에서도 선정을 이루어야 한다. 무아를 깨닫는 지혜는 날카로운 도끼나 밝은 호롱불과 같고, 아집의 나무를 잘라서 그것을 쓸 만한 어떤 형상으로 만드는 선정은 단단한 어깨와 호롱불이 바람에 흔들리지 않는 것과 같은 것이다.

* 아집의 뿌리를 자르려면 날카로운 도끼가 있어야 하며, 밤에 벽화를 보려면 호롱불이 바람에 꺼지지 않아야 된다. 산란함이 없이 선정이 깊어지는 방편으로는 먼저 삼학에서의 계학을 배워야 한다.

아집의 치료제는 공성을 깨닫는 지혜이며, 이를 깨닫기 위해서는 선정을 닦아야 하는데, 계를 지키지 않으면 선정의 원인을 제대로 갖추지 못하게 된다. 불법의 뿌리인 계를 지키면 큰 공덕을 쌓는 것이 되지만 그렇지 않으면 큰 죄를 짓게 된다.

* 율장에 보면, 석가모니 부처님께서 "나는 열반에 들었지만, 계율이 너희들의 스승이다." 하고 말씀하셨으니, 이는 우리가 가진 계율이 부처님을 대신하는 것이라고 생각해서 항상 제대로 공경하고 잘 지켜야 함을 말한다.

* 교법을 듣고 생각해서 그 가르침을 지켜야 하는 것이며

* 계를 바르게 지키는 것이 증법을 지키는 것이 된다.

율장에 보면, "계를 지키는 비구들이 있는 곳은 밝고 빛이 나며, 여래가 있는 것이 보인다."고 석가모니 부처님께서 말씀하셨다. 이 세상 어느 것과도 값으로 비교할 수 없는 부처님 가르침이 지속되거나 끊기는 것은, 사찰을 화려하게 단청하고 그 안을 값비싼 것으로 치장하거나 사람들이 많이 모여들거나 큰 건물이 들어서거나 하는 것에 달려 있는 것이 아니라 본인이 지닌 계를 얼마나 잘 지키느냐에 달려 있다. 우리가 밤낮으로 공양 올리는 것보다 조금이라도 계를 지키는 공덕이 더 크다.

북동쪽 "왕축곌뽀" 부처님 계신 곳에 계율을 영겁 동안 지키는 것보다 석가모니 부처님께서 가르치신 계율을 하루 동안 지키는 공덕이 더 크다. 부처님께서 살아계실 당시에 계를 완전하게 지키는 것보다 오탁악세의 이러한 말법시대에 계를 일부라도 지키는 공덕이

더 크며, 억겁 동안 수많은 부처님께 공양을 올리는 것보다 지금 계를 지키는 공덕이 더 크다. 계를 잘 지키는 사람은 부처님께서 응신으로 세상에 나투실 때 부처님을 직접 뵙게 되는 공덕이 있다고 한다. 그러므로 누구나 부처님 가르침의 핵심이 지속되기를 바라는 마음으로 자신이 받은 계를 잘 지켜야 한다. 또한 계를 받으면 어떤 이들에게는 행복이 되지만 다른 어떤 이들에게는 고통이 된다고 하듯.

율장을 보면, "비구들이여! 자기 목숨과 헤어져서 죽는 것은 쉽다. 그러나 계율을 파하고 죽는 것은 결코 쉬운 일이 아니다. 죽음은 이번 생의 수명이 다한 것이지만, 계를 파함은 일억 생 동안 유가구족 인 인간의 몸과 떨어지고 행복하지 못하며 큰 과보를 받아서 고통의 한 가운데에 서게 되는 것이다."라고 하였다.

받은 계를 잘 지키면 그것이 곧 가장 큰 수행이며 부처님 가르침을 지키는 일이기도 하다. 재가자들도 자기가 받은 십계나 보살계를 단 하루라도 잘 지켜서 큰 공덕을 쌓도록 해야 한다.


※ 파계의 4가지 문과 이를 막는 방법

계율을 지키기 위해서는 다음과 같은 4가지 파계의 문을 알아 이를 막을 방법을 배워야 한다.

첫째, 알지 못하여 짓는 죄의 문: 배우지 않아서 알지 못하는 죄의 문이 있어서 죄를 계속 짓게 되니 그 문을 막아야 한다. 이는 계를 어떻게 지켜야 하는가를 모름은 물론 죄가 생기는 것조차도 모르는 것으로 율장과 그와 관련된 경들을 통해서 자세하게 배워야 한다.

둘째, 공경하지 않아 생긴 죄의 문: 공경하지 않는 것은 죄의 문이므로 부처님과 계율, 도반이나 모든 율사들을 존경해야 한다. 특히 자기가 지닌 계를 실제의 부처님으로 인식하여 더욱더 존경해야 한다. 그러한 계를 무시하지 말아야 한다. 석가모니 부처님께서 열반에 드셨을 때 계는 부처님의 대변인이라고 말씀하셨기 때문이다.

셋째, 번뇌가 많아 생긴 죄의 문: 번뇌가 많음 또한 죄의 문이 된다. 번뇌, 탐욕, 화냄, 어리석음 중에서 자기 자신에게 어느 것이라도 강한 것이 있으면 그로 인해 죄를 짓게 된다. 원수인 적을 없애기 위해서는 우두머리인 장군들을 없애야 하는 것처럼, 우리의 번뇌 중에서 어느 것이 가장 강한지를 알아서 치료제를 가지고 그것부터 없애야 한다. 예를 들어, 탐욕이 강하면 그 치료제인 부정관을 관상해야 한다. 우리가 애착하는 몸은 더러운 자루라는 인식, 뼈나 살, 피만 들어 있음을 자세히 아는 것으로써 치료제로 삼아야 한다. 화냄의 치료제로는 자애심을 관상하여야 하며, 교만의 치료제로는 병듦과 늙어감 등 생로병사로 세속적인 행복이 자꾸 바뀌는 무상함 등을 관상해야 한다. 어리석음의 치료제로는 연기법과 공성에 대한 올바른 견해 등을 관상해야 한다.

넷째, 방일하여 생긴 죄의 문: 잠자거나 일하거나 공부하거나 쉬거나 모든 일을 행할 때 해야 할 것과 하지 말아야 할 것을 잘 가려야 하며, 자신이 신·구·의 삼업에 대하여 죄를 짓고 있는지 아닌지를 살펴서 죄를 짓는 문을 다 막아야 한다. 부끄러움을 아는 등 바른 생각으로 이러한 죄짓는 문을 잘 지켜야 한다. 한편 출가자가 비록 죄를 짓더라도 한 달에 두 번 포살을 할 때 참회하여 모두 없애야 한다. 예를 들어 옷차림이 여법하지 못한 죄, 오후 불식을 지키지 않은 죄와 같은 작은 죄를 짓더라도 참회함이 매우 중요하다. 다음 생에 귀한 몸을 받기 위해서는 계를 잘 지켜야지, 보시 등 몇 가지 선행만으로는 얻어지는 것이 아니다. 출가자나 재가자 모두 계를 잘 지키는 동시에 보시 등의 다른 실천 방편도 최대한 많이 행하여야 다음 생에 귀한 몸을 받을 수 있다. 어떤 사람들은 계를 지키는 것은 둔한 사람들이나 하는 일이며, 영리한 사람들은 그렇게 복잡하게 할 필요 없이 오직 참선이나 밀교와 같은 높은 가르침에 의지하면 된다고 생각해서 계를 지키는 것을 중요하게 생각하지 않는데 그러한 태도는 방일함이다.

밀교 수행자로서 별해탈계를 지닌 출가자들은 별해탈계를 무시하지 않고 오히려 그것을 바탕으로 삼아서 잘 지켜야 한다. 어떤 사람들은 출리심, 보리심, 바른 견해, 이 세 가지 주된 길 없이 다만 마음을 일으킨다는 참선으로 평생을 보내는 경우가 있는데, 이는 그저 피곤한 일일 뿐이다. 이와 같이 중사도에서는 윤회하는 원인인 업이 있을 때 번뇌가 생겨나는 원리에 대해서 설명하였다. 번뇌 중에서도 뿌리가 되는 무지는 태어나는 원인이 되니 그러한 무지를 완전하게 뿌리 뽑기 위해서는 삼학 중에서 지혜가 필요하다. 그 지혜를 닦기 위해서 먼저 선정에 들어야 하며, 선정을 잘 닦기 위해서는 계학을 먼저 배워야 하므로 계는 모든 수행의 바탕이 된다. 이것이 중사도와 상사도의 공통된 수행방법이다.

# 제3편

# 수행에 익숙해진 이를 위한 수행체계

## (상사도 차제)

이는 대승에 입문하는 발심과 그 이득, 보리심을 일으키는 방법, 발심하여 수행하는 방법, 이 세 가지로 설명한다.

### 대승에 입문하는 발심과 그 이득

앞에서 말한 하사도와 중사도를 통해 출리심을 일으키고 계율, 선정, 지혜를 부지런히 익혀 윤회에서 벗어나 해탈의 경지에 이르렀다고 본인 자신이 생각한다 하더라도 대승에 입문했다고 볼 수 없다. 버려야 할 것을 다 버리거나 일체공덕을 완전하게 쌓은 것이 아니어서, 아직은 자기는 물론 남도 구제할 수 없다. 그러므로 완전하게 깨닫기 위해 대승의 길로 입문해야 한다. 소승의 아라한들은 선정의 즐거움으로 수겁 동안 그 상태에 머물게 되는데, 그 기간은 한 중생이 지옥에 태어나 그곳의 과보를 다 받은 다음 다시 인간으로 태어나 대승의 길에 입문하여 완전하게 깨닫는 기간과 비슷하다고 한다. 아라한의 경지는 완전한 깨달음의 길과는 요원하기에 소승불교의 아라한의 경지에 이르는 것보다 처음부터 대승의 법을 듣고 대승과 인연을 맺는 것이 중요하다. 비록 대승법에 대해 자세히 알지 못하고 사견 때문에 지옥에 떨어질지라도 완전한 깨달음의 경지에 오르기 위해서는 그것이 더 빠른 길이다.

　석가모니 부처님 십대 제자 중 한 명인 가섭존자가 소승불교를 가르칠 경우 아라한의 경지에 오를 수 있는 비구 60명이 있었다. 그런데 문수보살이 먼저 가서 그들에게 대승의 법을 설하였으나 그 비구들은 대승의 가르침을 마음에 다 담지 못하고 사견을 내어 지옥에 떨어졌다. 가섭존자가 부처님께 이 사실을 말씀드리자 부처님께서는 "문수가 그들에게 최고의 방편을 보여준 것이니 이는 잘한 일이다." 하고 칭찬하셨다. 이처럼 성문, 연각, 아라한은 선정에 든 상태에서 부처님의 가피로 대승에 입문하더라도 과거 선정의 즐거움에 익숙했던 습성 때문에 발심하고자 크게 노력하지 않는다. 비록 노력하더라도 자신은 그런 고통에서 벗어났기 때문에 다른 중생들이 고통에서 벗어났으면 하는 "큰 연민"이 생기기 어렵다고 한다. 이와 같이 자신의 깨달음이 목적인 소승 성문의 견해는 완전한 깨달음의 경지에 이르고자 할 때 가장 큰 장애이다. 그러므로 출리심이 충분하게 성숙하면 반드시 대승에 입문해야 한다. 즉 상사도에서 중사도와 공통되게 마음을 닦는 것으로는 출리심을 일으키는 정도에 이를 뿐이지 본격적으로 "람림"을 닦는 것이 아니다. 본격적으로 도차제를 닦는다는 것은 상사도의 보리심을 닦는 것이다. 앞에서 본 하사도와 중사도는 기초적인 수행이 되며, 상사도에서 행하는 것이 도에 온전하게 들어가는 것이다. 따라서 제 5대 달라이라마께서 저술한『람림잠벨 쉘룽』에서 말한 것에 따라 대승의 길을 닦고 싶은 마음이 일어나게 하기 위한 열 가지 이득을 설명한다.

※ 열 가지 이득

첫째, 대승에 입문하는 발심에 대한 가르침이 있다. 대승의 길에 들어섰는지 아닌지를 구별함은 마음의 흐름에 보리심이 있느냐 없느냐에 달려 있다. "쫑카빠" 대사께서 "법이 대승인지 아닌지가 중요한 것이 아니라, 수행자가 대승의 길에 들어섰는지가 중요하다. 그러한 대승의 수행자가 되는 것은 오직 보리심을 일으키는 데 달려 있다. 그 실천이 따르지 않고 보리심을 이해하는 정도라면, 비록 대승의 수행자라 할지라도 그 수준에 머물고 만다." 하고 말했다.

보리심이 없으면, 비록 밀교의 왕이라 부르는 "쌍왕뒤빠(구햐사마자)"의 "생기차제"와 "구경차제"를 관상수행하더라도 깨닫는 것은 둘째치고 대승의 길의 첫 번째 단계인 자량도에도 이르지 못한다. 그러나 보리심이 있으면 진언을 한 번 외우더라도 대승의 수행이 되며, "완전한 깨달음"의 원인이 된다. 보리심이 없으면 밀교의 "생기차제"를 관상할 때에도 만다라의 세계가 아닌 그냥 궁전을 구경하는 수준에 지나지 않는다. "구경차제"를 수행할 때 기를 돌리는 수행법들은 마치 불을 때지 않으면서 풍로로 바람만 일으키는 것과 같다. 그러므로 밀교수행도 보리심을 얼마나 지속적으로 넓히느냐에 달려 있다.

예전 인도에서 그저 훌륭한 수행법이라고 보리심도 없이 수행했던 어떤 이가 다음 생에 티벳의 귀신으로 태어났는데, "아띠샤"는 그가 티벳에 해가 된다고 하여 먹을 것을 조금 주고 추방시켰다고 한다. 어느 정도 수행을 하여 불보살들을 뵙거나 심안통과 같은 약간의 신통이 생기는 것을 대단하게 여기는 수도 있지만, 보리심 없는 수행은 결국 삼악도에 떨어지는 원인만 될 뿐이다. 우리가 과거에 심안통을 비롯한 많은 신통을 갖고 태어났지만, 결국 아무런 도움이 되지 못한 것을 살펴보더라도 이번에 『보리도차제』를 만났을 때 잘 배우고 익혀서 보리심을 일깨우는 것이 바람직한 일임을 알아야 한다. 신통은 결코 중요한 것이 아니다. 왜냐하면 신통은 죽어서 중음신 상태에 이르면 누구나 한 번씩 얻는 것으로 깨달음에는 결코 도움이 되지 못하기 때문이다. 그러나 보리심이 있다면 별달리 크게 노력하지 않더라도 이는 대승의 뿌리가 된다. 짐승에게 먹이를 줄 때도 보리심으로 행하면 완전한 깨달음의 원인이 되고, 비록 불선업을 행하더라도 보리심으로 행하면 선업으로 바뀌는 힘이 있다. 보리심이 없이 공성만 깨닫는 지혜는 성문, 연각, 보살의 깨달음의 원인이 되는 어머니와 같고, 보리심은 완전한 깨달음의 원인이 되는 아버지와 같다고 한다. 그러므로 공성에 대한 지혜는 어머니라고 한다.

흔히들 우리 마음의 의지를 어디에 두고 수행하고 있는가를 질문 받았을 때 밀교적인 수행이나 참선이나 염불 등을 말하지만, 이러한 것은 오히려 보리심이 없으면 삼독의 번뇌를 의지처로 삼는 경우가 될 수 있다. 결론적으로 부처님의 경지를 얻고자 하면 보리심을 모든 마음의 의지처로 삼아야 한다.

"아띠샤"께서는 이전에 많은 법에 능통했지만, 만족하지 않고 보석과 같은 보리심을 배우기 위해 배를 타고 13개월 동안 바다를 항해해서, 마침내 스승 "셸링빠"로부터 모든 보리심의 요법들을 듣고 보리심을 마음의 의지처로 삼으셨다. 이러한 보리심을 일으키는 데는 우리가 받은 이 몸보다 더 나은 것이 없으며, 보리심을 닦는 요법으로 「보리도차제」보다 더 나은 것은 없다. 그러한 「보리도차제」를 만나고서도 마음에 보리심을 일으키지 않으면 이보다 더 안타까운 일이 어디에 있겠는가!

둘째, 부처님의 아들이라는 이름을 얻는다.

보리심을 일으키는 그 순간부터 비록 윤회라는 감옥에 묶여 있는 중생일지라도 부처님의 아들이라고 불린다. 이와 같이 부처님의 아들이 되는 것도 보리심이 있느냐 없느냐에 달려 있다. 이러한 보리심이 없으면 심안통을 비롯한 여러 신통을 갖추고 있고 공성을 깨닫고 번뇌를 다 여의었더라도 부처님의 아들이 아니며 대승의 불자가 되지 못한다. 보리심이 일어났을 때 땅이 진동하며, 부처님의 법좌까지도 진동한다고 한다. 불교에서는 모든 생명의 공통의 업으로 우주가 생긴 것이라고 말한다. 보리심이 일어나면 많은 중생들을 번뇌에서 벗어나게 할 수 있기 때문에 윤회세계가 진동하게 되고, 따라서 우주도 참을 수가 없어서 진동한다. 보리심을 일으킨 사람이 새로 나오면 불보살들께서는 자기 형제자매가 하나 더 생긴 것처럼 기뻐하신다. 시방에 계시는 부처님께서 새로운 아들이 탄생한 것처럼 기뻐하시기 때문에 부처님의 아들이 된다고 한다.

셋째, 대승의 종자는 성문, 연각들이 종자를 압도한다. 『동보꿰베경』에는 "바다에서 나오는 여의주가 이 세상의 모든 보석을 압도하는 것처럼, 보리심이 있는 사람은 성문, 연각의 모든 종자들을 압도한다."고 되어 있다. 아주 어린 왕자가 나이 많은 대신들을 압도하고, 가루라(금시조)의 새끼가 많은 새들을 제압하는 것처럼 보리심을 가진 사람은 비록 초지보살일지라도 성문, 연각, 아라한 모두를 압도한다. 다이아몬드가 깨어졌다 해도 그 가치는 남아 있는 것처럼, 보리심은 일으켰지만 실천을 하지 못할 경우에도 부처님의 아들이라는 이름을 잃는 것은 아니다. 이같이 모든 공덕의 보석 중에서 보리심이 최고이다.

넷째, 공양의 최고 대상이 된다.

보리심을 일으키면 세간의 신들이나 인간들의 존경과 예배의 대상이 된다. 또 인드라나 브라만과 같은 신들도 와서 공양을 올린다고 한다. 이는 몸을 빛나게 하고, 모든 소원을 성취케 하는 데 도움을 준다. 과거의 많은 부처님도 보리심에 의지해서 깨달았기 때문에 부처님도 보리심 그 자체를 공경한다. 그와 같이 우리도 보리심에 예배를 올리는 것이지 부처님이라는 이름에 경배하는 것이 아니다. 만약 보살들이 탄 마차를 끌고 가는 이가 없으면 부처님께서 손수 마차 끈을 앞이마에 두르고 마차를 끌고 간다고 한다. 이는 부처님께서도 보리심을 공경하기 때문에 가능한 것이다.

그러나 이 마음은 짧은 기간 동안 닦아서 생기는 것이 결코 아니다. "아띠샤"께서도 12년 동안 보리심을 닦았다. 어떤 사람들은 기초 없이 선정수행이나 염불수행을 하는데도 몇 년씩 보내는데, 보리심을 일으키는 수행을 위해 노력하는 것은 비록 힘은 들지만 그 대가는 훨씬 크다.

다섯째, 큰 공덕을 속히 쌓는다.

보리심을 일으키면 저절로 공덕을 쌓게 되고 업장소멸도 저절로 되며, 장애물도 그 보리심으로 인해 저절로 사라진다.

"쫑카빠" 대사께서는, "모든 것을 황금으로 변하게 하는 연금술이 있는 것처럼, 우리를 번뇌의 몸으로부터 부처님의 경지에 오르게 하는 것이 보리심이다."라고 하셨다.

공덕을 쌓는 데도 보리심보다 더 나은 것은 없다. 보리심을 가지지 않고 수십만 생명에게 수십 겁 동안 삼천대천세계의 재산으로 보시하더라도 그 공덕은 없어지게 된다. 그러나 작은 것이라도 보리심으로 짐승에게 먹을 것을 준 공덕은 없어지지 않는다. 보리심으로 향 하나만 피우더라도 일체중생의 숫자만큼 피운 공덕이 있다. 또 보리심으로 진언 한 번을 외워도 일체중생의 숫자만큼 진언을 외운 공덕을 쌓게 된다.

＊석가모니 부처님 당시에 가난한 여인이 아주 작은 등불을 부처님께 공양 올렸는데, 밤이 되어 아난다가 그것을 아무리 끄려고 해도 끄지 못했다. 그때 부처님께서는 이 등불은 큰 바람이 몰아쳐도 끌 수 없을 것이라고 말씀하셨는데, 이는 그 여인이 보리심으로 부처님께 공양을 올렸기 때문이다. 보살계를 받고 보리심을 닦기 시작하는 그 순간부터 밤에 잘 때나 낮에 일하는 동안 내내 공덕이 끊임없이 쌓이게 된다.

"보통 때에 한 중생의 아픔이 나았으면 좋겠다고 하는 공덕도 큰데, 하물며 보살들이 무량한 마음으로 일체중생의 아픔이 나았으면 하는 그 공덕이 어찌 크지 않겠는가!" 하고 『입보리행론』에 나와 있다.

이와 같이 보리심으로 어떤 공덕을 쌓더라도 이는 일체중생의 숫자만큼 공덕을 쌓게 된다.

여섯째, 업장을 빠르게 소멸한다.

업장을 소멸하는 데에도 보리심보다 나은 것이 없다. 『입보리행론』에는 "참회할 수 없는 보리심 이외의 다른 선행으로는 소멸시킬 수 없다."고 되어 있다. 보리심이 있으면 업장과 그의 과보인 어떠한 두려움의 난관도 헤쳐 나갈 수 있을 뿐만 아니라, 아주 용감한 친구와 함께 길을 가는 것처럼 두려움이 일어나지 않으며, 큰 불선업도 한순간에 확실하게 소멸시킨다.

"아상가"는 동굴 안에서 미륵보살을 만나기 위해 12년 동안 수행을 했어도 뜻을 이루지 못했다. 그러나 중생에 대한 연민이 생김으로써 모든 업식들이 녹아 미륵보살을 뵙게 되었다. 이처럼 보리심 없이 백년을 참회하는 것보다 단 하루라도 보리심을 갖고 관상하는 것이 훨씬 낫다.

일곱째, 소원을 성취한다.

보리심을 일으키면 일시적인 것과 궁극적인 모든 이익이 되는 일들을 힘들이지 않고 성취한다. 모든 이익이 되는 일 중에서 최고는 일체중생이 원하지 않는 고통으로부터 벗어나게 하는 것과 그들이 원하는 행복을 성취하게 하는 것인데, 이 또한 보리심에 달려 있다.

밀교 수행이나 진언을 다 외워서 공덕을 쌓는 것과 같이 성취하기 어려운 것들도 보리심을 바탕으로 하면 쉽게 할 수 있다. 우리가 기도하고 부지런히 정진하더라도 성취하지 못하는 이유는 보리심이 없기 때문이다. 그러므로 정진하는 사람이 큰 장애를 없애려면 반드시

보리심을 실천해야 한다.

여덟째, 해침과 장애들로부터 방해를 받지 않는다.

전륜성왕은 잠잘 때에도 금강수, 인드라, 사천왕 등이 항상 지키고 있다. 보리심을 가진 보살들은 전륜성왕의 두 배나 되는 신들이 밤낮으로 지키고 있다고 한다. 그러므로 귀신의 해침과 장애 등이 생기지 않는다. 보리심이 없으면 아무리 기도를 해서 수호신을 청하더라도 올까말까 한다. 보리심이 있는 자는 비록 기도하지 않더라도 사천왕 등이 항상 지키고 있으며, 또 다른 번뇌나 병으로부터 해침을 당하지 않는다. 석가모니 부처님께서도 보드가야에서 성불하실 때에 마왕의 해침을 보리심으로써 정복하셨다. 보리심을 사유함으로써 인간 아닌 다른 귀신들이 해칠 수 없는 단단한 힘이 생긴다.

아홉째, 보살의 경지와 도에 속히 이른다.

보리심 없이 공성에 대한 견해만으로는 지혜 외에 복덕을 완성하지 못한다. 지혜와 복덕을 함께 쌓아서 번뇌장과 소지장을 없애는 것도 주로 보리심의 힘으로 가능한 것이다. 그러한 보리심이 있을 때 밀교 수행에 의지하면 한 생에 깨달을 수 있지만, 보리심이 없으면 깨달을 수가 없다. 어떤 선행을 하더라도, 사소하게 까마귀에게 먹이를 주는 것조차도 보리심을 갖고 행하는 모든 행동은 깨달음의 원인이 되므로 도의 경지에 속히 이르게 된다고 하는 것이다.

열째, 모든 중생의 행복의 근원이 된다.

성문, 연각, 전륜성왕 등의 모든 행복은 부처님 덕분에 생기는 것이다. 부처님께서는 보살로 계시다 태어나셨는데, 보살은 보리심에서 나왔다. 그러므로 모든 중생의 행복의 근원은 오직 보리심이다.

그뿐만 아니라 팔만사천 대장경의 핵심과 보살들의 마음의 의지처, 밀교의 요법도 모두 보리심에 달려 있다. 보리심을 일으키는 데는 무엇이라도 할 수 있다는 용맹한 자세로 마음을 기울여야 한다.

　대승의 가르침이 있는가 없는가를 알아보는 것도 보리심에 달려 있으므로 수행자라면 보리심을 일으키는 것을 최우선으로 삼아야 한다. 과거 부처님들 가운데 보리심 없이 부처님의 경지에 이른 예는 어디에도 찾아볼 수 없다. 만약 보리심 없이 부처님의 경지에 이른다면 이는 과거에 없었던 일로 큰 화젯거리가 될 것이다. 우리는 보리심은 일으키기 어려운 것이라며 당연한 듯 핑계를 대기도 하고, 어떤 이들은 이것이 대승의 기본적인 가르침이기 때문에 그보다 더 심오하고 깊은 법에 의지해서 수행해야 한다고 아예 관심도 가지지 않으며, 더욱이 실천하는 사람은 매우 적다. 이것은 여의주를 큰 바다에서 찾지 않고, 소의 발자국에 고인 물에서 찾는 것과 같다. 요즘 어떤 사람에게 마음의 의지처가 무엇이냐고 물어보면, 어떤 신이나 장애를 물리칠 수 있는 경 등에 의지한다고 하는데, 보리심을 관상하는 기회를 갖지 않으면 부처님 경지에 오를 기회가 없다는 것을 알아야 한다.

　한편, "아띠샤"께서 티벳과 인도에 크게 불법을 펼치실 수 있었던 것도 근본 스승들을 잘 모신 것과 보리심의 힘으로 그렇게 된 것이라고 말한다. "까담"의 스승들께서 말씀하시기를, "보리심이 없으면 바로 귓가에서 북을 쳐도 방해 받지 않을 정도의 깊은 삼매에 들 수 있을지라도 진리에 아무런 도움이 될 수 없다."고 하셨다. 보통 가문에서도 아버지의 종자를 따르지 어머니의 종자를 따르지 않는 것처럼, 보석과 같은 보리심은 아버지처럼 특별한 부처님의 종자가 되고 공성은 어머니처럼 공통적인 지혜의 종자가 된다. 이는 완전한 부처님의 경지에 오르기 위해서는 보리심 없이는 불가능하다는 표현이다.

## 보리심을 일으키는 방법

이는 보리심을 닦는 실질적인 순서, 보리심을 일으키는 과정을 알아차리는 사유방법, 이 두 가지로 설명한다.

### 보리심을 닦는 실질적인 순서

이는 일곱 가지 인과법으로 보리심 닦기(균데맹악둔)와 평등하게 자기와 타인을 바꾸기(닥션남제), 이 두 가지로 설명한다. "일곱 가지 인과법으로 보리심 닦기"는 인도의 "짠드라끼르띠"(월칭보살)와 "싼타락시타"(적호) 보살 등에 의한 방법이고, "평등하게 자기와 타인을 바꾸기"는 "나가르주나(용수보살)"로부터 "샨디데와(적천보살)"로 이어져 내려온 방법이다. 두 방법 중 어떤 것을 의지해도 보리심을 닦을 수 있다. 이 둘은 "셀링빠"로부터 "아띠샤"에게 이어졌으며, 아띠샤는 『보리도등론』에서 이를 가르치셨다. 보리심을 닦을 때 이 둘을 서로 보완하면서 관상할 수도 있지만 배울 때는 따로 분리해서 배워야 한다.

### 1) 일곱 가지 인과법으로 보리심 닦기(균데맹악둔)

이는 어머니임을 알아차리기, 은혜를 기억하기, 은혜에 보답하기, 중생들을 위한 자애심 사유하기, 큰 연민심(대비심)을 사유하기,

확고하게 결심하기, 발심하기, 이 일곱 가지로 설명한다.

① 어머니임을 알아차리기

우리가 원하는 것이 부처님의 경지에 이르는 것이라면, 보리심을 닦지 않고서는 여기에 이를 수 없다. 그렇지 않으면 서울에 간다고 열심히 갔는데 막상 서울에 왔다고 숨을 내쉴 때 부산에 도착해 있는 경우를 만날 수도 있다. 그러므로 반드시 순서대로 닦아야 한다. 일체중생이 어머니임을 알아차리기 위해서는 평등심이 먼저 생겨야 한다. 일체중생에 대한 평등한 마음이 없으면 비록 자애심과 연민심 등이 일어나더라도 한쪽으로 치우치기 때문이다. 일체중생을 향한 평등심이 필요한데, 보통 우리는 어떤 사람을 좋아하면서 집착하고, 다른 사람들을 싫어하면서 무시한다. 그러므로 평등심을 갖기 위해서 자기 앞에 원수나 친척, 그도 저도 아닌 다른 세 가지 관계의 사람을 놓고 관상해야 한다. 그러한 세 가지 마음이 떠오르게 될 때, 싫어하는 사람에게 화를 내는 이유를 살펴보면, 전에 자기를 해쳤거나 좋지 않게 행동을 했던 이유 때문에 화가 나는 것임을 알게 된다. 중사도에서 이미 윤회세계가 믿을 수 없는 것이라고 하였듯이, 그 원수는 어느 전생에 나와 여러 번 친척이었을 것을 사유해서 화가 남을 막아야 한다. 현재의 친척이라고 해서 좋아하는 이유를 살펴보면, 우리에게 먹을 것을 주거나 도와주거나 하는 사소한 이유로써 좋아하는 것임을 알게 된다. 그렇지만 그도 전생에 여러 번 나의 원수로 태어났음을 알아서 집착을 버려야 한다. 지금 원수도 아니고 친척도 아닌 사람들도 무시해서는 안 된다. 전생의 원수이거나 친척 같이

170

그 사람들도 그와 같음을 알아야 한다.

이러한 관상의 세 가지 대상이 똑같은 관계라는 것을 알게 되면 누구를 좋아하고 싫어함이 얼마나 무의미한 일인지 알게 된다. 친척에게 그와 같이 집착할 필요가 없음은 전생에 원수였을 수도 있고, 지금의 원수는 전생에 여러 번 친척이었을 수도 있기 때문이다. 이를 하나하나씩 살피면 평등심을 가질 수 있다. 그뿐만 아니라 지금 눈앞에 원수나 친척으로 보이는 것뿐이지 영원히 그러한 관계가 유지되는 경우는 어디에도 없다. 본인 스스로를 애착하고 남을 싫어함을 염두에 둘 필요가 없으며, 대상으로서 그들을 볼 때에도 행복을 바라고 고통을 바라지 않음이 나와 똑같음을 알아야 한다. 비록 이번 생이 나를 도와주거나 해치는 차이가 있다는 생각이 들더라도 양자 간에 결코 차이가 있지 않음을 알아야 한다.

과거에 도와주었던 사람과 지금 도와주는 사람은 똑같다. 과거에 지팡이로 우리를 때렸던 것과 지금 그렇게 해치는 것은 같은 것이므로 관상했던 원수, 친척, 그도 저도 아닌, 이 세 대상을 더 넓게 확대시켜서 일체중생들이 그와 같음을 알아야 한다. 그런 식으로 관상하면 원수를 미워하면서 복수하고 싶거나, 친척을 좋아하면서 품에 안고 싶어함과 같은 좋지 못한 행동들을 저절로 막을 수 있게 된다. 그렇지 않고 일체중생들 속에서 자기가 미워하거나 좋아함을 따로따로 골라서 하게 되면 보리심이 일어날 틈이 없다. 이처럼 평등심만 닦는 데에 몇 년이 걸리더라도 그와 같이 닦아야 한다. 만일 평등심 없이도 보리심을 쉽게 닦을 수 있다는 희망을 가진다면 이는 어리석은 일이다.

보리심을 닦기 위한 일곱 가지 중에서 "어머니임을 알아차리기"가 가장 어렵다. 이것이 생기지 않으면 다음 순서인 "은혜를 기억하기" 등으로 이어지기가 불가능하므로, "어머니임을 알아차리기"를 가장 중요한 것으로 알고 열심히 닦도록 노력해야 한다.

일곱 가지 인과법으로 보리심을 닦기 중에서 첫 번째인 "어머니임을 알아차리기"를 사유하기 위해서는, 일체중생 중에서 가장 가까운 친척이 이번 생의 어머니임을 알아야 한다. 이러한 마음이 생기지 않으면 보리심이 일어날 수가 없다. 공성 등의 논리들은 다양한 견해를 통해서 알 수 있으며, 그것을 깨우치기가 그렇게 힘들지 않지만, 보리심을 닦음은 논리적인 것보다는 신심이 더 필요하기 때문이다.

지금 우리의 마음은 어제 마음이 이어져온 결과이다. 그전의 흐름을 살펴가다 보면 어머니 뱃속에서 태어나자마자부터임을 알 수 있고, 또 그전으로 거슬러 올라가면 마음의 시작이 없음을 알게 된다. 그와 같이 시작 없는 마음에는 끝도 없음을 알아야 한다. 그것을 알게 되면 우리가 태어났던 생도 그 수가 헤아릴 수 없이 많음을 알게 된다. 그러므로 이번 생에 어머니가 있는 것처럼 전생에 태생, 난생 등으로 태어났을 때도 어머니가 한 분씩 있었으며, 만일 우리가 백 번 태어났으면 백 명의 어머니가 있었을 것이고, 천 번 태어났으면 천 명의 어머니가 있었을 것이다. 이와 같이 수없이 많은 생을 태어나는 동안 우리의 어머니도 그 숫자만큼 많았음을 알 수 있다.

한편 "우리 어머니가 많이 있었겠지만" 한량없는 일체중생 모두가 과연 우리 어머니였을까 하는 의심을 할 수 있다. 하지만 우리가 수많은 생명체로 태어났어도, 태어났던 하나하나를 기억하지 못함을 알아야 한다. 무릇 다양한 생명의 종류를 헤아릴 수 없듯이, 우리는 이미 각기 무량한 숫자의 몸으로 태어났을 것이다. 태어날 때마다 어머니가 있었을 것이고, 모든 중생들이 한 번씩뿐만 아니라 헤아릴 수 없을 정도로 반복하여 어머니가 되었을 것이다.

　대지의 흙을 작은 알로 만들어서 하나씩 전생의 어머니 숫자를 세면 그 알이 모자랄 정도라고 한다. 그와 같이 일체중생이 자기 어머니였던 것을 숫자로 헤아릴 수 없는데, 본인이 이런저런 생명으로 태어난 적이 없었다는 등의 말을 어찌 할 수 있겠는가. 아니, 한두 번이 아니라 몇 번씩 반복해서 태어났을 것이다. 그와 같이 일체중생이 나의 어머니 아닌 분이 없으므로 모든 중생이 나의 어머니임을 알아차리는 수행을 해야 한다.

　만약 전생에 어머니였다면 알 수 있어야 하는데 단지 본인이 모르기 때문에 그렇지 않을 것이라고 생각한다면, 어머니가 아니었던 중생을 한 번도 보지 못했다고 부처님께서 말씀하신 것을 떠올려야 한다. 우리가 모르는 것일 뿐이지 일체중생은 우리의 친어머니였다. 이번 생의 친어머니가 돌아가셔서 개로 태어나도 본인은 모르는 경우가 많다. 하물며 다른 경우는 오죽하겠는가! 또 시간이 지났다고 해서 어머니가 아니라고 할 수는 없다. 왜냐하면 지금 입고 있는 옷이 아무리 낡았다 해도, 과거에 색깔도 곱고 냄새도 안 나던 그 새 옷과 다르다고 말할 수 없는 것처럼, 이번 생의 어머니와 전생의 어머니들도 이와 같이 전혀 차이가 없음을 사유해야 한다. 작년에 목숨을 구해준 은인에 대해서 올해도 그 은혜를 기억하는 것처럼 꾸준한 사유를 통해서 모든 중생들이 어머니임을 알아차리게 되면, 아주 작은 개미를 보더라도 저 개미가 어느 과거 생에 나의 어머니였고, 나의 모든 행복이 그 개미에게 달려 있었던 적도 있었음을 자세하게 마음에 떠올릴 수 있게 된다.

② 은혜를 기억하기

일체중생이 어머니였음을 알게 되면 어머니였을 때마다 베푸셨던 은혜를 관상해야 한다. 이번 생의 어머니를 비유로 들어 보면, 처음 아기를 가져서부터 아홉 달 열흘을 당신의 뱃속에서 키우시면서 아기에게 해로울까 두려워서 자신이 먹거나 마시거나 걸어갈 때조차도 조심스럽게 행동하셨다. 그때 어머니가 지혜롭게 키우지 않으셨다면 정법을 만날 수가 없었을 것이며, 지금처럼 수행할 수 없었을 것이다. 이 모든 것들은 본인의 덕으로 된 것이 아니라 오직 어머니의 은혜 덕분이었다.

자식을 낳고서는 항상 조심스럽게 안고서 귀한 보석을 찾은 것처럼 좋아하시며, 따뜻한 가슴으로 감싸고 사랑스러운 미소로 키우셨다. 콧물조차도 자식이 아플까 입으로 닦아내 주시고, 나뭇잎으로 닦아낼 수 있는 똥을 행여 다칠까 하여 손으로 닦아내 주셨다. 하루만이 아니라 단 한 시간이라도 어머니가 그렇게 돌봐주시지 않았다면 개나 새들에게 뜯어 먹혔을 것이다. 더 나아가 아이가 만약 절벽에서 떨어지는 위험을 당한다면 어머니는 하루에 백 번이면 백 번 다 아이의 목숨을 구하셨을 것이다. 아이에게 고통이 오면 당신이 고통을 대신 당하셨고, 늦은 밤에도 아이에게 마음이 쏠려서 편안하게 주무실 수가 없다.

걸음마에서부터 혼자 서고 말하고 먹을 수 있는 등 지금의 그 모든 것들은 어머니의 은혜 덕분이다. 어머니는 우리를 키우기 위해서 죄를 짓기도 하고 싫은 소리도 듣는 등 갖가지 고통을 이겨 내셨다. 귀하게 모은 재물로 시집보내고 장가보내고, 이처럼 온 우주를 다 주고도 더 주고 싶어 하는 마음이 바로 어머니 마음이다.

이처럼 지금의 어머니가 베푸신 것과 같이 중생들이 과거 어머니였을 때 내게 베푼 은혜를 관상해야 한다. 짐승으로 태어났을 때도 어미로서 애지중지 하며 혀로 핥아서 키우셨다. 새로 태어났을 때도 어미는 두 날개로 품고서 누가 달려들어 해치려 하면 오로지 새끼를 위해 자기 목숨까지 버리면서 지켰으며, 밖에서 작은 먹이밖에 찾지 못했더라도 새끼에게 먼저 주면서 키우기를 한두 번 한 것이 아니라 수천수만 번 하면서 그와 같은 은혜를 베풀었을 것이다.

예전에 '골록'이라는 지역에서 어떤 강도가 칼로 말을 베었는데 말의 배에서 새끼가 땅에 떨어졌다. 이때 죽어가던 말 어미가 새끼를 혀로 핥으면서 감싸는 것을 보고, 그 강도는 다시는 강도짓을 하지 않겠다고 결심했다. 그때 말의 새끼는 지금의 자신이며, 지금의 원수가 그 어미였을지 누가 알겠는가! 이와 같이 금생의 어머니가 자기에게 은혜를 베푸는 것처럼 모든 중생들이 은혜를 베푸는 것이 마찬가지임을 사유해야 한다.


③ 은혜에 보답하기

지금의 어머니가 앞 못 보는 맹인에다 정신 또한 혼미한 채 길을 헤매다 절벽으로 떨어지려 한다 하자. 그때 만약 자식이 옆에서 보았면 그 자식이 어머니를 구하지 않으면 누구를 구하겠는가? 그와 마찬가지로 모든 중생들은 선업과 불선업을 가릴 수 있는 눈이 없고, 찰나 찰나마다 실천을 거꾸로 하여 걸음마다 죄악을 짓고 마음을 번뇌의 삼독으로 오염시켜서 거의 미쳐 있는 상태이다. 실로 고통만이 있는 삼악도로 뛰어내려 서 있을 때 다행히 우리는 근본 스승을 만나 대승의 귀한 법을 듣고, 선업과 불선업을 가리는 방법도 안다. 그러므로 지금 위험 속에 있는 중생을 구제하는 짐을 져야 하며 그것은 은혜에 보답하는 길임을 관상해야 한다.

한편 먹을 것이나 입는 것은 갈증이나 배고픔을 잠시 해소해주는 것일 뿐이지, 근본적으로 보답하는 것이 아니니 모든 행복을 갖추게 하고 모든 고통을 버릴 수 있도록 진실로 보답해야 한다. 그렇게 해서 그들이 부처님의 경지에 이르게 되면 행복을 갖추게 되고 고통들은 버리게 되므로, 모든 중생들을 부처님의 경지에 이르도록 하겠다는 마음을 내어야 한다. 자기 어머니가 미쳐서 칼을 들고 아들을 죽이려고 할 때 어머니에게 화내지 않으면서 원인을 치료할 방법부터 찾는 것처럼 원수에게조차도 그러한 논리로 보답해야 한다.

④ 중생들을 향한 자애심을 사유하기

모든 중생들을 자기 가슴으로부터 사랑하고 아끼는 마음을 일으키는 것이 여기서 말하는 중생들에 대한 자애심이다. 스승 "뽀또와"가 어느 노모에게 말하기를, 자애심이라는 것은 당신이 아들을 애지중지하는 바로 그것이라고 했다. 이와 같은 자애심을 모든 중생들을 향해 가져야 한다. 여기서 크게 생각할 필요 없이 어머님임을 알아차리기, 은혜를 기억하기, 은혜에 보답하기, 이 세 가지를 잘하면 자애심은 저절로 우러나게 된다.

모든 중생들의 마음에는 번뇌 없는 행복이 없으며, 지금 행복이라고 하는 것도 착각이고 고통 그 자체에만 빠져 있으므로 "그들 모두 행복하면 얼마나 좋을까"라는 마음과 "행복의 조건을 갖추게 하소서!" 하고 기도하는 마음, 또 내가 그것을 돕겠다는 마음으로 사유해야 한다.

⑤ 큰 연민심(대비심)을 사유하기

"쫑카빠" 대사께서 『보리도차제』에서 보리심을 닦는 순서를 정했을 때, 큰 연민은 대승의 길로 들어서는 뿌리라고 가르치셨다. 큰 연민의 특징은 처음에는 대승의 길로 확실하게 들어서게 하는 것으로써 보리심을 일으키는 뿌리이자 씨앗 같은 것이고, 중간에는 보살행을 실천함에 있어서 게으르지 않고 열심히 정진하게 하는 물과 거름 같은 것이며, 끝으로 부처님의 경지에 이른 후에도 남을 위해 끊임없이 베푸는 행을 하게 하는 것이다. 이는 열매를 수확하여 사용하는 것처럼 매우 중요하다. 보리심이 얼마나 자신에게 새겨져 있는지도 큰 연민에 달려 있다. 보살들이 각 차제에 오르는 시간도 얼마나 큰 연민을 갖고 있는지에 달려 있다. 보살들이 밀교에 입문하여 빠른 길을 닦을 수 있는 것도 큰 연민의 힘 때문이다. 하나밖에 없는 아들이 불 아궁이에 떨어질 때 부모가 가장 빠르게 건져내며, 다른 친척들은 그와 같이 할 수 없는 것처럼 이 또한 부모가 얼마나 큰 연민을 가지고 있는가를 보여주는 것이다.

큰 연민을 관상할 때 백정들이 소나 양을 잡는 것을 보거나 그 상황을 떠올리면 큰 연민이 생기기 쉽다. 백정이 양을 잡을 때를 보면, 양의 뒷발을 묶고 거꾸로 매달아 벗어날 수 없게 만든 다음 목숨을 위협한다. 양이 죽음의 공포에서 도망가고 싶어도 도망갈 수 없고, 두려움의 눈물이 앞을 가려도 구해줄 자가 아무도 없다. 백정의 얼굴을 보면 더욱 무섭고, 결국은 심한 고통으로 다양하게 죽임을 당하게 된다. 우리는 이렇게 죽임을 당하는 과정에서 양이 아무것도 모를 거라고 생각하지만 앞의 "하사도" 편에서 이미 설명한 것처럼, 양도 죽임을 당하는 고통을 알고서 백정이 자리를 비우면 칼을 숨긴다. 도살장에 아직 끌려가지 않은 소나 양들이 풀을 뜯고 있으나 시간문제일 뿐 그들도 곧 그렇게 당하기는 마찬가지이다. 그들이 전생에 우리 어머니였음을 알아 큰 연민을 일으키면서 그러한 과정을 자세하게 관상한다.

이와 같은 과정을 어느 정도 관상할 수 있으면 하사도 차제에서 설명한 삼악도의 고통을 하나씩 떠올리면서 관상한다. 어떤 어머니는 불에 달궈서 있는 쇠판 위에 있으며, 다른 어머니는 끓는 쇳물에 삶겨지기도 하고, 어떤 어머니는 아귀로 태어나서 배고프고 목마른 고통에 헤매고 있는 것 등을 관상하면서, 모든 중생에 대한 큰 연민을 일으켜야 한다. 그러한 연민이 생기면 산에서 풀을 뜯고 있는 양들과 지금 도살장에서 죽임을 당하고 있는 양들은 단지 시간의 차이가 있을 뿐인 것과 같이, 지금 세상에서 죄를 짓는 사람들과 이미 삼악도에 떨어진 중생들과도 차이가 없음을 관상해야 한다. 이번 생의 어머니 역시 고통의 원인을 만들고 있음을 알아서 큰 연민으로 그러한 것을 관상한다. 그것을 더 확대하여 친척이나 원수, 나아가 모든 중생들이 죄 짓는 일만 열심히 할 뿐, 지금 삼선도에 태어나 고통을 받으면서도 다음에 더 큰 고통을 받는 삼악도에 떨어질 원인을 열심히 짓고 있음을 관상한다. 그러면서 "이런 중생들이 그러한 고통에서 벗어나면 얼마나 좋을까"하는 생각과, 또한 자신이 그들을 건져내겠다는 큰 연민을 일으켜야 한다. 그러한 연민이 일어나기 힘든 중생들에 대해서는 특별하게 따로 관상해야 한다. 예를 들면, 천상계에 있는 신들에게 연민이 생기기 힘들 때 중사도에서 설명한 그들의 고통을 생각하고 관상하며, 그들에게도 큰 연민이 일어날 수 있다. 그러한 큰 연민이 일어나면 사랑하는 외동아들이 병에 걸릴까 염려하는 어머니가, 먹고 마실 때조차 늘 자식을 걱정하는 것과 같이 일체중생들에게 그와 같은 큰 연민이 일어나게 된다.

일체중생이 모든 고통에서 벗어났으면 하는 연민은 성문, 연각들도 공통적으로 가지지만, 고통으로부터 구제하겠다는 연민은 대승의 "특별한 연민심"만이 가능한 것이므로 우리는 그것을 일으켜야 한다. 이러한 큰 연민이 일어나기 어렵더라도 물러나지 말고, 과거에 본인이 아팠을 때나 아니면 다른 사람의 고통을 보고서라도 연민을 일으켜야 한다. 더욱이 하사도, 중사도에서 본 삼악도와 윤회의 고통을 떠올린다면 큰 연민이 생길 수 있다.


⑥ 확고하게 결심하기

어머니의 짐을 자식이 들어야 하는 것처럼 모든 중생들의 고통을 없애고 행복을 갖게 해줄 짐을 내가 져서, 부처님의 경지에 이르는 데 앞장서겠다고 결심하는 것을 말한다. 어떤 이가 절벽에서 떨어지려는 사람을 보고 간절하게 '누군가 저 사람을 구제했으면 좋겠다'라는 마음을 일으키는 것은 자애심과 큰 연민심 이 두 가지 면에서 비슷하지만, 내가 그를 구하겠다고 마음을 일으키는 것은 "확고하게 결심하기"에 해당한다. 원래 자애심과 큰 연민은 성문, 연각들에게도 있지만 확고한 결심은 그들에게서 찾아볼 수 없다.

⑦ 발심하기

이렇게 결심은 했지만 자기가 그 짐을 질 수 있는지를 살펴본다면, 지금 본인에게는 한 중생도 구제할 수 있는 힘을 길러야 하며, 그러한 경지에 이르고자 하는 발심을 해야 한다. 이와 같이 중생들을 구할 수 있는 경지는 신들도 도달하지 못했으며 성문, 연각, 아라한들은 더더욱 아니다.

소승의 성인들은 자신을 묶고 있는 것으로부터 완전하게 벗어나지 못했으며, 중생을 구제하는 힘도 그와 같기 때문이다. 그러나 부처님의 경지는 그와 비교할 수 없으며, 하늘과 손바닥처럼 차이가 크다.

중생들의 근기와 그 생각에 따라 구제하고 베풀 수 있는 힘이 저절로 일어나는 것도 부처님의 경지뿐이다. 하사도 설명한 것들을 생각하더라도 부처님의 경지에 이르러야만이 남을 근본적으로 도울 수 있다. 우리도 그와 같이 경지에 반드시 이르겠다는 마음을 내어야 한다. 위에서 설명한 평등심으로부터 모든 중생의 어머니임을 알아차리고 그 은혜를 기억하여 은혜에 보답하는 것들은 남을 위해 베푸는 마음이 일어나는 근원이 된다. 자애심과 큰 연민심, 확고한 결심, 이 세 가지는 남을 위해서 베푸는 마음의 실제가 되며, 이러한 마음이 생기고 나면 마지막으로 남을 돕기 위해서 부처님의 경지에 이르겠다고 발심하게 된다. 그러나 발심하는 것만으로 완성되는 것은 아니다. 부처님의 경지에 이르기 위해서는 그 길을 배워야 하며 자기 혼자만을 위한 것이 아닌 자애심과 큰 연민심, 확고한 결심을 하면서 관상했던 것들을 그대로 실천해야만 한다. 이와 같이 하면 부처님의 경지에 이를 수 있다. 왜냐하면 보리심을 닦을 수 있을 때는 이번 생보다 나은 때가 없으며, 법 중에서도 대승의 가르침을 배우고 한 생에 깨달아 여래의 경지에 오를 수 있는 밀교 수행을 할 수 있는 것도 지금의 이 몸이어야 가능하기 때문이다. "람림"을 사유하고 관상하는 것이 힘들다고 생각하여 경을 읽거나 염불하는 것을 더 좋아한다면, 이는 부처님의 가르침의 핵심을 모르는 행위이다. 우리가 다음 생에 또 이런 몸을 얻을 수 있을지 모르며, 비록 얻더라도 대승의 가르침, 특히 『보리도차제』를 만나게 될지 알 수 없으므로, 이 몸이 없어지기 전에 보리심을 일으킬 수 있도록 간절히 노력해야 한다.

옛날 어느 산골에 기근이 들어서 아버지와 아들들이 죽기 일보 직전이었다. 그러던 어느 날 먹을거리를 조금 찾았는데 아버지가 생각하기에 이것을 나누어 먹는다면 잠시 배고픔은 면할 수 있을지 몰라도 근본적인 해결은 할 수 없음을 알았다. 그래서 자기가 그것을 다 먹고 그 힘으로 음식을 찾아다닌다면 가족 모두를 살릴 수 있지 않겠는가 하는 생각으로 그 음식을 다 먹었다. 그 힘으로 아버지는 먹을 것을 찾아 나섰고, 결국 가족들을 다 살려낼 수 있었다. 이와 같이 수승한 밀교적인 수행이나 "옴 마니 뻬메훔" 진언을 한 번 외우거나 어떤 수행을 하더라도 크게 발심하고서 행해야 반드시 성취할 수 있다. 우리가 어떠한 생명체를 보는 것만으로도 완전한 깨달음을 이루겠다는 마음이 저절로 일어날 때 실질적인 보리심을 일으킨 것이다. 이는 대승의 '자량도'에 입문하는 것이며, 완전한 부처님이 되는 기간인 '삼아승지겁'의 복을 쌓는 시작이다. 이 정도가 되면 보살이며, 부처님의 아들이라는 이름을 얻게 된다. 이것을 바탕으로 밀교에 입문해서 실천한다면 완전하게 깨닫는 것이 빨라진다. 이것이 "일곱 가지 인과법으로 보리심 닦기"이다.

## 2) 평등하게 자기와 타인을 바꾸기(닥센남제)

대보살 "샨디데와"의 평등하게 자기와 타인을 바꾸기로 마음 닦는 방법을 설명하고자 한다. "일곱 가지 인과법으로 보리심 닦기"를 실천해도 보리심이 일어날 수 있으며, 여기서 말하는 "평등하게 자기와 타인을 바꾸기"라는 방편을 의지해도 보리심이 일어난다. "평등하게 자기와 타인을 바꾸기"는 "까담빠"들이 주로 실천하였으며, 여기에 "똥렌(주고받기)"을 관상하기, 이 다섯 가지로 설명한다.

## ① 자기와 타인을 평등하게 사유하기

처음에는 위에서 설명한 평등심에서 자애심까지의 내용을 사유하면서 관상하면 된다. 그 다음 나라고 하는 것을 매우 아끼며 애착하는 만큼 남을 보지 못하며, 이로 인해 자기와 남을 평등하게 보지 못하고 있음을 알아차려야 한다.

자기와 남이 그렇게 차이가 있는 것은 아니다. 행복을 바라고 고통을 바라지 않는 것은 누구나 똑같음을 알아야 한다. 자기와 남을 바꾸기 위해서는 먼저 장애가 되는 이기심의 허물과 이를 평등하게 할 수 있는 조건이 되는 이타심의 장점을 깊이 사유해야 한다.

② 이기심의 허물을 다양하게 사유하기

『구루요가경』에서 "이기심은 고질병으로서 원하지 않는 고통이 생기는 원인으로 보아야 한다."고 하였다. 구체적으로 『입보리행론』에서는 "세간의 모든 해침이나 두려움, 고통들이 아집에서 나오는 것이라면 이처럼 큰 귀신이 나한테 무슨 도움이 되겠는가?"라고 했다. 이와 같이 우리가 원하지 않는 모든 일들은 이기심에서 출발한 것이다. 무기나 독, 귀신들의 해침, 지옥·아귀·축생으로 태어나는 원인들도 자기만의 행복과 이익을 바라는 마음으로 살생하거나 인색한 짓을 하고 남을 무시하는 등의 허물로 만들어지는 것이다. 그뿐만 아니라 지금 몸이 아프고 병이 들거나 원수가 두렵고 타인과 다투는 등의 원인은 이기심으로 먹을 것을 조절하지 못하고 입을 것, 명예 등을 버리지 못함으로써 생기는 허물이다. 나라와 나라 사이에 전쟁이 일어나는 것에서부터 부부가 다투고, 심지어 출가자들끼리 다투는 것들 모두 다 이기심의 허물이다. 이기심이 없고, '나에게 아무 상관이 없으니, 당신 좋을 대로 하십시오.'라는 마음이 있으면, 전쟁이나 다툼과 같은 허물이 일어날 수가 없다. 도둑이나 강도에게 빼앗기거나 쥐가 파먹어서 마음이 편치 않는 것조차도 이기심 때문이다. 독을 먹고 죽거나 음식이 맞지 않아서 죽는 것도 이기심으로 온갖 음식을 다 먹었기 때문에 죽는 것이지 독이 목숨을 앗아가는 것이 아니다.

이와 같이 이기심이 우리를 죽이고 있다. 자기는 아무것도 하지

않았는데 도둑질했다는 누명을 쓰게 되는 것 또한 전에 이기심으로
남을 이와 같이 해한 과보를 받는 것이다. 그러므로 이기심은 삼선도와
해탈의 목숨을 죽이는 백정이다. 삼독의 자루를 들고서 모든 공덕의
열매를 도둑질하는 도둑이다. 무지의 밭에 불선업의 씨앗을 뿌려서
윤회를 수확하는 어리석인 농부이다. 활과 창을 휘두르는 전쟁 중에서
도 나만의 이익에 골몰하는 탐욕스러운 자이다. 자기가 손해를 입는다
고 스승이나 부모도 속이는 부끄러움 없는 자이다. 시작 없는 옛날부터
좋은 일을 성취하지 못하여 빈손으로 떠도는 귀신이다. 희망이 없는데
도 희망을 바라는 자이다. 높거나 자기와 비슷하거나 자기보다 낮은
것에 질투하고 비교하며 무시한다. 칭찬하면 좋아하고 비난하면 화내
면서 세간의 모든 나쁜 점을 불러내는 자이다. 이기심은 모든 죄의
근원이다. 시작 없는 때부터 고통만 받게 하는 것도 이기심이다.
원수가 자신의 심장 가운데에 있는데도 밖에서만 원수를 물리치려고
한다. 우리가 윤회세계에서 지금까지 돌고 돌면서 고통 받은 것도
바로 이기심 때문이다.

이기심과 아집은 다르지만 "로종(마음 바꾸기)"에서는 이 둘을 하나
로 생각하는데 그것은 이 둘이 비슷하기 때문이다. 이 둘은 모든
죄악의 뿌리이며, 아집은 '나', '나의 것'이라고 하는 것이 마치 원래부
터 있는 것처럼 생각하는 것이며, 이기심은 나라고 하는 것을 버리지
못하고 모두 가지려고 하는 것이다. 결론적으로 이러한 모든 허물들은
자기만의 행복을 바라는 것이 마음속에 자리 잡고 있기 때문이다.
이기심을 없애지 못하면 결코 행복할 수가 없다. 우리가 많은 고통을
받는 것은 그 뿌리를 찾지 못해서 받고 있는 것임을 알아차려야

한다. 이제부터 그 뿌리인 이기심을 제일의 원수로 보고 이를 버려야겠다는 마음을 가져야 한다.

③ 이타심의 장점을 다양하게 사유하기

대보살 "샨디데와"는 세간의 모든 행복은 남의 행복을 바랄 때 생기는 것이라고 말했다. 그처럼 우리가 귀한 몸을 얻고 부족함 없이 살거나 기쁨 등을 느낄 수 있는 것들 모두는 이타심이 그 근원이 된 것들이다. 남의 목숨을 귀하게 여겨서 살생하지 않음으로써 생기는 공덕의 과보로 인간으로 태어나 오래 사는 것이며, 이타심으로 보시하면서 도둑질하지 않은 과보로 부유하게 태어나는 것이다.

결론적으로 어리석은 자가 자기만을 위해서 일하는 것과 부처님께서 남을 위해서 행하시는 것의 차이를 보면 알 수가 있다. 부처님과 우리가 과거에 윤회의 바퀴에서 돌고 돌았던 것은 같지만 부처님께서는 어느 때부터 이타심으로 이기심의 허물을 모두 없애고 깨달으셨다. 우리는 윤회세계에서 이기심만으로 내가 행복했으면 하는 것에 집착하기 때문에 지금 여기에 남아 있는 것이다. 우리도 부처님처럼 이기적인 행동보다 이타행을 했더라면 지금은 깨달아 자신의 고통을 다 없애고, 의심 없이 남을 위해 이타행을 행하고 있을 것이다. 우리가 이기심으로 행하는 모든 것들은 결국 자기에게 고통만 따르게 하는 것이며, 이기심으로 무엇을 물리치려고 해봐야 이는 이기심 자체가 원수인 줄을 모르고 밖에서만 허우적거리는 꼴이 된다.

석가모니 부처님께서는 과거에 "뻬마젠"이라는 이름의 왕으로 태어나신 적이 있었는데, 나라에 전염병이 돌자 이타심으로 그것을 없애기 위해서 "로히따"라는 물고기로 다시 태어났다. 왜냐하면 사람들이 그 물고기를 먹어야 전염병이 다 나을 수 있다고 했기 때문이다. 스스로 그 물고기로 태어날 것을 서원하여 물고기로 태어나, 그로 인해 전염병에 걸린 많은 사람들을 구제하셨다.

석가모니 부처님께서는 거북이로 태어나셨을 때도, 바다에서 난파된 배에 있던 상인 오백 명을 등에 지고 바닷가까지 그들을 데리고 가서 구해주셨다. 왕자 "닝뚭첸뽀"로 태어나셨을 때는 배고픈 호랑이 어미가 자기 새끼를 먹으려는 것을 보고 연민을 느껴서 자신의 몸을 보시하셨다.

그와 같이 석가모니 부처님께서는 수없이 많은 이타행을 하셨으나 우리는 자기만 알고 살았기 때문에 그러한 행을 금방 따라 하기는 힘들다. 그러나 실제로 실천하지 못한다면 기도를 통해서라도 이런 행을 해야 한다.

이타심은 수확이 좋은 논밭과 같고 보배로운 여의주와 같다. 우리가 지금 먹고 입는 것 모두가 남을 의지해서 생긴 것이며, 생명 있는 모든 것이 우리의 어머니였을 때 베푸셨던 은혜일 뿐만 아니라, 어머니가 아니었을 때도 우리에게 큰 은혜를 베푸셨기 때문에 우리가 지금 이렇게 살고 있는 것이다.

쌀 한 줌이 생기는 것도 누군가가 땅을 갈고 씨를 뿌려 물을 주고 관리하는 등 많은 노력을 기울였기 때문이고, 우리가 살고 있는 이 집도 어떤 이가 땅을 파서 주춧돌을 세우고 벽돌과 기둥을 세우는 등 많은 노력을 기울였기 때문이며, 우리가 입고 있는 옷들도 마찬가지다. 우리가 이같이 유가구족인 인간의 몸을 얻는 것에서부터 보리심이 일어나고, "육바라밀"을 실천하여 완전한 깨달음의 경지에 이를 수 있는 것도, 모두 중생들이 베푼 은혜가 있었기 때문이다. 연민의 대상, 발심의 대상, 보시하는 대상, 계를 지키는 대상, 인욕을 사유할 수 있는 대상도 모두가 중생에 대한 것이다. 이 모든 중생들 덕분에 우리의 수행이 가능한 것이다.

우리가 완전하게 깨닫는 것의 반 정도는 스승들 덕분이지만 나머지 반은 모든 생명들의 큰 은혜를 바탕으로 한 것이다. 모든 생명은 지금부터 깨달을 때까지 모든 것을 성취케 하는 여의주와 같아서 그들을 향한 이타행은 너무나 당연하다.

④ 자기와 남을 실질적으로 바꾸어 사유하기

위에서 본 이기심의 단점과 이타심의 장점을 살펴서 남을 이롭게 했던 마음과 남을 무시했던 마음 두 가지의 입장을 서로 바꾸는 것을 "자타 바꾸기"라고 한다. 이것은 남이 자기가 되고 자기가 그 사람이 되는 것을 말하는 것이 아니다. 자기가 이때까지 이기심으로 다른 사람을 무시했거나 관심 갖지 않은 것을 거꾸로 자세하게 살펴봄으로써 자기를 아끼던 이기심을 이제는 남을 아끼는 이타심으로 바꾸는 것이다. 과거로부터 지금까지 타인에 대해 관심 갖지 않고 무관심했던 것을 이제부터 자신을 버리고 타인에 대한 관심을 늘리는 것으로 마음을 닦아야 한다. 이런 방법으로 사유하면 실질적으로 마음을 바꿀 수 있다. 예를 들면 저 산에 있을 때는 이쪽 산이 되고, 이 산에 있을 때는 저쪽 산이 되는 것처럼 자기와 남도 바꿀 수 있다.

⑤ "똥렌(주고받기)"을 관상하기

"자타 바꾸기"에 의지해서 "똥렌"을 관상해야 한다. 이는 연민을 바탕으로 한 "받음"과 자애심을 바탕으로 한 "줌"인데, 이것이 "주고받기" 수행의 기본이다.

남의 고통을 받아들이지 않으면 행복을 주어도 도움이 될 수 없다. 먼저 연민을 바탕으로 한 "받음"을 살펴보면, 일체중생의 모든 고통을 없애고자 하는 마음으로 실제의 연민을 느끼고, 삭발할 때 머리카락을 깎아내듯이 남의 모든 고통을 검은 빛으로 생각하여 자신의 가슴에 있는 이기심에 흡수되는 것을 관상한다.

더 자세하게 하자면, 불지옥의 뜨거운 고통과 그 불까지도 받아들여서 자신의 가슴에 있는 이기심의 통에 흡수되는 것을 관상한다. 순서대로 얼음지옥, 아귀, 축생, 아수라, 인간, 천상 등 십지보살 아래 모든 중생의 고통과 업을 본인이 받아들여서, 모든 중생의 고통과 업장이 실제로 소멸되었음을 관상한다.

이러한 타인의 고통을 말로만 하는 것이 아니라 자신에게 실제로 수용되는 것을 느껴야 한다. 그 고통을 받을 때 근본 스승과 부처님 두 분은 관상하지 말아야 한다.

근기에 따라서 어떤 사람은 이런 수행에 거부감을 느끼기도 하는데, 그런 사람들이 할 수 있는 방법은 자신의 것부터 시작하는 것이다. 자신이 오후에 받을 고통을 아침에 미리 관상하고, 내일 받을 고통을 오늘 미리 받는 것으로 생각하며, 다음 달에 받을 고통, 내년에 받을 고통, 이번 생과 다음 생에 받을 고통, 세세생생의 고통을 관상하며, 그 다음에는 부모나 친척, 가까운 이들에서부터 가깝지도 않고 원수도 아닌 사람들의 고통으로까지 확장시켜 나간다. 이것이 잘 되면 원수에서 일체중생에 이르기까지 차례대로 확장시켜서 관상해야 한다.

처음부터 원수의 고통을 받아들이고 싶은 마음이 생기기는 어려울 수 있으므로 자기 자신의 고통에서부터 시작하여 지옥중생에까지 미치게 하고, 가끔씩 지옥의 고통들로부터 또는 나라의 위에서부터나 밑에서부터의 고통을 자기가 받는 것을 관상한다. 심지어는 돌에 맞는 개의 고통 등도 다양하게 관상해서 그것을 자신이 받아들여야 한다. 이 때 불안하거나 긴장되는 감정이 생기면 이는 좋은 징조이다. 이와 같이 직접 받을 수 없더라도 이러한 관상을 통해 큰 공덕을 쌓게 된다. 이러한 관상이 익숙해지면 남의 고통을 직접 받아들일 수 있는 힘도 생긴다.

이제 자애심을 바탕으로 한 '줌'에 대해서 살펴보면, 일체중생의 성취를 위해서 본인이 성스러운 부처님의 몸으로 변하는 것을 관상한다. 타인에게 필요한 대상으로 자신을 변하게 하는 것이다. 자신이 시원한 소나기로 변해서 불지옥의 고통을 없앤다고 관상하고, 그들이 유가구족인 인간의 몸을 얻어 좋은 집과 좋은 환경을 갖추어 행복하게 살며, 내 자신이 그들이 먹고 마시는 음식으로 변하는 것을 관상하면서 그들이 만족해하는 것까지 관상한다. 입을 것으로도 변해서 그들에게 입을 것을 주고, 근본 스승으로 변하여 법문을 하며 그들이 깨닫는 것까지도 관상한다.

얼음지옥에서는 자신이 햇빛으로 변하고 따스한 옷으로 변하며, 아귀들에게는 먹을 것과 마실 것 등으로, 축생들에게는 법을 구별할 수 있는 지혜로, 아수라들에게는 인욕의 옷으로 변하고, 천신들에게는 거울, 악기, 향수, 진귀한 과일, 아름다운 옷 등으로 변한다. 중생들이 필요로 하는 모든 것들로 변해서 육도 중생 모두에게 준다고 관상한다.

이는 자신의 몸을 변화시켜서 주는 것뿐만 아니라 자기가 가진 모든 공덕까지도 다 준다고 관상한다. 근본 스승과 부처님들께서는 자기 몸을 다양한 공양물로 변화시켜 올리고, 스승들께서 장수하시며 하고자 하시는 일들 모두 성취하는 것을 관상한다.

이렇게 줄 때는 중생들이 행복을 바라면서도 행복을 얻지 못하는 것을 생각해서 자애심을 주된 바탕으로 하여 주어야 한다. 여기 "로종 (마음 바꾸기)"에서는 이 두 가지 관상을 마음의 의지처로 삼아 "똥렌 (주고받기)" 수행을 잊지 않도록 기회 있을 때마다 자주 실천한다. "주고받기" 이 두 가지를 호흡에 의지하여 수행하는 방법도 있다. 똥렌의 관상이 익숙해지면 나중에 자신의 호흡을 밖으로 내쉴 때 "주고", 안으로 들이 마실 때 "받는" 것을 관상한다. 처음에는 이렇게 되기가 쉽지 않지만 자주 수행하여 익숙해지면 "자타 바꾸기" 관상으로 보리심을 쉽게 일으키는 데 큰 효과가 있음을 알게 된다.

## ◎ 보리심을 일으키는 과정을 알아차리는 사유 방법

이는 나쁜 요인들을 깨달음의 길로 바꾸는 방법, 한 생에 실천하는 방법, "로종(마음 바꾸기)"에서 닦음의 기준, "로종(마음 바꾸기)" 수행을 하면서 지켜야 할 열여덟 가지, "로종(마음 바꾸기)" 수행에서 배워야 할 스물두 가지 실천, 이 다섯 가지로 설명한다.

1) 나쁜 요인들을 깨달음의 길로 바꾸는 방법

이 방법은 매우 중요하며 수행에 큰 도움이 된다. 수행할 때 장애가 많고 그 원인들을 없애지 못할 때에는 장애를 수행의 조건으로 받아들일 줄 알아야 한다. 그렇게 하지 못하면 좋고 나쁜 일 중에 무슨 일이 생기더라도 수행을 망치게 된다.

어떤 이들은 옷 등에 집착하여 수행하지 못하고, 어떤 이들은 물질적인 것 때문에 수행하지 못하며, 좋은 일이 생겼을 때는 들뜨고, 나쁜 일들이 생겼을 때는 지쳐서 수행하지 못한다. 조건에 끄달리면 수행하기 어렵다.

수행을 조금 하는 척 하더라도 그것은 힘이 미약해서 깨달음에 도움이 되지 않는다. 그러므로 어떤 일이 생기더라도 그것들을 오히려 좋은 방편으로 삼을 수 있어야 한다. 이는 생각을 바꾸는 방법, 행을 바꾸는 방법, 이 두 가지로 설명한다.

(1) 생각을 바꾸는 방법

이는 성격을 바꾸기, 견해를 바꾸기, 이 두 가지로 설명한다.
① 성격을 바꾸기

일반적으로 본인이 병이나 귀신, 원수 때문에 마음이 편치 않으면 이런 것들이 무엇 때문이라고 핑계를 댄다. 그런 것들이 모두 인과에 의하여 생기는 것임을 모른다. 하지만 갖가지 고통의 뿌리가 어디에 있는지, 원하지 않는 일들이 일어나는 원인이 무엇인지를 자세히 살피면, 업으로 인한 과보 때문임을 알게 되고, 이를 더욱 살피면 그것은 결국 본인의 이기심 때문인 줄 알게 된다. 누가 자기 물건을 훔쳐가 피해를 보게 되면 도둑 때문이라고 하지만 그것은 자기의 불선업에서 비롯된 것이며, 그렇게 불선업을 짓도록 한 것은 바로 본인의 이기심 때문이라는 것을 알아야 된다. 병이나 고통 등 좋지 않은 요인이 생겼을 때도 그것을 깨달음을 얻기 위한 하나의 방편으로 생각을 돌릴 줄 알아야 한다. 병이 생기면 전생에 자신의 불선업으로 지옥에 떨어질 과보를 지금 미리 가볍게 받는 것이라고 마음으로 좋아해야 한다. 그뿐만 아니라 본인이 "똥렌(주고받기)"을 관상해서, 이제 일체중생의 고통을 본인이 받는 것을 성취했다고 생각하면 더욱더 좋아해야 한다. 심지어 '나머지 고통들도 내가 미리 받게 하소서! 일체중생의 고통들도 내가 대신 받게 하소서!'라고 기도하며 관상해야 한다. 그뿐만 아니라 뭇 생명의 고통을 자신이 실제로 받는 기회가 생겼으니 이는 참으로 좋은 일이라고 여기며, 진실한 마음으로 "주고받기" 관상을 한다면 자신의 병도 장애가 되지 않고 오히려 수행의 공덕을 쌓는 데 큰 도움이 될 것이다. 이렇게 나쁜 요인이 오히려 공덕을 쌓는 동기가 된다고 하는 이유는, 누구든지 고통 받기를 원하지 않는다면, 죄 짓는 것을 버려야 된다는 생각으로 공덕을 쌓고 업장을 소멸하는 쪽으로 나아갈 수밖에 없기 때문이다. 만약 우리에게 괴로운 일이 생기지 않으면 그것을 통해 수행하겠다는 생각도 떠오르지 않는다. 병들고 사고가 나는 등 좋지 않은 일이 생기게 되면 그제사 마음이 괴로워서 수행에 입문하는 계기를 삼곤 한다.

본인에게 누군가의 해침이나 해로운 일들이 생기면 '수행하지 않고 윤회세계를 헤매고 있는데 이제 나에게 수행하라는 암시를 보내어 도와주는 것'이라고 생각한다. 오히려 이런 것들을 은혜롭게 생각해서

"마음 바꾸기" 수행의 방편으로 삼을 줄 안다면 고통으로 공성을 깨우칠 수 있는 원인이 될 수 있다. 병이나 귀신들이 자기가 없애지 못하는 원수인 이기심을 없애는 데 도움을 주고 있으므로 오히려 고맙게 생각해야 한다. 우리에게 이와 같이 좋지 않은 일이 생기면 쉽게 수행을 버리는 경우도 있는데, 행인이 낭떠러지를 지날 때에 더욱 조심하듯, 이때 더욱더 조심해서 "똥렌(주고받기)" 수행을 해야 한다.

『입보리행론』에서는 고통의 장점을 슬픔으로, 교만을 없애고 윤회의 허물을 느껴서 죄짓는 것을 파하며 공덕 쌓는 것을 좋아하게 되는 것이라고 했다. 그처럼 우리에게 고통이 생기면 슬픔으로 쓸데없는 교만을 없애고, 고통이 원인이 되어서 타인에게 연민이 생기며, 고통이 원인이 되는 이기심을 버리게 된다. 이러한 고통의 장점을 모르면 고통이 생기는 것보다 건강하고 즐거운 일이 생기는 것을 좋아하겠지만 그것은 그리 좋아할 일은 아니다.

행복이 생김을 좋아하지 마라!

고통이 생김을 오히려 좋아하라!

행복은 복덕을 깎아 내리고,

고통은 자기의 업장을 소멸한다.

한편 남들의 칭찬을 받으면 교만이 높아진다. 이는 이번 생과 다음 생 둘 다 망치게 되며 자신의 허물도 볼 수 없게 한다. 남들이 자신을 비판하면 잠시 듣기가 싫지만 후에 스스로 그 일을 살펴서 조심해야 한다. 다른 사람들이 자기에게 욕하는 것은 자신이 성취하도록 축원해 주는 것과 다름없다고 생각해야 한다. 이러한 일들이 자기에게 직접적

으로 생겼을 때 이와 같은 방편으로 자신의 나쁜 성격을 고쳐나가야
한다.

② 견해를 바꾸기

보통 인과 연이 만나 좋고 나쁜 감정들이 일어나지만, 실제로 원래부
터 그러한 것이 있는 것이 아니다. 나와 남이라고 하는 것들도 원래부
터 있는 것이 아니다. 이렇게 원래부터 있는 것이 아니라는 것을
알아서 마음이 불편함과 좋아함 등을 막아야 한다. 지금 좋고 나쁜
어떤 일들이 일어나더라도 죽을 때는 이 모든 것이 꿈꾼 것처럼
기억의 한 대상일 뿐이라는 것을 알아서, 과연 "이 짧은 인생에 탐내고
화내고 미워할 필요가 있겠는가!"라고 생각하여 좋지 않은 일이 생겼
을 때 이를 물리쳐야 한다.

(2) 행을 바꾸는 방법

지금까지 자신이 관상했던 "주고받기"를 살펴, 이는 관상을 한
것일 뿐이지, 실제로 "주고받기"를 한 것이 아님을 알아야 한다. 이제
이것을 실제로 실천할 수 있도록 자기가 그 짐을 져야겠다는 확고한
결심을 해야 한다. 그래야만 완전한 깨달음의 경지에 이르겠다는
실질적인 보리심이 일어나게 된다. 이러한 과정이 "일곱 가지 인과법
으로 보리심 닦기"와 "평등하게 자기와 타인을 바꾸기", "'주고받기'를
관상하는 방법이다.

이를 밀교의 만다라를 통한 관상과 함께 일체중생들이 모든 행복과
행복의 원인까지도 모두 갖추었다고 관상하면 공덕 쌓는 데 큰 효과가

있다. 먼저 보리심을 일으키는 열매를 맺고, 이를 도 닦는 방편으로서 관상하는 방법은, 자신이 부처님의 몸으로 변하고, 거기서 빛이 나와 모든 생명 가진 것들의 고통을 없애며, 그들 모두가 부처님으로 변한다고 기뻐하는 것을 관상한다.

우리가 좋아하고 싫어하며 이도 저도 아닌, 이 세 가지 대상에 대해서 좋아하거나 무시하는 감정이 일어났을 때에 그런 것으로 인해 생기는 모든 결과들, 예를 들면 삼악도에 떨어져서 받는 그 고통을 자기가 대신 받고, 윤회하면서 받는 고통도 자신이 받아서, 일체 생명 있는 것들이 탐욕과 무지가 없는 공덕을 갖추게 되었다는 생각을 해야 한다.

모든 나쁜 것들의 뿌리는 이기심이라는 것을 알아서 다른 사람의 고통을 자신이 받는 것은 자기 불선업의 과보를 없애는 원인이 되며, 자기가 성취하는 것임을 알고 그것이 행복 그 자체임을 알아야 한다. 그러므로 "로종(마음바꾸기)"의 다른 이름은 "모든 행복의 근원인 나라"라고 하기도 한다. 우리는 좋지 않은 일들이 조금만 생겨도 싫어하며 피한다. 그러나 상인들이 멀리 길을 걸어가고 있을 때 갑자기 소나기를 만나면, "비가 와서 도둑들이 오지 못할 것이다."고 오히려 기쁘게 생각하는 것처럼, 모든 것의 긍정적인 면을 사유해야 한다.

『입보리행론』에서는

"해결할 수 있는 문제라면

걱정할 필요 없이 해결하면 된다.

만약 해결할 수 없는 문제라면

그도 걱정할 필요가 없다. 해결할 수 없으므로!"

하고 나와 있다.

고통이 생길 때 편치 않은 마음으로 사는 것은 도움이 되지 않는다. 그러한 것들을 오히려 방편으로 삼을 줄 알아야 한다. 모든 좋지 않은 일이 생기는 것과 일체 생명 있는 것들에게 좋지 않은 일이 생긴 것을 자기가 해결해야겠다고 생각하는 것보다 더 큰 공덕은 없다.

## 2) 한 생에 실천하는 방법

보리심을 실천하는 방법은 살아있을 때 실천하는 다섯 가지 힘, 죽을 때 실천하는 다섯 가지 힘, 이 두 가지로 설명한다. 여기에는 각각 수행하겠다는 마음을 이끌어내는 힘, 선행의 종자를 심는 힘, 익숙하게 하는 힘, 불선업을 파괴하는 힘, 기원을 발하는 힘, 이 다섯 가지가 있다.

## (1) 살아있을 때 실천하는 다섯 가지 힘

### ① 수행하겠다는 마음을 이끌어내는 힘

오력 중에서 초인력이 가장 중요하다. 아침에 일어나자마자 이번 생, 그중에서도 올해 특히 오늘 이 하루 동안 이기심이라는 원수를 물리치기 위해서 의미 있는 시간을 보내겠다는 마음을 강하게 일으켜서 가슴속 깊이 새겨야 한다. 이런 마음을 가지면 무슨 일을 하더라도 초인력으로 시간을 보내게 된다. 예를 들면, 밥 한 끼를 먹더라도 미리 시간을 정하고 사용하게 된다. 보통 우리는 아침에 일어나 허리띠를 매는 것에서부터 먹고 입는 것 등 이번 생의 행복에만 집착해서 시간을 보내는 것이 일반적이다. 아침에 허리띠를 맬 때마다 "이기심이라는 원수를 물리치기 위해 의미 있는 시간을 보내겠다"라는 것을 기억하고 떠올려서 초인력으로 마음을 온통 수행에 쏟아야 한다.

② 선행의 종자를 심는 힘

하사도에서 말한 것처럼 보리심을 증장하기 위해서 덕을 쌓고 업을 녹이는 행을 모은 일곱 가지를 통해서 공덕 쌓는 것을 말한다. 우리는 공덕을 쌓을 때, 오직 이번 생만을 위해서 행하기 때문에 공덕의 씨앗을 심지 못한다. 그런 쪽으로 빠지지 않는 것이 중요하다.

③ 익숙하게 하는 힘

우리가 '오고 가며 먹고 자는' 평소의 행동 모두를 보리심을 증장하는 쪽으로 활용하여 끊임없이 수행해야 한다. 대보살들이 자신의 머리, 손, 발 등 보시하기 어려운 것들을 보시할 수 있는 것을 살펴보면 이것도 마음이 익숙해졌기 때문에 가능한 것임을 알 수 있다.

처음에는 서툴던 대장장이나 목수도 후에 기술이 익으면 어려움 없이 잘 할 수 있는 것처럼, 자기 몸을 보시하는 것도 익숙해지면 남에게 채소 한 단을 주는 것만큼 쉽게 할 수 있다. 이와 같이 익숙해지면 쉽게 되지 않는 일이 아무것도 없다는 것을 알게 된다.

예전에 위대한 스승들은 말을 탈 때, 한 쪽 발을 걸어서 말 등에 올라타는 순간에도 「보리도차제」 전체를 한 번 꿰뚫는 관상을 할 수 있었다. 이는 그만큼 익숙해졌기 때문에 가능하다. 우리가 차 한 잔을 마셔도 익숙해지지 않으면 어찌 쉽게 마실 수가 있겠는가?

④ 불선업을 파괴하는 힘

이기심이 생길 때마다 즉시 막아야 한다.

마치 도둑이나 강도들을 벌주고 때리는 것처럼 이기심을 정복하는 것이 불선업을 파괴하는 힘이다.

⑤ 기원을 발하는 힘

하루에 어떤 공덕을 쌓더라도 잠 잘 때에는 보리심으로 그러한 공덕을 증장시키고 회향하려는 원력을 세워야 함을 말한다.

이것이 이번 생에 실천할 수 있는 다섯 가지 힘이며, 죽을 때 실천하는 다섯 가지 힘이 있으니 이는 살아 있을 때의 실천과 같지만 방법에는 차이가 있다.


(2) 죽을 때 실천하는 다섯 가지

① 수행하겠다는 마음을 이끌어내는 힘

죽을 때와 중음신 상태에서도 보리심을 여의지 않겠다는 마음을 초인력으로 쏟아야 하는 것을 말한다.

② 선행의 종자를 심는 힘

살아있을 때, 가장 집착했던 물건을 비롯하여 사용했던 모든 것들을 특별하고 귀한 대상에게 공양 올리려는 마음을 내어 애착 없이 행해야 한다. 본인이 죽은 후에 누가 대신 공양을 올려주는 것보다 본인이 죽기 전에 직접 하는 공덕이 훨씬 크다. 이와 같이 마음에서 집착을 버리고 회향하지 않으면 안 된다.

예전에 어느 비구가 자기 발우에 애착을 가지고 죽어서 뱀으로 태어난 것을 부처님께서 숲 속으로 보냈다. 그러자 그 뱀은 화를 내면서 불을 일으켜 그 숲을 다 태워버렸고 본인도 그 불에 타 죽은 후에 삼악도에 떨어졌다고 한다.

또 어떤 사람은 땅 밑에 황금을 숨겨두고 애착을 가진 채 죽은 뒤에 그곳에 뱀으로 태어났다. 몸에 집착해서 죽으면 그 시체 안의 벌레로 태어나는 경우도 있다. 예전에 바닷가에서 어느 여자 시체에 뱀과 같은 긴 벌레가 시체의 눈과 입과 코와 귓구멍을 돌아다니고 있었는데, 이는 그 여인이 자신의 몸에 애착하여 죽을 때조차도 거울을 보면서 자기 몸에 집착하면서 죽었기 때문이라고 한다.

죽을 때 공덕을 쌓고 보리심을 기억하며 발원하면서 죽어야 한다. 몸에 집착하지 않는 것이 가장 중요하다. 예전에 어떤 스님이 죽을 때 돈에 집착하고 죽어서 돈을 숨겨둔 땅 위에 발을 딛고 사는 개구리로 태어났다고 한다. 어떤 사람은 죽을 때 애착이 너무 강해서, 쉽게 숨을 놓지 못하는 경우도 있다. 예전에 버터를 좋아하던 어떤 출가수행자가 버터에 집착해서 숨 놓기가 어려울 때 스승 "궁탕잠빼양"이 좋은 방편으로, "버터에 대한 애착을 버려라. 극락에는 이것보다 훨씬 좋은 버터가 많다."라는 말을 하자마자 곧바로 숨을 거두었다. 누구나 그럴 위험이 있으므로 죽을 때 애착을 버리는 것이 매우 중요하다.

③ 불선업을 파괴하는 힘

죽을 때 깊이 참회하는 것을 말한다. 밀교수행자라면 죽을 때 만다라를 중심으로 관정을 받고, 그 동안 보살계, 밀교계 등을 제대로 지키지 못한 것에 대하여 참회해야만 한다. 그 외에도 다른 모든 범했던 불선업들을 깊이 참회하는 것이 매우 중요하다. 이런 참회는 평소에도 무척 중요하지만 죽을 때 더욱더 중요하다. 왜냐하면 그렇게 하지 않으면 정토에 태어날 원인이 있어도 업식에 가려 그곳으로 가지 못하는 경우가 많기 때문이다.

④ 기원을 발하는 힘

여기서의 원력은 정토에 태어나는 것에 대한 원력이 아니라, 모든 생명의 고통과 업장을 자기가 받으며 보리심이 일어나도록 하는 원력을 말한다.

⑤ 익숙하게 하는 힘

평소 보리심에 익숙해진 그 힘으로 죽을 때 보리심을 관상하면서 떠나야 한다. 그것보다 나은 것은 없다. 이것이 "로죵(마음바꾸기)"으로서, 가장 안전하고 믿을 수 있으며 효과적인 "포와" 수행이다. "로죵 포와 수행"에서는 "힉!"이나 "팻!"이라고 하는 것도 없고 정토에 태어난다는 표현도 없지만, 이와 같은 방법이야말로 가장 수승한 '포와' 수행이다.

죽음에 임하는 자세는 석가모니 부처님께서 열반에 드실 때 한 것처럼, 오른쪽 겨드랑이를 땅에 대고, 사자가 잠자는 형태로 누워서, 자신의 의식을 몸에서 분리시키는 것이 바른 방법이다. 원래 하사도 수행자라면 죽을 때에 귀의하는 마음으로서 의식을 분리시키고, 상사도에서는 보리심을 사유하면서 의식을 분리시켜야 한다. 이와 같이 행하면 정토에 태어나는 특별한 효과가 있다. '체카와' 스승이 입적할 때, "내가 많은 생명을 제도하기 위해서 무간지옥에 태어나게 해달라고 원력을 세웠지만, 그곳에 태어나기보다는 정토에 태어날 징조가 많이 보이는구나!" 하고 말했다.

예전에 어떤 모녀가 강물에 빠져서 떠내려가고 있었다. 그 둘은 서로가 죽지 않기를 바라는 선한 마음으로 죽었기 때문에 둘 다

200

극락에 태어났다고 한다. 그러므로 죽을 때 보리심을 가지면 정토에 태어나는 것은 의심할 필요가 없다. '포와' 수행에서 '힉!'과 '팻!'을 중요하게 여기지만, '힉'자를 많이 수련하여 정수리의 백회가 뚫렸다고 해서 크게 감동 받을 만한 일은 아니다. 그것은 정확한 관상 없이 몸속의 기를 돌리는 것으로도 가능하기 때문이다.

"로종(마음바꾸기)"의 "포와" 수행에는 "힉!"과 "팻!"이 없지만, 이보다 더 나은 것은 없다. 다른 '포와' 수행의 경우 수행에 대한 관정을 받고 실천하더라도 죽을 때 삼악도에 태어나지 않는다고 장담할 수가 없는 일이다. 그러나 위의 다섯 가지 힘에 의지하여 다음 생으로 식이 떠나면 적어도 삼악도에 태어나지 않음은 장담할 수 있다.

3) "로종(마음바꾸기)"에서 닦음의 기준

이는 모든 수행에 대한 핵심을 하나로 꿰기, 두 가지 증명, 늘 행복한 마음 갖기, 산란함 속에서도 닦을 때에 흔들림이 없기, 닦음의 기준이 다름, 닦음의 증거 다섯 가지, 이 여섯 가지로 설명한다.

(1) 모든 수행에 대한 핵심을 하나로 꿰기

부처님께서 설하신 팔만사천 대장경 모두를 다 이기심을 없애는 방편으로 삼을 줄 알아야 한다. 대장경의 모든 내용은 번뇌의 치료제이다. 신통이 아무리 뛰어난 사람이라도 번뇌를 멸하지 못하면 아무 소용이 없다. 독수리도 하늘을 날 수 있고, 쥐도 땅속에 들어갈 수 있으며, 물고기도 물속에서 헤엄칠 수 있다. 그러한 신통들을 가치 있게 여길 필요가 없다. "로종(마음바꾸기)"을 통하여 수행 아닌 것을 알아차려야 하며, 만약 수행한 흔적으로 이기심이 줄어들고 있으면 이것을 계속 닦아 나가야 한다.

## (2) 두 가지 증명

본인과 남이 하는 두 가지 증명이 있어야 한다. 본인이 실천을 바르게 하지 않으면서도 하는 척해서 다른 사람이 그렇게 인정하게 하는 것이나, 계율을 잘 지키지 못하는데도 다른 사람이 좋게 평가하도록 만드는 것을 막아야 한다.

예를 들어 감이 겉으로는 익은 것처럼 보이지만 안은 익지 않은 경우나, 고양이가 쥐를 잡지 않는 척하면서 몰래 잡는 것과 같은 거짓된 행동을 막아야 하는데, 이 "로종(마음바꾸기)"은 그런 식으로 해서는 절대로 안 된다. 밖으로는 부끄러움이 있는 행을 하지 않고, 안으로는 실천함이 가득 차 안과 밖 둘 다 청정히 해야 한다. 우리도 바깥으로 비난 받는 행동을 하지 않도록 조심해야 하며, 자기 자신을 부끄럽지 않게 하는 것이 가장 중요하다.

## (3) 늘 행복한 마음 갖기

물질적인 것이 생기더라도 그것을 더 지키고 늘리려는 잡생각으로 마음을 불편하게 만들면 안 된다. 비록 없어도 찾으려고 교만하지 말고, 그에 대한 허물을 생각해서, 무슨 일이라도 수행의 방편으로 삼아 기쁜 마음으로 만족할 줄 알아야 한다. 칭찬하면 좋아하고, 헐뜯으면 싫어하는 등의 세속의 팔풍에 흔들리지 말아야 한다. 행복과 고통의 원인을 살펴서 불편한 마음을 없애야 한다.

(4) 산란함 속에서도 닦을 때에 흔들림이 없기

훈련을 잘 받지 않은 말을 탔을 때라도 본인이 긴장하고 집중하면 말에서 떨어지지 않지만, 집중하지 않으면 십중팔구 떨어지게 되어 있다. 훈련을 잘 시킨 말 위에서는 긴장하지 않더라도 떨어지지 않는 것처럼, "로종(마음바꾸기)"도 익숙해질 때까지 하지 않으면 훈련이 잘 되지 않는 말을 타는 것과 같다. 마음이 집중되지 않은 상태에서는 작은 일에도 화를 내게 되지만, "로종(마음바꾸기)"을 생각하면 화내는 마음이 사라지게 된다.

"로종(마음바꾸기)"에 익숙해진 사람은 마음을 집중하지 않은 상태에서도 다른 사람이 때리고 욕을 해도 화내지 않는 상태가 되는데, 이것이 "로종(마음바꾸기)"에 익숙해졌는지를 말해주는 기준이라고 한다.

(5) 닦음의 기준이 다름

죽음, 무상, 출리심을 닦는 기준은 이번 생의 집착을 버리는 것과 부귀영화 등 세속적인 것에 마음이 끌리지 않는 것을 말하지만, 여기서는 이기심을 버리는 것이 닦음의 기준이다.

(6) 닦음의 증거 다섯 가지

고통과 해침 등 무엇이 생기더라도 번뇌로 마음을 슬프게 하지 않으며, 참을 수 있는 큰 인욕, 이타심을 가진 큰 마음, 십법행十法行의 실천에서 벗어나지 않는 대수행자, 불선업의 미세한 것도 짓지 않고 계율을 지키는 대지율자, 대승의 도를 바르게 닦는 대유가행자, 이

다섯 가지는 '로종(마음 바꾸기)'을 관상해야만 가능한 것이다.

4) "로종(마음바꾸기)" 수행을 하면서 지켜야 할 18가지

(1) 수행을 다짐해 놓고 어겨서는 안 된다.
  '로종(마음바꾸기)'을 수행한다고 해서 마음대로 해서는 안 되며,
이에 핑계를 대고 계율이나 다른 작은 가르침도 무시하지 말아야
한다.

(2) 수행을 한다고 해서 마음대로 행동해서는 안 된다.
  '로종(마음바꾸기)'을 수행한다고 해서 마음대로 해서는 안 되며,
이에 핑계를 대고 자신은 이기심이 없는 척하면서, 사람이나 사람
아닌 것에 해를 끼치는 일 등을 조심해야 하며, 그들에게 마음대로
행동하지 말아야 한다.

(3) 수행을 할 때 한결같이 해야 한다.
  '로종(마음바꾸기)' 수행을 어떤 때는 하고, 어떤 때는 하지 않는
등의 변덕을 부리지 말아야 한다. 친척에게는 인내할 수 있으나 원수에
게는 인내할 수 없고, 사람에게는 인내하지만 사람 아닌 것에는 인내할
수 없는 등의 행동을 하지 말아야 한다.

(4) 거친 마음을 그대로 두지 말고 선하게 계속 발전시켜야 한다.
  가능하다면 하루 안에, 잘 안 되면 한 달 안에, 그것도 어려우면

적어도 일 년 안에 고칠 수 있는지를 보면서 닦아야 한다. 그렇게 고치려는 마음을 먹지 않으면, 출가하거나 불교에 입문하여 나이를 먹어도 출가나 입문하기 전의 마음이 그대로 남아 있게 된다. 집 뒤에 있는 커다란 바위처럼 그냥 두지 말고 바로 고쳐야 한다. 어떻게 고쳐야 하는지를 보면 보리심, 출리심, 무상 등으로 자신의 거친 마음을 바꾸어야 한다.

한편 바깥으로 드러내기 위해서, 안으로 하는 공부나 수행은 반 푼어치도 없으면서 밖으로 눈을 지그시 감고서 수행하는 체하는 가시적인 행동은 하지 말아야 한다.

오직 실질적인 경험과 발전하겠다는 마음으로, 바깥으로는 수행을 드러내지 말고 아무도 모르게 공부하면서 지내야 한다. 인도의 대학자 "빨덴다와"도 보통의 학자로밖에 보이지 않았지만, 안으로는 소의 그림에서 우유를 짤 수 있을 만큼의 성취자였다. 그분들은 외형적으로 수행의 정도를 드러내지 않았다.

"까담"의 스승들도 지속적으로 수행만 했을 뿐이다. 명예나 이름이 알려지는 것에 초연했던 그분들의 행동을 따라야 한다.

만약 우리가 보석이나 여의주를 갖고 있다 해서 그에 대한 자부심으로 남에게 보여준다면 소문이 퍼져서 장애가 많아지고 위험해진다. 보통의 세속적인 사람들처럼 이번 생에만 집착하여 수행한다면 이런 형식적인 모습에 빠지는 경우를 많이 볼 수 있다. 그렇지 않고 "까담"의 스승들이 한 것처럼 항상 숨어서 해야 한다.

※ 십법행＝대승의 경법을 써서 지니고, 공양 올리며, 남에게 은혜

를 베풀고, 다른 설법을 청문하며, 스스로 숙독하며, 요점을 받아들이며, 독송하며, 남을 위해 널리 가르치며, 혼자서 잘 생각하며, 닦고 배우는 것 등을 말한다.

(5) 다른 사람의 결점을 말하지 말아야 한다.

특히 장애인들에게 부족한 것을 말하지 말아야 한다. 우리는 남의 허물을 비난하거나 들추어내기를 좋아하는데, 그러지 말아야 한다. 만약 우리가 자기 자신을 높이고 다른 사람들을 비난하며 놀리는 등 업신여기는 뜻으로 말을 한다면 이는 수행이 무엇인지 모르고 행하는 허물이다.

(6) 남의 결점이나 허물을 살피지 말고 자기 허물만 살펴야 한다.

다른 사람의 허물과 결점이 드러나기를 기다리고 지켜보아서는 안 된다. 그렇지 않으면 친구나 같이 사는 주변 사람들의 허물이나 약점만 갖게 되며, 결국 부처님의 허물까지 찾으려고 할 것이다. 그러다보면 본인도 모르게 다른 사람을 무시하거나 욕하게 되고 허물을 보게 되는 사건이 생기므로 이런 행동을 하지 말아야 한다.

그보다는 오직 자신의 허물만을 지켜보면서, 마치 아슬아슬한 절벽을 따라 걸어갈 때 주변에 무슨 일이 일어나더라도 주의를 기울이지 않는 것처럼, 눈길을 자기 안으로 돌려서 자기 자신이 쓰러지지 않도록 해야 한다.

(7) 번뇌 가운데 가장 강한 것부터 닦아야 한다.

누구나 크고 작은 번뇌를 갖고 있는데, 그 번뇌의 종류와 강도는 사람에 따라 조금씩 다르다. 주된 번뇌로는 탐욕, 성냄, 어리석음, 교만, 의심 등을 들 수 있다. 자신의 안을 들여다보아서 어떤 것이 가장 강한지를 가려내고 치료제로써 그것을 닦아야 한다.

예를 들어 탐심이 강하면 부정관을 치료제로 삼아 즉시 닦아야 하는 등 앞에서 설명한 것들을 참고하여 닦도록 한다.


(8) 보상을 바라지 말아야 한다.

우리가 한 가지를 수행하더라도 보상을 바라거나 좋은 과보를 바라지 말아야 한다. 보리심을 키우려고 수행하는 것은 모든 중생을 이롭게 하기 위함이지 보상을 바라는 것이 아니다. 그와 같이 바라는 마음으로 수행한다면 이는 불순한 수행일 뿐이다. 다만 모든 이들이 행복을 위해 수행을 진지하게 하는 데에 의미를 두어야 한다.


(9) 독이 있는 음식은 버려야 한다.

이기심이라는 독이 섞여 있는 수행의 음식을 먹지 말아야 한다. 이처럼 번뇌가 생겼을 때 치료제를 사용하지 않은 채로 수행하지 말아야 한다. 수행할 때, 자기에게 집착하는 어리석음의 독과 자기만을 위하는 어리석음의 독이 스며 있지 않은지를 분명히 알아차려야 한다. 자기 집착이라는 독이 수행에 스며들어 있으면 즉시 무상함을 치료제로 써야 하며, 자기를 위하는 어리석음의 독이 스며들어 있으면 이타심과 보리심을 치료제로 써야 한다.

(10) 고통을 다정하게 섬기지 말아야 한다.

　다른 사람들이 나를 괴롭히더라도 그 고통을 당할 필요는 없다. 그렇다고 상대방에게 보복을 하라는 뜻은 아니다. 예를 들어 어떤 사람이 자기에게 '개새끼'라고 욕을 한다 해서 그 사람에게 '강아지'라고 하거나, 자신을 누가 한 대 때린다 해서 그 보복으로 두 대를 때리는 등의 행동을 하지 말아야 한다. 이와 같이 자기 자신에 대해서는 다정한 태도를 결코 취하지 말 것이며 반대로 다른 사람들에게는 부드럽게 대해야 한다.


(11) 심술궂은 농담에 냉정해야 한다.

　누군가가 놀리거나 모욕을 줄 때, 맞받아서 비꼬거나 욕을 해서는 안 되며, 인욕으로 받아들여야 한다.


(12) 앙심을 품고 벼르지 말아야 한다.

　다른 사람에게 복수하기 위해서 길목에서 해칠 기회를 기다리는 등의 행동을 하지 말아야 한다. 입으로는 미소를 지으면서 속으로는 화가 나 나쁜 생각으로 가득한 그런 짓을 하지 말아야 한다. 세속적인 어리석은 사람들은 이러한 행동들을 좋게 생각하는 경우도 있지만, 이런 세속적인 일들은 수행과는 거리가 멀기 때문에 이러한 상황을 만났을 때 오히려 자신을 자세하게 살펴야 한다.


(13) 남의 약점을 찌르지 말아야 한다.

　다른 사람의 큰 허물을 알게 되었을 때, 남들 앞에서 비난하지 말아야 한다. 우리는 모질게 가시 돋친 말로 남의 가장 아픈 약점을 찔러서 해를 주는 경우가 자주 있다. 이처럼 고의로 독한 말을 하거나 저주하는 주술로 인간이나 인간 아닌 다른 존재를 해치려고 하지 말아야 한다.

(14) '조'의 짐을 황소에게 지우지 말아야 한다.

자기가 저지른 일을 다른 사람에게 덮어씌우지 말아야 한다. '조'란 티벳의 야크와 보통암소와의 혼혈인데, 기운이 세어 밭을 간다든가 무거운 짐을 먼 곳으로 나르는 등의 힘든 일에 쓰임새가 크다. 그러므로 만약 여느 황소에게 조가 질 수 있는 짐을 지우면 견뎌내지 못한다. 이와 마찬가지로 조금 바보스럽고 남의 악의를 잘 알아차리지 못하는 사람들에게 너무 힘든 일을 떠맡기거나 자기가 저지른 일을 덮어씌우는 따위의 나쁜 짓을 해서는 안 된다. 이러한 행위는 일시적으로 힘을 덜 수는 있겠지만, 언젠가는 반드시 그 짐이 더 커서 본인에게 돌아오게 됨을 알아야 한다. 인과의 법칙은 어긋나는 경우가 없기 때문이다.

(15) 마지막 순간의 질주로 경쟁에서 이기지 말아야 한다.

누군가와 함께 어떤 일을 할 때, 처음에는 비슷한 힘으로 어울려서 일을 해나가다가 마지막에는 안간힘을 써서 혼자 이익을 차지해버리는 짓과 같은 행동을 하지 말아야 한다. 그러한 짓은 아무리 훌륭한 업적을 쌓더라도 이기심의 발로일 뿐이다.

수행은 이기심을 없애기 위한 것이지 다른 귀신 등의 해침을 막고 공양을 받기 위해서나 명예 등을 얻기 위해 하는 것이 아니다.

(16) 교활하게 배신하지 말아야 한다.

어떤 경쟁에서 결국 자신이 승리할 것임을 뻔히 알면서도 처음에 교활하게 뒤로 처져서 상대방으로 하여금 방심하게 하는 것과 같은 짓을 하지 말아야 한다. 또는 공동의 물건들을 개인적으로 갖고자 하거나 제일 먼저 얻었으면 하는 마음을 내지 말아야 한다.

(17) 선신을 잡귀신으로 낮추지 말아야 한다.

남의 눈에는 보리심을 가꾸고 있는 것처럼 보여지면서도 속으로는 허전함과 괴로움만 더하고 있다면, 이는 바로 선신을 잡귀신의 차원으로 낮추는 꼴이 된다. 예를 들어 겉으로는 올바르게 수행하고 있는 듯이 보일지라도 안으로는 자신이 이룩한 일에 대하여 자만심을 키운다. 그렇다면 이는 스스로 타락의 길을 걷는 것일 뿐이다. 이처럼 '로종(마음바꾸기)'이 이기심의 치료제가 되지 못하고, 오히려 이기심을 키우는 꼴이 되는 것처럼, 선신을 잡귀신으로 낮추지 말아야 한다.

(18) 행복을 차지하려고 남에게 슬픔을 주지 말아야 한다.

자기 행복을 위해서 자기가 싫어하는 사람이 잘못 되었으면 하는 마음이나 빨리 죽었으면 하는 등의 마음을 내지 말아야 한다. 그와 같은 그릇된 모든 태도는 다만 자기를 위하는 이기심만 키워주는 것일 뿐, 수행에는 전혀 도움이 될 수 없음을 명심해야 한다.

이와 같이 열여덟 가지가 '로종(마음바꾸기)'의 다짐이자, 곧 계율에 해당된다.

## 5) '로종(마음 바꾸기)' 수행에서 배워야 할 스물두 가지 실천

### (1) 배운 내용 모두를 하나로 귀결시켜야 한다.

먹고, 말하고, 잠자며, 걷는 일상의 모든 행위를 헛되이 하지 말아야 한다. 모든 행위를 하나의 행위, 즉 보리심을 가꾸는 행위가 되도록 해야 한다. 다양한 선행을 하지 않더라도 생활의 모든 순간을 '자타 바꾸기'의 마음 하나로 묶는다. 자신의 몸을 중생에게 바쳤으므로 중생의 일을 하기 위해서 이 몸을 키우겠다는 마음을 가져야 하며, 다른 행동도 모두 그와 같이 해야 한다. 기도하거나 수행하는 것들도 당연하게 그러한 마음으로 해야 한다.

### (2) 모든 장애를 하나로 묶어서 조복시켜야 한다.

수행을 하다 보면, 다른 사람들과 사람 아닌 것들의 장애를 견뎌야 하는 상황에 부딪히게 된다. 그럴 때 보복을 생각할 것이 아니라 보다 높은 뜻을 가져야 한다. 우리를 괴롭히는 그들에게 오직 따뜻한 사랑을 돌려주어야 하는 것이다.

마음속이 심한 산란심으로 괴로울 때는 수행을 하기 전에 멋대로 방일하면서 살았던 것들을 기억해서, 그로 인해 윤회의 고통에서 벗어나지 못한 것을 떠올려야 하며, 그 흐름을 멈추도록 바로 지금 정복해야 한다. 의사가 약으로 고칠 수 없는 환자에게는 피를 뽑고

부항을 뜨는 것처럼, 병과 모든 번뇌의 치료제인 '자타 바꾸기', 이기심
을 이타심으로 바꾸는 것만으로도 모든 문제를 해결할 수 있다.

(3) 처음과 마지막에 해야 할 일이 있다.

　마음 동기와 회향은 모든 수행의 시작과 끝이다. 아침에 일어날
때는 모든 행위를 가장 높은 보리심을 키우는 데 집중하겠노라는
강한 마음 동기를 가져야 한다. 하루가 끝날 때는, 그날 한 행위들에
대해서 생각하고 잘못된 점이 있으면 반드시 참회하도록 해야 한다.
낮 동안은 용맹심을 가지고 시간을 보내고 있는지 아닌지를 스스로
살피는 것이 중요하다.

(4) 좋은 일이든 나쁜 일이든 모든 상황을 이겨내야 한다.

　행복하거나 고통이 따르거나 무슨 일이 생기더라도 '로종(마음바꾸
기)' 실천을 버리지 말아야 한다. 어떤 이들은 재산이 조금 생기면
좋아서 수행하는 것을 버리는 경우가 있다. 어떤 이는 원수에게 해침을
당하면 그 고통 때문에 수행하지 못하는 경우도 있다. 어떤 경우라도
'마음 바꾸기' 수행을 버리지 말아야 한다.

(5) 수행과 '로종(마음바꾸기)'의 다짐을 목숨처럼 지켜야 한다.

　대승의 길을 따르는 자라면 반드시 수행과 '로종(마음바꾸기)', 이
두 가지를 자신의 목숨보다 더 소중하게 지켜야 한다. 목숨과 가르침
가운데 어느 한 쪽을 택해야 할 상황에 부딪히면 법을 버리기보다는
서슴없이 목숨을 버릴 수 있어야 한다. 비록 찰나에 삶을 잃게 된다

할지라도 보리심을 죽이는 어리석은 짓을 하지 말아야 한다. 이는 목숨을 버리는 것보다 훨씬 나쁜 일이다.

(6) 세 가지 어려움을 이겨내는 수행을 해야 한다.

번뇌를 알아차리기 어려움, 치료제를 사용함, 어려움과 번뇌를 버리기 어려움, 이 세 가지를 잘 알아서 배워야 한다.

(7) 세 가지 으뜸가는 원인을 지어야 한다.

좋은 스승을 찾음, 마음으로부터 실천할 수 있게 함, 내부적으로나 외부적인 수행 조건을 모두 갖춤, 이 세 가지를 갖추기 위한 기도를 해야 한다.

(8) 세 가지 흔들림 없는 태도에 대해 기억해야 한다.

스승을 존경하며 항상 흔들림 없는 헌신의 마음을 지녀야 한다. '로종(마음바꾸기)' 실천에 흔들림 없는 기쁨과 행복을 느껴야 한다. 그리고 정지正知로서 이 모든 것을 지키며, 가장 작은 벌레에 이르기까지 모든 감각 있는 중생들을 돕겠다는 흔들림 없는 서원을 지녀야 한다.

* 정지=심소 중의 하나, 자신의 몸과 마음을 쉼 없이 살펴 관찰하는 것.

(9) 세 가지 갈라놓을 수 없는 것을 지녀야 한다.

 몸과 말과 마음을 그냥 두지 말고 항상 선행하는 쪽으로 유도해야 한다. 절하고 탑돌이하는 것뿐만 아니라 앉는 자세를 바르게 하는 것 등도 몸으로 쌓는 선행이다.


(10) 모든 사물에 대하여 결코 치우침 없는 마음으로 대해야 한다.

 '로종(마음바꾸기)'의 대상을 원수니 친척이니 해서 분별하지 말아야 하며, 생명과 생명 아닌 것 등에 차별 없이 마음을 바르게 닦아야 한다. 특히 인내심이 생기기 어려운 대상과 스승, 부모, 친구 등을 따로 관상의 대상으로 삼아 각각 마음을 닦아야 한다.


(11) 모든 방편을 깊고 넓게 쓰도록 힘써야 한다.

 보리심을 일으키기 위해서 우리가 배우는 모든 가르침을 생명 있는 것들과 모든 현상에 전부 적용시켜야 한다. 육도의 모든 중생들이 따뜻한 자비와 친절의 대상이 되어야 하며, 우리의 감각을 통해서 받아들이는 어떠한 경험도 다 그대로 '로종(마음바꾸기)'의 과정이 되도록 해야 한다. 그처럼 삶의 모든 상황을 슬기롭게 전환할 수 있다면 수행의 핵심을 강화시켜 나갈 수 있는 지속적인 기회를 제공하는 무수한 실례들을 생활 속에서 찾을 수 있다.


(12) 항상 가까운 관계에 있는 사람들에 대해서 관상해야 한다.

 함께 공부하는 친구나 부모 형제 등 가까운 관계와 우리에게 사랑과 친절을 많이 베풀어 주는 사람들에 대해서 마음에 걸림이 생기는 것을 특히 주의 깊게 살펴야 한다. 가까운 사람일수록 미움과 경멸의 감정이 생기기 쉬운데, 그것은 관계가 먼 사람들에 대해 느끼는 것보다 훨씬 극단적인 결과를 낳게 된다.

또한 우리와 동등하거나 경쟁하는 사람을 비난하고 모욕하거나, 부당하게 해를 입히는 사람들에 대하여 마음 다스리기에 각별히 힘써야 한다. 나아가 이유 없이 싫은 감정이 드는 사람에 대한 마음의 움직임에 대해서도 비록 직접 접촉이 없는 경우라 할지라도 항상 주의 깊게 살펴야 한다.

(13) 환경에 연연하지 말아야 한다.

먹을 것, 입을 것들이 다 갖추어져야만 수행하겠다는 생각은 버리고, 갖추어지지 않았더라도 그에 연연하지 않고 수행해야 한다. 그렇지 않으면 먹을 것이나 입는 것이 풍부할 때는 수행자처럼 보이지만 조금 아프거나 좋지 않은 일이 생기면 보통사람들이나 다름없게 된다. 그와 같이 되지 않도록 노력해야 한다.

(14) 바로 지금 온 힘을 다 쏟아야 한다.

수행하기 좋은 조건을 모두 갖추기란 극히 어렵다. 대수롭지 않은 세속의 일에서도 자신에게 어떤 기회가 주어졌을 때 놓치지 않으려는 것과 같이, 수행을 할 때도 지금 이만큼의 조건을 갖추었을 때 슬기롭게 활용하지 못한 채 지나쳐 버려서는 안 된다.

(15) 뒤바뀐 행위를 따르지 말아야 한다.

이번 생만을 위해서 수행하지 말아야 하며, 이번 생보다는 다음 생을 위해서, 세속적인 일보다는 수행을 위해서, 다른 여러 가지 수행보다는 '로종(마음바꾸기)' 수행을 주로 해야 한다. 그렇게 앞뒤가 뒤바뀐 수행을 하지 말아야 한다.

* 앞뒤가 뒤바뀐 여섯 가지

첫째, 수행하는 데 참을성 없이 쉽게 피곤해 하고 고행을 참지 못하면서, 오히려 세속적인 일에 참을성이 있는 경우는 앞뒤가 뒤바뀐 인욕이다.

둘째, 듣고 생각하고 닦는 등 수행에 관심을 가지기보다 세속의 말과 장사하는 것, 전쟁 이야기 등을 나누고 즐기는 것은 앞뒤가 뒤바뀐 관심이다.

셋째, 죄인들에 대한 연민을 사유하기보다 고행하는 수행자들을 불쌍하게 여기는 것은 앞뒤가 뒤바뀐 연민이다.

넷째, 청정한 수행을 성취하는 쪽으로 서원을 세우기보다 세속의 행복이나 또는 물질적인 것을 부러워하고 그렇게 되기를 바라는 것은 앞뒤가 뒤바뀐 서원이다.

다섯째, 자기에게 의지하는 주변 사람들을 다음 생에 도움이 될 수 있는 수행과 연결시키지 않고, 장사하거나 다투는 등 다음 생에 도움이 되지 않는 것을 가르치는 것 등은 앞뒤가 뒤바뀐 이끎이다.

여섯째, 자기 공덕과 남의 행복에 대하여 수희하지 않고, 원수의 고통을 보고서 기뻐하는 것은 앞뒤가 뒤바뀐 수희이다. 예전에 어떤 비구는 자기가 미워하는 다른 비구가 비구계를 파하는 것을 보고 기뻐하였는데, 그것을 스승 '뽀또와'가 듣고 비구계를 파하는 죄보다 그것을 기뻐하는 죄가 더 무겁다고 말했다.

(16) 산만하게 하지 말아야 한다.

어떤 때는 우리가 귀한 법을 들음으로써, 말뚝신심이 생겨 며칠 동안 밤낮없이 먹지도 않으며 수행하다가도, 제풀에 금방 지쳐서 다시는 수행하지 않는 어리석은 짓은 하지 말아야 한다.

(17) 자신의 능력을 과소평가하지 말아야 한다.

본인이 어떤 일을 해낼 능력이 있는지 없는지를 저울질하고서, 능력이 없다고 움츠러드는 짓을 하지 말아야 한다. 오히려 어떤 일이든 이로운 일에는 서슴없이 온 힘을 쏟아야 한다. 수행자는 마치 전혀 두려움이나 망설임 없이 어떤 임무에도 과감하게 나서는 용사와 같아야 한다. '로종(마음바꾸기)'을 실천하여 마음속으로 스스로 무능하다고 여기는 모든 미혹을 뿌리 뽑는 것이 중요하다.

(18) 살피고 따져서 자유로워져야 한다.

어떤 감정의 설레임이 얼마나 자주 강하게 일어나는지를 가려야 하며, 설레임을 불러일으키는 대상이 무엇인지를 분명히 알아내어야 한다. 이러한 두 가지 방법에 의해서 설레임이 이는 것을 스스로 멈출 수 있게 되며, 그것이 바로 자유롭게 풀려나는 것임을 알아야 한다.

(19) 허풍 떨지 말아야 한다.

그저 조금 수행하고서 남에게 마치 큰일이나 해낸 것처럼 자랑하는 것은 수행과 한참 거리가 먼 일이니 반드시 삼가야 한다.


(20) 앙갚음하지 말아야 한다.

남들이 아무리 해치거나 미워하더라도 앙갚음하지 말고 인내로 닦아야 한다. 마찬가지로 노여움을 억지로 누르고 장래에 복수하려는 욕망을 쌓으면서 자꾸 남에게 해를 입힐 기회를 보지 않도록 해야 한다.


(21) 변덕을 부리지 말아야 한다.

마음의 벗에 대해 처음에는 사랑을 느끼다가 갑자기 그를 싫어하고 경멸하는 등의 변덕을 부리지 말아야 한다. 한결같지 못한 마음은 결코 수행에 도움이 되지 못한다.


(22) 감사하는 마음을 버리지 말아야 한다.

다른 사람들을 도울 때는 항상 모든 존재들이 우리의 행위를 통해 이익과 복을 받게 되도록 순수한 마음으로 해야 한다. 주는 데 대해 감사나 칭찬을 받고자 하는 생각이나 기대가 거기에 끼어들어서는 안 된다.


이것이 '로종(마음바꾸기)' 수행에서 배워야 할 스물두 가지이다. 이와 같이 행하면 수행하는 데 있어서 모든 장애물들이 없어지고,

깨달음의 길로 나아가게 되어 수행을 성취할 수 있게 된다. 이 비법은 '아띠샤'의 스승이신 '쎌링빠'로부터 그 맥이 이어진 것이다.

발심하여 수행하는 방법

예를 들어 다른 나라로 여행을 떠날 때, 비록 준비를 하였더라도 그 나라로 들어가지 않으면 그곳에 도착할 수 없는 것처럼, 보리심을 일으키고 나서도 행하지 않으면 부처님의 경지에 이를 수 없으므로 그렇게 행하는 방법을 배워야 한다. 부처님의 몸인 색신과 부처님 마음인 법신, 이 두 경지에 이르기 위해서는 복덕자량과 지덕자량을 함께 닦아야 한다. 이는 방편인 보리심과 지혜인 공성이 둘 아님을 알아서 이 둘을 늘 함께 닦아야 함을 말한다. 보살들의 행을 모두 모아보면 방편과 지혜, 두 가지가 항상 함께함을 볼 수 있다. 방편은 '육바라밀' 중에서 보시, 지계, 인욕, 정진, 선정까지를 말하며, 지혜는 '육바라밀' 중에서 마지막은인'지혜편'을 말한다.

발심하여 수행하는 방법으로는 자기 마음을 익히기 위해서 육바라밀을 닦는 법, 다른 사람을 이끌기 위하여 사섭법을 행하는 법, 금강승의 가르침을 배우는 방법, 이 세 가지가 있다.

* 금강승 – 금강처럼 견고한 최상의 가르침이란 뜻으로, 소승 대승에 견주어 금강승이라고 하며, 현교를 인승이라고 하는데 견주어 과승, 또는 밀승이라고도 한다.

## 육바라밀을 닦는 법

이는 공통적인 보살행을 배우는 방법과 육바라밀 중에서 특히 선정과 지혜를 닦는 방법, 이 두 가지가 있다.

### 1) 공통적인 보살행을 배우는 방법

이는 보시바라밀, 지계바라밀, 인욕바라밀, 정진바라밀, 이 네 가지를 실천해야 한다.

### (1) 보시바라밀

자기 몸, 물질, 자기가 쌓았던 공덕까지 베푸는 마음이 보시의 실제이다. 보시는 재시, 법시, 무외시, 이 세 가지로 설명한다.

### ① 물질적인 것을 공양 올리는 재시

자기의 가장 소중한 목숨을 주는 것에서부터 아주 적은 물 한 모금을 주는 것까지를 말한다. 우리가 전생에 인드라와 같은 신이나 전륜성왕으로 태어났을 때, 비록 부유했지만 보시하지 않음으로써 의미 있고 핵심적인 어떤 일도 이룬 것이 없었기 때문에 지금의 이 상태로 머물러 있는 것임을 생각해야 한다.

그러므로 이번 생에 보상이나 과보를 전혀 바라지 않고 보시해야 한다. 가난한 사람들과 작은 개미들에게조차 비록 한 입에 떠 넣을 만한 작은 양이라도 보리심으로 보시하는 것이 보시바라밀의 실천이며, 그것이 바로 보살행이다. 보시의 과보가 줄어들지 않게 하기 위해서는 보시할 대상을 만족시켜야 한다. 우리는 삼보에 큰 공양을 올리더라도 상을 내어서 하기 때문에 일을 그르치곤 하는데 이는 청정하지 못한 보시이다.

보시하고 나서 '내가 많이 주는 것은 아닌가?'라거나, '보시할 대상이 틀렸다. 내가 잘못 준 것 같다.'는 등의 후회하는 짓을 하지 말아야 한다. 공양 올리거나 보시를 행하는 처음과 끝에 중생을 위해서 하는 마음동기를 잘 짓고, 확고한 발원을 하면서 크고 작은 어떤 보시를 하거나 봉사하는 경우에도 보답을 바라지 말아야 한다.

② 법과 관련된 것들을 공양 올리는 법시

이 보시는 다른 어떤 보시보다도 으뜸이다. 경전을 암송하거나 배울 때도 주변의 신들과 일체중생들이 함께 듣고 있다는 생각으로 법을 보시한다. 그때 법의 소리를 들은 작은 벌레의 마음에도 훈습이 생기게 되는 것은 물론이다.

그렇지 않고 염불이나 수행할 때에 남들에게 보여주기 위해서 하거나 오로지 보상을 받으려고 하는 것인지 살피고 조심해야 하다. 왜냐하면 이는 은혜로운 석가모니 부처님께서 한 생에 깨달을 수 있는 방편으로 밀교와 같은 귀한 법을 설하신 것을 우리가 직업처럼 여겨서 법을 파는 행위가 되기 때문이다. 이는 왕을 용상에서 내려오게 해서 청소 등 잡일을 시키는 것과 같게 되니, 법을 보시할 때는 좋은 마음동기로 행해야 한다.

법을 설하는 것은 물론이고, 대화를 나눌 때도 수행 이야기를 통해서 수행할 수 있도록 이끈다면 이 또한 법시에 해당한다. 출가자들은 주로 법시를 행하면서 그와 더불어 자기에게 청정한 물질이 생기면 재시도 행해야 한다. 그렇지만 '까담'의 스승 '샤라와'께서는 출가자들에게, "내가 당신들에게 보시의 공덕은 말하지 않겠다. 그것은 집착이라는 죄를 말하는 것이기 때문이다."고 하셨다.

\* 훈습 — 향기를 옷에 배게 하는 것과 같이 우리의 몸과 입으로 표현하는 선, 불선이 말이나 행동, 또는 뜻에 일어나는 선·불선의 생각 등이 일어나는 그대로 없어지지 않고, 반드시 어떠한 인상이나 세력을 자신의 심체에 머물러 두는 작용.

③ 두려움 없는 상태를 만들어 주는 무외시

감옥에서 고통 받고 있는 중생을 풀어줌과 물에 빠져 있는 생명을 건져줌 등을 말한다. 여름이나 겨울에 벌레들을 더위와 추위에서 구제해 주는 것도 무외시에 해당한다. 무외시가 멀리 있다고 생각하지 말아야 한다. 자기 몸에서 자라는 '이'와 같은 벌레에게도 이를 행할 수 있다. 물에 빠져 있는 벌레들을 보았을 때 손을 조금 움직여 건져내는 것만으로도 무외시를 행할 수 있다. '로종(마음바꾸기)' 수행에서 주는 것을 관상함도 이 보시의 실천에 해당한다.

'육바라밀'을 닦는다고 말하는 것은 『입보리행론』에서,

"만약 모든 중생이 가난에서 벗어났을 때라야,

보시바라밀을 닦은 것이라고 한다면,

아직도 가난한 사람이 많이 남아 있으니

어찌 부처님께서 보시바라밀을 닦았다고 할 수 있겠는가?"

라고 하였듯이 중생들을 가난에서 벗어나게 한 것만으로 보시바라밀을 말하는 것은 아니다. 성문, 연각, 아라한들도 아까워하는 마음을 갖고 있지는 않지만 그것을 보시바라밀이라고 할 수 없다.

　『입보리행론』에서는,

　"모든 물질에 대한 집착을 버리고

　일체중생에게 보시하는 마음

　이를 보시바라밀이라고 이르니

　오직 그와 같은 마음이어야 한다."

　라고 하였듯이, 보시행의 이득과 손실을 살펴서 자신의 몸과 재물, 공덕에 집착하지 않고, 마음으로 보시한 공덕까지 남에게 보시하는 것이야말로 완전히 익숙해진 보시바라밀이라고 할 수 있다.

　마음으로부터 항상 베푸는 것을 관상하는 것도 중요하다. 출가자들은 어떤 가난한 사람이 가사를 달라고 해도 당장 줄 수 있는 마음자세가 되어야 한다. 이 또한 경험하고 마음에 익숙해지는 데에 달려 있으므로, 아주 작은 것에서부터 차례로 닦아야 한다. 나중에 자기 몸도 줄 수 있는 경지에 이를 때까지 베푸는 마음을 계속 키우는 것이 중요하다. 그러한 마음을 키우는 방법은, 우리가 죽으면 갖고 있던 것을 하나도 가져갈 수 없음을 생각하고, 몸조차도 버리고 가야 하는 무상에 대해 사유하는 것이다. 마음 깊은 곳에서 다른 사람에게 베풀겠다는 관상을 한다면 집착으로 인하여 짓는 업이 작아지고 보시바라밀을 실천하는 것이 된다. 마음에서만 보시하는 것으로 만족하지 말고, 반드시 밖으로 실천하도록 하여, 길에서 거지가 달라고 했을 때 조금이라도 베푸는 것이 좋다. 비록 보시할 재화가 없더라도 청정하지 못한 방법으로 구한 것을 보시해서는 안 된다.

　원래 '육바라밀' 중에서 처음 세 가지인 보시, 지계, 인욕은 주로 재가자들이 실천하는 것이라고 부처님께서 말씀하셨다. 하지만 익숙해지지 않은 상태에서 직접 자기 몸을 보시하지 말아야 한다. 나중에 보시에 완전하게 익숙해진 경지에 이르면 『입보리행론』에서 말한 것처럼, 몸을 베푸는 것도 채소 한 단을 주듯 가벼운 것이 된다. 또 출가자인 경우 자기 가사나 법복, 일반 재가자인 경우 출가자들에게 저녁 공양을 올리지 말아야 한다. 오신채 등을 가리는 청정한 수행자에게는 마늘이나 양파 등 고약한 냄새가 나는 것을 공양 올리지 말아야 한다. 죽고 싶어 하는 사람에게 독이나 무기를 보시하지 말아야 한다. 준비가 되어 있지 않은 사람에게 밀교를 설하지 말아야 한다. 불법과 많은 이들을 해치고도 개전의 정이 없는 죄인을 감옥에서 풀어주지 말아야 한다. 마음 깊은 곳에서 남을 위해 보시한 화를 냄으로써 타버리는 일로부터 지켜야 한다. 이번 생의 행복만을 바라는 것과 다음 생에 삼악도에서 벗어나고자 하는 등의 좋지 못한 마음동기가 아닌 청정한 마음동기로 보시해야 한다.

(2) 지계바라밀

　남을 해치는 것으로부터 마음이 정화됨과, 그에 익숙해지도록 완벽하게 닦음이 지계바라밀이다. 지계는 섭율의계, 섭선법계, 섭중생계, 이 세 가지로 설명한다.

① 소극적으로 악을 막아 스스로를 이익 되게 하는 섭율의계

보살계, 별해탈계, 밀교계, 이 삼종계 등을 말한다. 보살계를 받는 사람은 반드시 별해탈계가 필요하다고 '아띠샤'가 말한 것은, 밀교수행을 하기 위해서는 별해탈계를 받은 자가 최고이기 때문이다. 이는 밀교수행을 하기 위해서는 보리심을 닦는 자를 최고로 여기는 것이기 때문이지 단지 보살계를 받기 위해서 반드시 별해탈계가 필요한 것은 아니다.

별해탈계를 지니고서 보리심을 닦는 자라면 별해탈계에 나오는 공통적인 계율을 열고 닫을 때 반드시 지켜야 할 계율을 스스로 알아차리면서 보리심을 행해야 한다. 별해탈계를 받은 자가 아닐 경우 계율을 열고 닫을 때의 계는, 십계를 말하는 것이다. 보살이 지키는 십계와 별해탈계는 상충되는 부분들이 있기 때문이다.


* 별해탈계 − 바라제목차를 말함, 요컨대 해탈한다는 뜻으로 계율을 말하며, 통상적으로 비구, 비구니계를 지칭함


② 적극적으로 모든 선을 행하여 스스로를 이롭게 하는 섭선법계

보살계를 지닌 자가 특별하고 귀한 대상에게 절을 올리거나 공양 올리고 시봉하거나 기도하는 것 등과, 듣고 생각하며 닦거나 가르치는 등의 신·구·의로 짓는 모든 선행과, 자기와 남의 마음을 닦기 위해서 하는 모든 '육바라밀'의 행이 이에 해당한다.

보살들의 모든 행은 세 가지 지계에 모두 포함된다. '람림'의 모든 내용도 세 가지 지계를 더욱 발전시킨 것이다.

③ 일체중생을 이롭게 하는 섭중생계

보살의 사섭법 등을 말한다. 중생을 도와주는 방법은 행으로 고통에서 벗어나도록 도와줌, 방편에 무지한 것에서 벗어나도록 도와줌, 이득이 되도록 도와줌, 더럽거나 위험한 곳에서 벗어나도록 도와줌, 걱정에 빠져 있는 것에서 벗어나도록 도와줌, 가난에서 벗어나도록 도와줌, 장소를 제공해줌, 마음을 맞추어줌, 수행에 완벽하게 입문하도록 도와줌, 삿된 수행에 빠지지 않게 도와줌, 신통으로 도와줌 등 열한 가지가 있다. 그 중에서 신통으로 도와주는 것 외에 나머지 열 가지는 우리 모두가 할 수 있는 일이다. 이타심을 갖고 삼업을 행하는 것 모두가 이에 해당한다. 별해탈계를 받지 않았으나 십계를 받아서 자기 마음을 닦기 위해 '육바라밀'을 배우고, 다른 생명들에게 도움을 주기 위해서는 세 가지 계율 지니는 것을 배워야 한다.

(3) 인욕바라밀

인욕은 자신을 해치는 대상과 고통에 마음이 움직이지 않는 것을 말한다. 『입보리행론』에서는,

"자기를 해치는 대상이 하늘만큼 가득 차 있어서

그것을 다 없앨 수는 없지만

화내는 자기 마음 하나만 없앤다면

그 모든 것을 없애는 것과 같다."

라고 했다.

"그처럼 화내는 마음을 없애지 않으면 안 된다. 화내는 것만큼 무거운 죄도 없고, 인욕처럼 큰 고행도 없다."고 『입보리행론』에서는

덧붙이고 있다. 인욕에는 내원해인, 안수고인, 무생법인, 이 세 가지로 설명한다.

① 원한과 헐뜯음을 알고 참아내는 내원해인

원수 등 다른 사람들이 자신을 해칠 때 그에 대해 화내지 않고 인욕수행을 해야 한다. 그러한 수행을 하기 위해서는 화냄의 과보를 알아야 한다. 화냄은 불선업 중에서 가장 나쁜 것이어서, 한 번 화를 냄으로써 천 겁 동안 쌓았던 공덕까지도 모두 없앤다고 한다. 화내는 것의 허물을 알아 우리도 항상 인욕으로 정진해야 하다. 보살들이 어디에 있는지 알 수 없기 때문에 함부로 화를 내어서는 안 된다. 우리가 그러한 특별한 대상에게 화를 낼 때, 다시 말해서 자기보다 큰 공덕을 가진 보살에게 화를 내면 백 겁 동안 쌓았던 공덕이 없어지고, 보살이 아닌 자가 보살에게 화를 내면 천 겁 동안 쌓았던 공덕이 사라진다고 『입보리행론』에도 나와 있다. 그처럼 화내는 죄가 매우 크므로 인욕을 반드시 닦아야 한다.

화내기 전과 화를 낼 때 이것을 막기 위해서는 화냄의 죄를 알아서 인욕수행을 해야 한다. 한편 우리 모두를 고통에 빠지게 하고 자기 목숨까지도 끊게 하는 것들도 모두 화냄의 허물이다. 원수들이 많이 생기는 것도 화냄으로써 생기는 것이다. 우리가 화내는 대상들이 너무 많아서 과연 인욕수행을 할 수 있을까 하고 생각하는데 『입보리행론』에서는,

"이 땅이 가시로 가득 덮여 있을 때,

모든 땅 위를 가죽으로 덮고자 한다면

그 어찌 가죽으로 충분할 수 있겠는가!

그러나 신발 밑창의 가죽만으로도

그 땅 모두를 덮은 것과 같다."

고 나와 있는 것처럼, 원수를 모두 없애고 싶어서 없앤다고 해도 중생은 끝이 없기 때문에 원수도 끝을 낼 수가 없다. 그보다는 원수인 화내는 마음만 없애면 모든 원수를 없애는 것과 마찬가지가 된다.

인욕의 실체와 종류, 화냄의 허물 등을 완벽하게 알아야 한다. 옛날에 어떤 제자가 화가 나서 도둑을 때리고 있었는데, 스승이 말려도 멈추지 않자 스승은 제자의 코를 손가락으로 가리키며 '인욕! 인욕!' 하고 외쳤다. 그때서야 그 제자는 인욕을 기억하게 되었다. 화를 내는 엄청난 일을 저지른 후에 인욕수행을 해 봐야 무슨 소용이 있겠는가? 처음에는 어렵지만 인욕의 마음을 닦아서 익숙해지면 인욕수행이 쉬워진다. 본인을 해치는 상대방에게 화를 낼 필요가 없는 이유는, 어떤 사람이 막대기로 자신의 머리를 때릴 때 화를 내지 않고 다음과 같이 생각하면서 살펴보면 알 수 있다. "직접적으로 아프게 하는 막대기에 화를 내야 하는데 그럴 수 없는 일이고, 어떤 사람이 그 막대기를 쥐고서 때렸으니 그도 어쩔 수 없는 일이다. 그러니 번뇌에 화를 내야 하는 것이지, 번뇌를 가진 그 사람에게 화를 내서 무엇하랴?" 하고 사유해야 한다. 직접 부딪쳤던 막대기와 화를 내는 번뇌에 화낼 수 없다면 그 중간에 있는 사람이 무슨 잘못이 있어서 그에게 화를 내겠는가? 한편 그렇게 맞는 원인의 반 정도는 자신에게 있는 것임을 알아야 한다. 전생이나 과거에 어떤 사람에게 그러한 행동을 한 과보이므로 자기가 쌓았던 업의 과보를 받는 것이니 그것은 당연한 일이지 화를 낼 일이 아니다.

그뿐만 아니라 우리가 '로종(마음바꾸기)'을 공부할 때와 같이 생각해야 한다. 환자가 미쳐서 의사를 때리는 경우나 아들이 미쳐서 아버지를 때리는 경우, 환자나 아들에게 화를 내지 않고 미친병을 없애는 방법을 찾듯, 해치는 사람인 원수도 번뇌에 미쳐 자기도 어쩔 수 없이 그렇게 행동하는 것이니, 그 사람에게 화내지 말고 그의 번뇌를 없애는 데에 신경 써야 한다.

한편 불에 손을 데는 것도 자기 손으로 불을 만졌기 때문에 그런 것이니 불이 화를 내게 한 것은 아니며, 자기가 그렇게 행동했기 때문에 당하는 것일 뿐이다. 불이 원래 뜨거운 성질이 있는 것처럼, 그 사람이 원래 화를 내는 성격이라면 그 사람이 화를 낸다고 해서 같이 화를 낼 필요 없이 피해야 한다.

다른 사람이 욕을 하거나 때리거나 할 때 기분이 나빠져 마음에 고통을 받더라도 복수하지 않고, 삼악도에 떨어지는 원인을 만들지 말아야지 하는 마음으로 화내는 마음의 치료제인 인욕수행을 해야 한다. 예전에 '아띠샤' 앞에 '아상가'라는 버릇이 좋지 못한 수행자가 있었는데, 다른 사람들은 '아띠샤'에게 그 사람과 상대하지 말라고 권했지만 '아띠샤'는, "너희들은 그런 말 하지 마라. 이 분 덕에 나에게 인욕수행이 하나씩 늘어난다." 하고 말했다. 이와 같이 원수를 대할 때마다 인욕을 발전시키는 하나의 거름으로 생각해야 한다.

자기 자신의 성취에만 관심을 갖고 수행하여 성취한 성문, 연각들도 원수에게 화내지 않는다고 하는데, 하물며 대승의 수행자인 우리는 더욱더 화내지 말아야 하지 않겠는가?

② 온갖 고통을 받아들여야 됨을 알고 참아내는 안수고인

　행복에 집착하지 않고 고통을 오히려 귀한 장신구로 여겨 약처럼 생각해야 한다. 어떤 것은 성취하고자 할 때 해야 하는 고행이나 병, 싫어하는 원수, 심지어 꿈에서의 고통조차도 수행의 방편으로 삼을 줄 알아야 한다.

　이러한 고통들이 생기면 다음 생에 삼악도에 떨어질 것을 지금의 이 고통으로 대신하는 것임을 알아 기쁘게 생각할 줄 알아야 한다. 예를 들어 어떤 사형 당할 사람이 목숨 대신 손을 잘라서 살 수 있다면 기쁜 마음으로 손을 자를 수 있는 것과 같다.

　한편 침을 놓거나 부항을 뜰 때 병이 나을 수 있다는 믿음으로 그 고통을 참는 것처럼, 성취를 위해서 고행할 때 이것이 삼악도의 많은 고통을 대신하여 미리 받는 것임을 알고 좋아해야 한다.

　출가자들도 머무는 장소나 옷 등 외부적인 환경이 별로 좋지 않더라도 가사와 탁발에 만족하며 수행할 수 있음은 선근이 있어서임을 알고 꾸준히 수행해 나아가야 하며, 외부적인 고통을 기쁜 마음으로 받아들여야 한다. 그렇게 하지 않으면 수행하지 않고 맛있는 것이나 좋은 물건을 찾는 것에나 관심을 가지면서, 인생을 낭비하게 된다. 욕심 없이 만족하게 산다면 꼭 필요한 것들은 이런저런 경로로 반드시 생기게 되어 있으므로 탐하지 말아야 한다. 예전에 '쫑카빠' 대사께서 토굴에 계실 때 제자 아홉 명과 같이 지냈는데 욕심 없이 만족하며 살았고, 승복이 그다지 헤지지 않은 것만으로 만족하였다 한다. 먹을거리나 입는 것 등은 수행에 그리 방해되는 것이 아니므로, 자기 복으로 그런 것들이 생기면 그것을 자연스럽게 수용해도 된다. 다른

사람에게 비난 받더라도 그것을 듣기 싫은 것으로 생각하지 말고 인욕을 길러야 한다.

③ 생멸하지 않는 법의 이치를 알아서 흔들림이 없는 무생법인

선행을 닦아 핵심적인 내용을 배움으로써 해야 할 것과 하지 말아야 할 것, 삼보의 공덕, 얻고자 하는 보리심과 깨달음, 그것을 닦아야 할 길, 무아, 삼장 등에 관심을 가지는 것이다.

(4) 정진바라밀

여기서 정진이라고 하는 것은 수행하고자 하는 환희로운 마음을 말한다. 이것이 수행을 성취하는 최고의 방편이다. 지금 수행에 입문한 때로부터 완전하게 깨달을 때까지 항상 정진에 의지해야만 성취가 가능하다. 모든 공부들이 정진에 달려 있다고 할 수 있다. 우리가 정진할 때 마치 지친 당나귀가 언덕을 올라가는 것처럼 하지 말고 환희롭고 힘차게 정진해야 한다. 처음에는 작은 것부터 차근차근 익히면서 정진바라밀을 발전시켜야 한다.

※ 세 가지 게으름

첫째, 무엇이든 뒤로 미루는 나태함

이는 바로 수행하지 않으면서 내일이나 모레 등으로 미루고 하기 싫어하는 것을 말한다. 이에 대한 치료제로 무상을 생각하고 유가구족의 몸 받기가 어려움을 관상한다.

둘째, 의미 없는 일에 시간을 보내는 나태함

이는 먹을거나 잡담, 쓸데없는 모임에 대한 이야기, 심지어 농사를 짓거나 장사하는 일, 옷을 수선하는 등의 세속적인 일과 불선업에 해당하는 일로만 시간을 보내는 것을 말한다. 이와 같은 일은 아무리 열심히 해도 정진이라고 말할 수 없고 다만 고생한다고 말해야 한다. 그러므로 세속적인 일이 의미가 없고, 그것이 고통의 원인임을 알아, 그런 일로 시간을 보내지 말아야 한다.

셋째, 스스로 자신감 없어 하는 나태함

"나 같은 사람이 어떻게 부처님이 될 수 있겠습니까? 내가 어찌 일체중생을 위해서 일할 수 있겠습니까? 어떻게 내가 나의 머리와 손발을 남에게 줄 수 있겠습니까?"라는 등의 말로 자기 스스로를 비하시키는 것이다. 이에 대해서는 부처님의 법 하나하나를 치료제로 삼을 수 있다.

예를 들면 유가구족의 몸을 받기가 어려운 원인을 하나하나씩 살펴서 평생이 걸리더라도 내가 먼저 닦아야겠다는 생각과 함께, 장사꾼들이 세속적인 일을 할 때 조그마한 이익에도 큰 고생을 참은 것을 보면서 깨달음을 위해 더욱더 정진해야겠다는 마음을 키워야 한다. 진리를 설하신 부처님께서는 벌레한테도 불성이 있어서 깨달을 수 있다고 말씀하셨으니, 하물며 우리는 인간으로서 어찌 깨달을 수 없겠는가? 하는 마음으로 나태함을 버려야 한다.

머리와 손발을 남에게 줄 수 있는 보살들도 처음부터 이와 같이 행할 수 있었던 것은 아니다. 아주 작은 일부터 시작하여 그와 같이 할 수 있게 된 것처럼, '우리도 작은 일부터 시작하여 그와 같이 할 수 있다'라는 마음을 마땅히 가져야 한다. 우리도 완전하게 깨달을 수 있으며, 이번 생에 우리가 귀한 「보리도차제」를 닦아서 성취할 수 있다는 마음을 내어야 한다. 또 중생을 위해서 삼악도에 갈 때 그런 고통을 과연 본인이 참을 수 있겠는가를 생각해 봐야 한다. 원인 없이는 과보가 생기지 않기 때문에 '비록 삼악도에 가더라도 그것이 고통이 아니라 행복이므로, 나도 그곳에 갈 수 있다'라는 자신감을 가져야 한다.

정진에는 인욕의 갑옷을 입고 정진하기, 모든 선행을 닦기 위해 정진하기, 일체중생을 이롭게 하기위해 정진하기, 이 세 가지가 있다.

① 인욕의 갑옷을 입고 정진하기

한 중생을 위해서 수십 만 겁 동안 무간지옥에 태어나더라도 인욕을 닦아야 한다. 밀교를 수행할 때에는 무간지옥에 태어나서 자신이 고통 받는 것은 참을 수 있어도 중생의 고통은 참을 수 없다는 자비심이 있어야 한다. 사랑하는 아들이 물에 떠내려가는 것을 보고, 어머니가 빨리 건져내고 싶은 마음이 일어나는 것과 같은 그런 마음을 가져야 한다. 보리심을 닦고 두려움 없는 자신감을 얻어서 연민과 기도의 힘으로 중생 제도를 위해서 무간지옥 등에 환생하고자 할 때 환희로운 마음으로 들어가야 한다. 고통으로 마음이 편치 않을 때나 이타행이 어려울 때일수록 피갑정진을 닦아야 한다.

② 모든 선행을 닦기 위해 정진하기

공덕을 쌓는 것과 업장을 소멸함, 공양을 올림, 육바라밀을 실천함 등의 모든 정진을 말한다.

③ 일체중생을 이롭게 하기 위해 정진하기
　보살이 사섭법에 정진하는 것처럼, 지계 중의 하나인 일체중생을
이롭게 하는 섭중생계와 비슷하다.

## 2) 육바라밀 중에서 특히 선정과 지혜를 닦는 방법
　이는 선정바라밀과 지혜바라밀을 닦는 방법에 대해 설명하고 있다.

### (1) 선정바라밀
　이는 선정을 닦을 때 갖추어야 할 여섯 가지 바탕이 되는 지자량,
선정을 닦을 때 다섯 가지 허물, 삼매를 닦는 아홉 단계의 마음이
머무는 순서인 구주심, 선정을 닦는 중에 구주심을 성취할 수 있도록
돕는 육력, 선정을 닦음에 주의해야 할 네 가지, 실제 선정의 성취,
이 여섯 가지에 대해 설명한다. 중사도의 삼학 중에서 다루지 않은
선정과 지혜를 '육바라밀'과 함께 여기에서 다루고자 한다.
　어떤 상황을 자세하게 보기 위해서는 대상에 흔들리지 않아야
하는 것처럼, 흔들림 없는 선정이 필요하다. 오직 선정만을 논한다면
외도들의 이론과 공통적인 면도 있으며, 실제로 외도들이 선정을
닦기도 하지만 불교에서는 출리심으로서 선정을 닦기 때문에 해탈의
원인이 되며, 삼보에 귀의한 바탕을 가지고 닦기 때문에 곧바로 수행과
연결된다. 그와 같이 선정을 닦지 않으면 현교에서 말하는 공성과
밀교에서의 '생기차제'와 '구경차제'를 관상하더라도 크게 깨우칠 수

없다.

물을 담기 위해서는 물통이 반드시 필요하듯, 현교와 밀교에서 어떤 깨우침을 얻고 싶을 때 선정은 반드시 필요하며, 수행을 처음 시작할 때에도 선정을 닦음이 매우 중요하다. 윤회의 뿌리를 없애고 오직 해탈을 얻기 위해서라도 공성을 깨우치는 지혜가 필요하며, 이를 위해서 확고한 선정을 닦아야 한다.

선정에 꼭 발심이 필요한 것은 아니다. 비록 발심이 완전하게 일어나지 않았더라도 선정은 발심 전이나 후에 언제든지 닦을 수 있다. 선정을 닦으면 삼승의 어떤 수행을 하더라도 매우 효과가 있다.

① 지자량

선정을 닦기 위해서 처음에 지자량이 필요하다. 이것이 없으면 선정을 닦을 수 없다. 이는 여섯 가지로 설명한다.

가. 적합한 환경을 갖추어야 한다.

선정을 닦을 때 수행에 필요한 것을 구하기 쉬운 조건이 갖추어진 곳을 찾아야 한다.

죄를 지어서 얻은 음식이나 청정하지 않은 방법으로 구한 불결한 먹을거리를 얻어서 먹으면 선정에 해로우니 이를 피해야 하며, 찾기 쉬운 음식을 구해야 한다.

선정을 닦는 장소는 예전에 위대한 스승들이 수행했던 축복이 있는 장소가 좋다. 초심자들에게는 청정한 장소의 기운이 필요하므로 그러한 장소가 선정을 닦는 데 도움이 된다. 그러한 장소를 찾지 못한 경우는 예전에 승가의 다툼이 없었던 곳이나, 무서운 야생동물이나 강도나 도둑, 힘이 센 귀신들이 살지 않는 곳을 택해야 한다. 그렇지 않으면 본인이 아무리 겁이 없다고 하더라도 외부적으로 해침이 오기 때문에 큰 장애가 된다. 만약 선정을 닦는 곳에 귀신들이 살고 있다면 쫓아내지 말고 부드러운 마음으로 귀신을 달래어 해결하는 것이 중요하다. 좋은 장소라고 하는 것은 더위와 추위로 인해 병이 생기지 않는 곳이며, 땅의 기운과 물이 본인에게 맞는 곳이다.

같이 지내는 도반들도 자신과 마음이 통하면 좋다. 선정을 닦는 장소에 적어도 세 사람 정도 함께 있어야 한다. 자기 혼자 머물러서는 안 된다. 초심자인 경우 혼자 머물면 많은 허물이 생기게 된다. 만약 서로 수행하는 마음이 잘 맞는다면 숫자가 많아도 상관없다. 그러나 잡담을 많이 하거나 자기 마음대로 하면서 시간을 낭비하는 도반과는 머물지 말아야 한다.

'선정의 가시는 소리다'라고 하는 것처럼 낮에는 사람, 밤에는 개나 물소리 등이 들리지 않는 곳에서 선정을 닦아야 한다. 또 필요한 내용을 처음부터 잘 전수받아서 갖추어야 한다.


나. 욕심이 없어야 한다.

입는 것이나 먹을 것 등 물질적인 것에 집착하지 않음을 말한다.


다. 만족할 줄 알아야 한다.

그리 좋지 않은 먹을거리나 입을 것을 갖더라도 만족함을 말한다. 욕심 때문에 만족하지 못하면 부귀영화에 집착하게 되며, 물질을 지키는 일에 대한 망상이 일어나서 선정에 들 수 없다.


　라. 의미 없는 일을 버려야 한다.

　많이 모여서 잡담하는 것을 버리지 않으면 의미 없는 일만 하면서 시간을 낭비하게 된다. 의미 없는 일을 줄이고 산란하지 않게 살아야 한다. 집중적으로 선정을 닦기 위해서는 의술, 점성술과 같은 의미 없는 일들도 버려야 한다. 이러한 일은 사탕수수의 껍질에 집착하는 것과 같으므로 의미 없는 작은 일에 매달려서 고생하는 일을 버려야 한다.


　마. 청정한 계율을 지켜야 한다.

　계율은 모든 수행의 기초이며 근본이기 때문에 청정한 계율을 지키는 것이 수행의 바탕이다. 마음속의 미세한 번뇌를 제거하기 위해서는 먼저 외부적으로 거친 산란함을 버려야 하므로 계율로써 몸과 마음의 행을 잘 살펴서 그러한 거친 마음을 제거해야 한다.


　바. 욕심 등으로 인해 꺼리는 마음을 버려야 한다.

　어떤 사람들은 나이가 많이 들어서도 물질적인 것에 대한 욕심 때문에 무척 고생하는 경우가 있는데 이는 참으로 불쌍한 일이다. 만족함이 없으면 나이가 들어도 마음이 가난해서 의미 없는 일에만 빠져 있다가 죽고 만다.

　이와 같이 욕심의 허물과 무상 등을 깊이 생각해서 그러한 마음을 버려야 한다. 그와 같은 조건이 갖추어진 상태에서 열심히 선정을 닦는다면 선정을 닦는 데 육개월 정도면 충분하다.

② 선정을 닦을 때의 다섯 가지 허물

바른 경전에 의지하지 않고 단지 어떤 스승의 어록을 요의법이라
여겨서 그에 의지해서 수행하는 경우 평생 선정을 닦더라도 미세한
혼침을 깨우침으로 착각하는 문제가 발생한다. 마음을 그러한 것에
의지해서 혼침을 깨우침으로 착각하는 것만큼 안타까운 일이 없다.
그러한 방법으로 아무리 정진해도 이는 인생을 낭비하는 일일 뿐이다.

아주 옛날부터 유명한 수행자들도 그러한 것을 혼동하고 착각한
일들이 많았다. 그에 대한 옳고 그름을 알 수 있는 경을 찾아야 하며,
스승으로부터 자세히 배워야 한다. 석가모니 부처님 당시부터 많은
위대한 고승들의 법맥과 그들의 가르침인 요법들에 근거하여 배워야
한다. '쫑카빠' 대사께서는 견해나 관상과 행들을 배워나갈 때 그
이전에 인도에서 증명된 것에 의지했을 뿐만 아니라 문수보살을
직접 친견할 때 의심나는 부분을 묻고 그에 대한 가르침을 받았다.
우리도 그러한 법에 의지해야 한다. 만일 증명되지 않은 법에 의지하여
수행한다면 전에 누구도 깨우친 적이 없는 깨우침을 얻을 것이다.
그러므로 밀교적인 심오한 수행에서부터 하기 쉬운 수행의 선정을
닦더라도 그 근원이 어디에서 비롯되었는지를 살펴서 선정을 수행할
때 '착각으로 말미암은 다섯 가지 잘못된 점'들을 바로 잡아야 한다.

가. 게으름의 허물

이는 선정 닦는 것을 좋아하지 않으며 쉽게 피곤해하는 것을 말한다.

그에 대한 치료제로는 선정의 공덕을 알고, 신심으로 선정을 닦고 싶은 마음을 내어서 정진하는 것과 심신이 평안하며 융통성이 있는 경쾌한 마음인 경안이다. 선정을 닦을 때 관상하기 싫은 마음과 비록 하더라도 오래하지 못하는 원인은 '게으름' 때문이며, 이에 대한 실질적인 치료제는 경안이다. 처음부터 경안 상태가 이루어지는 것은 아니므로 시작할 때 신심이 필요하다. 선정의 공덕을 생각하고 산란심의 허물을 알고서 선정을 닦으면 심안통과 같은 신통력을 성취할 수 있게 된다.

이러한 과정을 밟아서 수행하면 잠을 자면서도 선정을 닦을 수 있고, 번뇌를 줄일 수 있으며, 기초부터 순서대로 관상함으로써 빨리 성취할 수 있는 등의 이득이 있으므로 먼저 신심이 생기도록 해야 한다. 신심이 생기면 기꺼이 구하고자 하는 희구심이 일어나고, 이로 인해 정진력이 생기며 경안 상태에 이른다. 이 네 가지가 순서대로 원인과 결과처럼 이어져서 일어난다.

* 경안 — 선심소의 하나이며, 몸이 가볍고 마음이 편안함을 말함.

나. 요의법을 잊어버리는 허물

이는 선정을 닦는 동안 집중해야 할 목표를 확실하게 기억하지 못하고 놓치는 것을 말한다. 이러한 현상은 선정을 닦을 때 가장 큰 허물이다. 이를 물리치는 방편으로는 마음의 코끼리를 단단한 기둥에 묶고서 집중하는 것인데, 이럴 때 어떤 대상을 목표로 삼더라도 선정을 성취할 수 있다.

티벳에 불교가 전파되기 전에 있었던 '뵌교'에서는 '아'자를 의지하거나 어떤 외도들은 돌을 선정의 대상으로 삼아서 닦는 경우도 있었다. 어떤 사람들은 선정 닦는 방법을 잘못 이해해서 대상을 눈앞에 놓고 그 대상을 보면서 닦는다고 한다. 그러나 그것은 선정을 잘못 이해한 것이다.

'쫑카빠' 대사께서는 선정을 부처님의 몸을 대상으로 하여 닦는다면 공덕을 쌓거나 업장을 소멸할 수 있는 큰 특징이 있으며, 이는 밀교에서 자신을 부처님으로 관상할 때도 도움이 된다고 말씀하셨다. 이러한 방법은 부처님의 은혜를 생각하는 방법으로도 도움이 된다. 관상하는 방법은 처음 자신의 정수리 한 뼘쯤 위에 근본 스승이 계시다고 관상하고, 다시 근본 스승의 가슴에서 손가락 한 마디 크기의 석가모니 부처님께서 나와서 자신의 양미간 중앙의 바로 앞 공간이나 배꼽 주변에 있는 것을 관상하여 선정의 대상으로 삼는다. 이런 방법이 아니면 자기 자신이 석가모니 부처님으로 변하여 선정의 대상으로 삼을 수 있다. 어떤 이들은 이렇게 신체와 같은 형상을 대상으로 삼지 않고 다른 것을 대상으로 삼아서 닦는 것이 쉬운 경우도 있다. 한편 '생기차제'에서는 '여래의 몸'을, '구경차제'에서는 '아'자를 대상으로서 의지하여 관상하는 것도 가능하다.

어떠한 대상을 삼아도 가능한데, 처음 정할 때 잘 살펴서 정해야 하며, 진전이 없다고 해서 대상을 바꾸지 말아야 한다. 나무를 태울 때 태워야 할 나무를 계속 옮기면 불이 붙지 않는 것과 같다. 이와 같이 관상할 때 잠자거나 먹거나 화장실을 가는 일 외에는 꾸준하게 쉼 없이 최소한 6개월에서 1년 정도 성취할 때까지 끊임없이 계속해

나가야 한다.

관상 방법은 그 대상인 부처님의 모습을 그린 탱화나 불상, 부처님 삼십이상 등의 특징을 마음에 새겨두면, 관상할 때 그 대상이 마음속에 나타나기가 쉽다. 또는 스승이 알려주는 대상을 마음속에 그려서 나타나게 한다. 대상을 관상할 때 대상이 비록 거칠고 반 정도만 나타나더라도 이는 대상을 찾은 것이 된다. 이렇게 찾은 대상을 기억에서 놓치는 것이 '요의법을 잊어버리는 허물'에 해당한다.

이에 대한 치료제는 정념이다. 손에 염주를 꼭 쥐고 있는 것처럼, 강한 정념으로써 선정의 대상을 잘 잡고 있어야 한다. 여기서 정념이라 하면 본인이 익숙해진 물건이나 대상을 마음속에서 잊어버리지 않는 행을 말한다.

만약 부처님을 대상으로 삼아 선정을 닦아 간다면 선정의 목표인 부처님(대상)과 관상하는 부처님(대상)은 차이가 있다. 첫째 선정의 목표인 부처님(대상)은 전에 본 적이 있어서 그 형태나 색깔이 마음속에 기억된 것을 말하는 것이고, 두 번째 관상하는 부처님(대상)은 마음속에 잊어버리지 않도록 강화시키는 것이다. 이것을 감수경이라고도 한다. 앞에서 설명한 자신의 미간 사이에 조성한 부처님을 선정의 대상으로 하여 산란하지 않게 잘 관상할 수 있게 되면 이제 혼침과 도거의 장애가 생기기 시작한다.


*정념—염, 억념이라고도 한다. 오별경의 하나이며, 익힌 바 온갖 사물을 반영해서 잊어버리지 않는 심소를 일으키며, 잊어버리는 것을 대치하고 능히 산란하지 않는 작용을 갖추고 있는 것.

* 감수경 – 심식에 의해서 일어난 감각을 통해 받아들여지는 대상

다. 혼침과 도거의 허물

혼침과 도거를 구별할 줄 모르면 원수를 구별하지 못하는 것과 같은 큰 허물이 생기니 이 둘을 잘 알아차려야 한다.

•혼침은 몸과 마음이 무겁게 느껴지고 잠과 같은 몽롱한 상태에 빠지면서 이로 인해 마음이 가리어지는 것으로서, 이는 수번뇌 중의 하나이다. 혼침은 결코 선행이 아니며, 이에는 거친 혼침과 미세한 혼침 두 가지가 있다.

정념으로 선정의 대상인 감수경을 잡고 있을 때 그 대상이 떠올려졌으나 선명하지 않으면 이는 거친 혼침이다. 감수경을 놓치지 않으며 그것이 선명하더라도 감수경의 힘이 약해서 그 선명함이 강하지 않으면 이는 미세한 혼침이다. 이러한 혼침은 선정을 닦을 때 가장 큰 장애이다. 여기서 그 선명함이 강하지 않다고 하는 것은 그 대상인 감수경에 안주하여 마음을 놓아버리는 것을 말한다. 또 떠올려진 감수경이 너무 확실해져도 이는 다시 미세한 혼침의 원인이 된다. 선명함이 강하다는 것은 감수경에 마음이 너무 깊이 집중하여 있는 것을 말한다. 감수경의 선명함과 그 선명함이 강한가, 강하지 않은가를 보는 것은 손에 염주를 쥐거나 잔을 잡을 때 부드럽게 쥐는 것과 강하게 잡는 것의 차이를 말하는 것과 같다. 이러한 것들은 경험을 통해서 살피지 않으면 말로써 아무리 자세하게 설명을 해도 이해할 수 없다.

이는 대상이 얼마나 선명하고 투명한지를 말하는 것이 아니라

본인의 염이 얼마나 선명하고 투명한지를 말하는 것이다. 염이 선명하지 않은 이유는 염을 가리지 않고 있는 그 무엇이 있기 때문이다. 이와 같이 미세한 혼침과 선정을 볼 때 대상에 안주하는 것과 염이 선명해져 있는 것, 이 둘은 비슷하기 때문에 선정과 혼침을 분리시키기가 어려운 것이다.

미세한 혼침을 쌓으면 들이마신 호흡을 하루 동안 멈출 수 있을 만큼 집중할 수가 있다. 그러므로 예전에 많은 수행자들이 이를 선정의 상태로 혼동하여 최고의 수행이라 찬탄했으나 이는 본래 그 의미를 몰라서 그런 것이다. 미세한 혼침을 선정으로 혼동하는 과보는 색계, 무색계에 태어나는 원인에도 미치지 못한다. 이번 생조차도 치매에 걸릴 위험이 크며, 두뇌가 명석하지 못하여 축생으로 태어나는 원인을 쌓는 것일 뿐이다.

* 수번뇌－근본 번뇌에 수반하여 일어나는 스무 가지 번뇌를 말한다. 이들은 분, 한, 부, 뇌, 질, 간, 광, 첨, 교, 해, 무참, 무괴, 혼침, 도거, 불신, 해태, 방일, 실념, 부정지, 산란 등을 말함.

• 도거는 마음에 드는 형상에 끌리는 애착의 한 부분으로서 들뜨면서 흐트러진 미세한 마음 상태를 말하며, 선정을 방해하는 일종의 정신 작용을 말한다. 탐욕의 대상을 기억하는 것을 말한다. 그러나 이는 마음을 분출시키는 '산란'과는 차이가 있다. 대상인 원수를 싫어해서 해치고 싶어 할 때의 산란함, 선정을 닦을 때 보시, 지계 등 공덕을 쌓고자 할 때의 산란함 등은 명백하게 마음을 방사하는 것이지

도거는 아니다.

이때 도거만을 선정의 장애물로 여기는 이유는, 이러한 산란함들이 평상시에는 자주 탐을 내어 마음을 방사해서 그 강도도 매우 크지만 선정을 닦는 동안은 공덕의 대상과 화냄 등의 대상에 마음을 방사하는 힘이 작고 짧기 때문에 도거만을 선정의 장애물로 여기는 것이다.

마음의 대상으로 삼은 부처님의 몸, 즉 감수경을 놓침으로써 관상할 때 처음에 관상했던 부처님의 몸이 선명하지 않은 것은 '거친 도거'에 해당한다. 후에 얼음 밑에서 물이 흐르는 것처럼, 감수의 경계를 놓치지 않으면서 이제 관상해 나가는 대상이 뚜렷해졌다고 기뻐함이 '미세한 도거'이다.

이러한 장애물을 없애기 위해서 정지가 실질적인 치료제는 아니지만 혼침과 도거가 일어나는지 일어나지 않는지를 전쟁을 지켜보는 것과 같이 정지로 지켜보아야 한다. 만약 정지로 너무 오래 지켜본다면 이는 감수경에 안주하게 되는 원인이 되어 오히려 장애로 변하게 된다. 그렇지만 정지로 지켜보지 않으면 선정에 허물이 생겨도 알아차리지 못한다. 이는 마치 도둑이 물건을 모두 가져가버린 꼴이 된다.

이와 같이 정지正知로써 혼침과 도거가 오는지, 오지 않는지를 지켜보아야 한다. 이는 잔을 들 때 드는 것과 세게 잡는 것과 비뚤어지지 않았는지를 눈으로 살피는 것처럼, 먼저 염이 대상을 잡아서 마음속에 떠오르는 감수경을 확실하게 한 다음, 정지로 혼침과 도거가 일어나는지 아닌지를 살펴서 그러한 장애들로부터 관상의 대상을 살펴야 한다. 정지는 지혜의 한 부분이다.

묘선의 소원(관세음보살) 이야기

① 자성으로 불도를 깨치고,

② 자성으로 중생을 제도하는 것이 소원이라신다.

중국 흥림국 묘장왕 시대에 묘는 국가의 연호이고, 딸이 셋 있었으니 이름은 1) 묘서, 2) 묘음, 3) 묘선이었다. 다 같은 여자의 몸이나 뜻이 같지 않고 생각 또한 틀리옵니다. 부처님 법문에는 모든 중생에게 는 갖가지 은애와 탐심과 음욕이 생겨 생사에 윤회한다. 먼저 탐욕을 끊고 애정의 갈증에서 벗어나야 된다. 애욕을 끊으면 불의 열매를 얻어 중생을 크게 교화할 것이다. 묘선공주는 의원을 택하다.(부처)


가섭불시대에 중국 흥림국에 묘장왕이 있었는데 세 딸이 있었다. 첫째는 묘서, 둘째는 묘음, 셋째는 묘선으로, 그중 셋째인 묘선 공주 똑똑하니 왕의 뒤를 잇게 하려고 하였다. 그러나 묘선은 부처님 같은 말만 하고 불도에 귀의하겠다고 하니 화가 난 왕은 묘선 공주를 가두고, 끝내 죽이게 된다.

지금의 향산이 관세음보살님 성도하신 곳이다.

손은 천륜상이며, 눈은 마니보주 같고, 거룩한 용모가 잘 갖추어져 야 할 32상과 80종호가 있어 가히 비교할 이가 없다.

천하만물에게 생·멸이 없게 하고, 애욕의 정을 없게 하고, 늙어 병이 나는 고통을 받지 않게 하고, 빈부의 수치를 없게 하고, 좋고 싫음의 환을 없게 하고, 유능하다고 느끼는 교만한 마음을 없게 하고, 너와 나를 가르는 마음은 없게 하고, 대지의 인간에게 마음도, 형상도,

수명도, 명예도, 안락도 평등하게 할 수 있는 의원, 삼라만상 사생육도에서 헤매는 영혼을 깨우쳐 정각 보리를 얻을 수 있게 하는 의원.(부처) 이런 사람과 더불어 인욕을 함께 하고, 법의 자리에 나란히 앉고, 무위의 자리에 함께 누우려 함. 뼈를 깎는 추위 아니고서야 매화가 어찌 향기 풍기랴.

비단 옷 입었다고 어찌 부귀하다고 하리. 왕궁이 부귀하다고 하여 어찌 도가 있다고 하리. 조용하고 청정한 마음으로 선정에 깊이 들었다. 날마다 불도를 깨치고자 정진하였다. 아무런 마장이 끼지 않은 것도 전생의 덕으로 생각하였다. 자성을 밝혀 마음 꽃 피우게 되면 반드시 그 열매를 부처님, 관세음보살님께 돌린다. 삼세제불은 고금의 명현인데, 온갖 욕망 다 버리고 대승도를 행하여 정각을 얻어 중생을 제도한다 하더이다. 천만의 성현, 10종의 선인, 96종의 외도, 50종의 마왕, 여러 국토의 국왕, 대신, 선비, 농부, 군인, 상인, 털 가진 짐승, 비늘 가진 물고기, 숨은 귀신, 드러난 귀신 할 것 없이 다 정과를 얻을 수 있다고 했사온데, 학이 나무에서 쉼 없이 우짖으나 봉황새 어찌 뭇 새들과 한 가지에 깃들이리. 밤 깊고 물이 차 고기가 물리지 않으니 텅 빈 고깃배 달빛만 가득 싣고 돌아오누나.

어떤 사람이 왼쪽 어깨에 아버지를, 오른쪽 어깨에 어머니를 메고 히말라야를 백 번 천 번 돌아 살갗이 터지고 뼈가 부서진다 할지라도 부모의 은혜에는 미칠 수 없다. 세속인간은 재물과 미색 중히 여기지만 마음을 비우려 함은 하지 않는다. 재색은 마음을 산란케 하지만 조용한 마음은 견성을 이루게 하나이다. 덕은 맑은 검박에서 생기고 복은 비속을 버리는 데서 나오는 법, 지혜로운 자는 생사윤회를 분명히 안다. 두꺼비는 반사할 빛이 없고, 옥토끼는 달을 벗해 줄 뜻이 없대요. 극락과 지옥은 서로 함께 있으니 어느 쪽이든 마음대로 선택하는 것이다.

묘선 공주 하는 말마다 빈틈이 없고 마음은 태산인 양 꿈쩍 않으며 뜻은 바다인 양 넓다. 정과를 얻어서 무상정각을 이루게 되면 이 몸은 백억 개의 형상으로 화신할 수 있고, 32상 80종호로 서방정토나 천궁에 마음대로 드나들고 마음대로 화신하여 중생을 제도하게 된다오. 흥하면 반드시 망하고 태어나면 필연코 죽는다는 것을, 젊음이 있으면 반드시 늙음이 있게 마련이고, 만물의 무상함은 어쩔 수 없듯이, 해와 달이 화살 같으니 광음이 어찌 사람을 기다리오. 무릇 수행자라면 밝은 달처럼 티끌 한 점 없어야 하고, 자성이 부처임을 믿어야 성불하는 법, 고대광실에서 처자 권속 거느리고 주지육림 속에 온갖 쾌락 맛볼 수 있다지만 그것은 한낱 세간의 부귀에 지나지 않는다. 생명은 어디서 오는 것이고 죽어서는 어디로 가는 것인지를 모르고 있으니 정녕 꿈에 벼슬하는 것에 지나지 않음이오. 거스르면 화를 내고 찬양하면 기뻐하며 부귀를 중히 여기기를 금옥같이 하고 빈천 보기를 분토같이 하며 남이 뭔가를 얻게 되면 번뇌에 빠지고 남이 뭔가를 잃으면 기쁨에 젖어 있으니 그대들 양심이 어디에 있나? 입은 바로 가졌으되 마음은 삐뚤어 있고, 말은 깨끗하나 행동은 깨끗지 못하고, 책은 읽었으나 예의는 알지 못하니 이 어찌 군자의 도리인가. 죽을 먹어도 마음이 깨끗하고, 적막하고 쓸쓸해도 마음이 고요하지요. 지혜롭고 총명하여 인과응보의 도리를 알고, 모름지기 스님은 크게 화합하고 두루 덕을 갖추어야 하오. 이를 출가인의 도라 했다.

백작선사로 간 묘선공주(출가했어요)

주지스님은 지혜가 얕아 견해를 옳게 가지지 못하였고, 몸은 비록 출가하였다 하지만 마음은 도를 깨치지 못한 것 같소이다. 옛 성인들 가운데는 제 몸을 주린 호랑이에게 먹이로 준 이도 있고, 제 살점을 베어내어 날짐승을 먹인 이도 있음을 어찌 모르나요(소신공양). 그들은 심신을 바쳐 더없는 깨달음을 얻은 것입니다. 자신을 버리고 남을 이롭게 하는 것이야말로 승려 본연의 도리요, 자신을 위하고 남을 해치는 것은 부처님을 따르는 제자의 예의가 아니지요. 부처님의 힘(법력)을 주시오면, 훗날 그 은혜 저버리지 않으리다.

삼세의 제불께 슬픔을 머금고 간절히 기도

영산의 부처님, 사생의 자부, 만덕의 석가세존, 여러 겁을 마음 닦아 증과를 얻고, 육통을 구비하신 부처님, 자비와 은혜는 부모님보다 크고 깊어 대지의 중생들을 한 자식처럼 대해 주시니, 저의 기도를 들으시고 자비를 베푸시고 원을 풀어주소서. 부처님은 카필라국의 왕자님이셨고, 공주는 흥림국 셋째딸이셨다.(묘장왕 시대) 부처님은 왕성을 떠나셨고 묘선은 왕궁이 싫어서 나왔습니다. 부처님은 설산에서 수행을 하셨고, 관세음보살님은 백작산으로 출가하셨다. 부처님은 우리의 조상이시고 관세음보살님은 부처님을 따르는 어린 후손이시다. 속세의 고난을 겪는 모든 중생을 제도하시는 부처님, 저의 재앙도 막아 주시옵소서. 감응케 하옵소서.(감동)

대나무숲 아무리 빽빽해도 흐르는 물 막지 못하고, 산이 아무리 높아도 나는 구름 멈추지 못하리. 육신은 땅속에 묻히고 혼백은 염라전에 들어가는 것을, 이생의 허무함이란 꽃잎의 이슬이요, 물 위의 부평초, 풀대의 먼지와 같거늘. 죽는 고통은 피하기 어려운 법, 한 몸 던져 수행하면 필연코 불과를 얻고 보리를 이루리니, 무릇 인간은 천성이 총명하여 미혹에 빠져 있던 자라도 깨치기만 하면 성불하는 법, 한 몸 버리면 누구나 불과를 얻을 수 있으리. 모든 인간은 죽음의 고통에서 벗어나지 못한다. 그때 가면 의지할 곳도 없고, 숨을 곳도 없으니 어서 빨리 수행하여 자신을 구하라. 그래야만 지옥의 고통을 면할 수 있다. 자애로운 어머니의 은혜는 대지와 같고, 엄한 아버지의 위엄은 하늘과 같으니라.

(왕) 아버지의 엄한 훈계를 듣지 않는다면 짐승과 무엇이 다르겠느냐?

(딸 묘선) 정각을 이루지 못하고 사심이 불붙듯 하면 도를 지닌 영명한 임금이라 할 수 없나이다.

(왕) 허한 것이 실한 것이요. 실한 것이 허한 것이다. 도를 안다면 이 이치도 알게 될 것이니라. 봄에 핀 꽃 같고, 여린 풀인데 어찌 겨울의 풍상을 이겨낸단 말이냐. 꽃은 피고 시들지만 뿌리는 썩지 않는다. 너의 그 가녀린 체질로 어찌 고된 수행을 견뎌낸단 말이냐?

(딸 묘선) 허깨비 같은 껍데기는 단단치 못해도 진성은 깨지지 않나이다.

(왕) 너의 몸이 무쇠라도 용광로 같은 형법은(형벌) 당해 내지 못하리라.

(딸 묘선) 순금은 불을 무서워하지 않습니다. 또한 바다에 들어가도 짠 바닷물에 결코 절여지지 않는 법입니다.

이렇게 아버지와 싸우면서 주거니 받거니 하다 끝내 말을 듣지 않으니 딸을 죽이라고 한다. 여러 형태로 죽였지만 죽지 않자 부모님께 더 고통을 준다고 생각하고 스스로 활줄로 3번 목을 감아 죽었다고 한다.

## 저승 가는 길

명양전: 염라대왕님 계신 곳

선인은 선부동자가 맞이하고, 악인은 무서운 짐승처럼 험상궂은 야차가 맞이하지요.

음계는 저승이고 양계는 이승이다. 공주님은 대자대비하고 도풍이 고결하여 삼사가 한결같이 시왕에게 아뢰어 동자더러 마중 나가라고 했다.

자신이 지은 선과 악에 따라 과보를 받는다. 생사는 정해져 있는 법이고, 천수가 다하면 형체는 무너지는 것. 고통 받는 지옥 중생들을 구하여 해방시켜 주옵소서. 지장보살님, 자비심을 베푸시어 어서 금신을 나투소서. 육환장과 염주를 쥐고 계신다.

지장보살님께선 자비로 죄인들을 극락으로 제도하여 주옵소서. 발원.

음악 소리는 시왕전에서 들려오고, 울음소리는 내하강에서 귀신이 통곡하는 소리다. 묘선은 하늘누각의 금 난간을 짚고 자비로운 눈길로 하늘 아래를 내려다보았다. 과연 귀신 수천만이 내하강에서 허우적거리고 있었다. 묘선은 다시 기도하여, 강에서 울부짖는 저 귀신들도 제도하여 주옵소서. 그러자 귀신들이 허우적대는 내하강에도 연꽃이 만발하여 잠시 후 하나씩 연꽃을 타고 극락으로 올라갔다. 이윽고 내하강은 연못으로 변하고, 야차는 동자와 선녀로 변하였다.

"그대들은 삼업을 청정히 하십시오. 모든 것은 인에 의해서 과가 생기는 법입니다. 만약 하루 동안 선업을 닦으면 황금 세 냥을 모은 것처럼 맑은 복을 받을 수 있습니다. 일 년 내내 이렇게 오계를 지키고 십선을 행하며 일념으로 염불하고 기도하면 공덕이 무량하여 생사윤회에서 영영 벗어날 수 있습니다."

묘선의 말에 시왕은 여러 지옥에 명을 내려 귀신들을 풀어주고 묘선의 설법을 듣게 하였다. 날마다 설법을 하여 지옥을 극락으로 바꾸어 나갔다.

그런데 마침 삼도대인들이 나타나 마침 유명전에 머물고 있는 시왕에게 건의했다. "묘선 공주가 온 후로는 명부가 명부답지 않습니다. 형구들은 모두 연꽃으로 변하고, 죄인들은 모두 극락왕생 하였고, 예부터 극락과 지옥이 따로 있고, 선업과 악업에 따라 과보를 달리 받는 것이 당연한 이치이거늘 이런 업보의 도리가 없다면 누가 선업을 쌓겠습니까? 속히 공주를 인간세계로 돌려보내시기 바랍니다." 만일 공주를 명부전에 오래 두면 시왕 밑에 있는 판관들이 앞으로는 할 일이 없어진다.

염라대왕이 판관을 시켜 생사부를 가져오게 하였다. 생사부 중간에 묘선 공주의 이름도 올라 있는데, 명토를 유람한다고 쓰여있다. 염라대왕은 자신의 가마인 난가를 대기시키라고 분부하였다. "판관들은 공주를 내하교 너머로 건네주고 오라." 가마에 오른 묘선은 눈 깜짝할 사이에 내하교라고 불리는 금다리를 건너 앞으로 나아갔다. 다리를 건너자, 문득 백조가 우짖는 소리가 나고, 하늘을 받치고 선 붉은

문이 눈에 들어왔다. 바로 장중하고 우람한 문이 열리는 소리에 공주는
깜짝 놀라면서 깨어났다. 비로소 저승으로 갔던 혼백이 이승으로
돌아오는 순간이었다. 다시 인간세계로 내려와 9년을 수행한다. 정신
을 차리고 보니 몸은 수풀 속에 있고, 목에는 활줄이 감겨 있었다.
형장에 서 있던 모습 그대로다. 묘선은 목에 감긴 줄을 풀었다. 높은
산 위로 올라가 널따란 바위에 앉았다.

도인이 나타나 부부연을 맺어 백년해로 하려 하자 묘선은 "남녀유별
이라 저는 초목과도 같을 것이나이다. 수행하는 데 애욕을 끊지 않고
음욕을 버리지 않는다면 천만 겁을 고행하여도 도를 이루지 못하나이
다. 깨친다 한들 그것은 완전치 못하여 윤회를 벗어나지 못하나이다."
도인은 제석천왕인데 묘선을 떠보기 위해 나타났었다. 묘선에게 기도
하기 좋은 향산을 가르쳐 주었다. 명토(저승) 불경에 이르기를 삼계는
불타는 집과 같아서 안전한 곳이 없다고 하였느니라. 저승사자, 화는
악이 쌓여 생긴 것이고, 복은 선이 쌓여 이루어진 것이다. 하늘나라
옥황상제님도 벌을 주신다. 부처님께서는 그저 자비만 베푸신다.

묘장왕(묘선 아버지) 삼보를 능멸하여 천벌을 받는다. 해서 안 될
일은 행하지 말라. 해서는 안 될 일을 행하면 반드시 번민이 따른다.
그리고 해야 할 일을 반드시 행하라. 그러면 가는 곳마다 후회는
없을 것이다.

"묘상을 구족하신 세존이시여, 불자가 어떠하온 인연으로서 관세음
보살이라 하시나이까?" 묘상을 구족하신 부처님께서 무진의 보살에
게 대답하시되, "관세음보살의 거룩한 덕행 곳곳에 나타나심을 네가
들으라. 큰 서원 바다같이 깊고 깊으사 부사의겁 오래도록 살아오시며

천만 억 부처님을 믿고 섬기어 거룩한 맑은 원력 세우셨도다. 너희가 알기 쉽게 설하리니 명호라도 듣거나 친견하거나 마음껏 섬기어서 지성 다하면 이 세상 모든 고통 멸해 주리라. 어떠한 고난이 닥치더라도 저 관음 묘지력을 생각한다면 모두 멸해주신다. 나는 보문관자재라 그대의 병 고치러 왔었노라. 이제부터 마음을 맑히고 도를 닦아 속세의 티끌에 어둡지 말라. 천지 만물도 무상하거늘 부평초 같은 인생 어찌 영원하리오. 그대 부디 미루지 말고 수행하여 정과를 얻으라. 그리하면 밝은 달빛 맑은 바람 속에서 유유자적하리라."

묘선 공주 9년 동안 수행한 곳, 혜주 땅 징심현에 있는 향산이다. 향탄수로 깨끗이 씻어 내린 그 모습 묘선공주가 틀림없구나. 두 눈과 두 손은 묘장왕(아버지)의 몹쓸 병을 고치는 데 다 바치고, 촛불을 밝히고 향을 사르며 차와 과일을 삼가 바치네.

저승에서 어찌 왔느냐?(왕비 묻거늘)

정과를 이루면 관자재하니 오고가는 것이 자유롭나이다. 나무아미타불─

묘선은 활줄에 목이 걸려 죽었고 시신은 호랑이가 물어갔고 종적이 없었거늘, 그 애가 어찌 여기에 나타나 있단 말인가?(늙은 대신) 묘선공주의 변화신 머리를 숙이며 말하였다. 선과 악에 따른 업보가 없다면 그건 하늘과 땅이 공정하지 못한 것이나이다. 이곳의 도인이 묘선 공주가 분명하나이다. 그 애가 묘선이 틀림없다면 하늘이여 감응하소서. 손과 눈을 주시옵소서. 왕비가 묘선을 감싸 안으니, 국왕은 다리를 만졌다. 이윽고 왕비가 묘선의 손과 눈을 핥아주니 놀랍게도 상서로운 일이 벌어졌다. 묘선이 홀연히 허공으로 오르더니

휘황한 빛이 번져가는 가운데 천수천안의 보살로 나투었다. 현명한 국왕은 불법을 퍼뜨려 백성을 구제하고 오도 견성케 하였나이다. 그러나 어리석은 국왕은 불법을 등지고 선근을 끊은 채 세속의 욕망에 눈이 어두워 지혜를 얻지 못하고 언행에 절도가 없는 국왕도 있었나이다. 그는 죄인을 혹형으로 다스리고 살해하며 자신의 안락을 위해 남을 해치고 속였다. 그러나 하늘은 속일 수 없는 법, 어찌 병에 걸리지 않고 몸이 성할 리가 있겠나이까. 국왕은 한마디도 대꾸하지 못하였다.

아미타불이 눈앞에 나타나 보좌에 앉았다. 밝은 후광이 계속 퍼지고 몸은 금빛이었다. 은빛 치아를 드러내며 붉은 혀를 움직여 미묘한 목소리를 내시었다. 묘장왕에게 칭찬의 말을 주고 있었다.

"착하고 착하도다. 전생에 복 많이 지어 딸을 출가시키고 왕족을 구하고 하늘로 오른 것이로라. 나라와 왕위를 내놓고 향산에 들어와 불도를 닦으니, 그야말로 불 속에 연꽃이 피어 난 듯 현세의 인왕불이 되리라. 희유한 일이로다."

국왕은 아미타불의 말에 자신도 부처를 이룩한 것을(자임을) 뼈저리게 받아들였다.

국왕이 물었다. "도인(묘선)의 진신은 무엇이나이까?" 아미타불이 알려 주었다. "여기 도인은 고불정법여래인데 여러 부처들 중에서 제일 자비로운 부처니라. 한 몸을 던져 미혹한 중생들을 구제하고자 속세에 내려와 있노라. 두 눈을 내놓았기에 천 눈을 얻었고, 두 손을 내주었기에 천 손을 얻었노라. 이름 하여 천수천안 대자대비 구고구난 무상사요, 천인사 불세존, 꼭 관세음보살이니라. 그대들도 삼계를 초월하려면 불법을 깊이 믿고, 바로 들어야 하느니라."

이렇게 말하고 아미타불은 허공으로 사라졌다.

빈궁한 날 며칠 가고 부귀한 날 얼마 가리요

하루 속히 수행하여 도 깨쳐 불심 찾으리.

뉘라서 여자는 성불하지 못한다 하는가.

수행 정진하면 똑같이 금선 이루는 법.

관음보살 이야기 끝마쳤으니 옛 거울이 또다시 빛 뿜어 천지를 비추네!

향산보살의 화엄회에 불제자들 구름처럼 모여들었다. 화엄회에는 선재라 부르는 칠세동자가 있었는데, 오십삼 명의 선지식을 만난 후 대지혜안을 얻어 신통력을 지니고 있었다. 묘장왕이 마음을 비우고 정진하니 지혜로운 몸이 되고 참선 삼매경에 드니 미묘한 깨달음이 이루어져 끝없는 불佛의 경치가 눈앞에 나타났다. 국왕은 묘선이 전생에 큰 선지식이었음을 알게 되었다.

천 날을 산다 하여도 하루 동안 도 닦는 것만 못하나이다. 도를 닦지 않으면 망상, 번뇌에 시달리기 쉽나이다. 이치를 깨달으면 쉬지 않고 정진하여 위로는 부처님을 받들고 아래로는 중생을 제도하여, 그러면 진정 여래를 위해 법공양을 하였다고 말할 수 있을 것이나이다. 계율을 닦아야만 삼악도를 벗어나며, 선정을 닦아야만 여섯 가지의 욕심을 벗어나고, 반야의 지혜를 얻어야만 삼계를 자재하나이다.

믿음을 가지면 무엇이든 이루는 법이다. 낙숫물이 바위를 뚫고 밧줄이 나무를 끊을 수 있는 이치나 다름없었다. 일단 활연대오하고 확철대오하면 자성을 비추는 그 빛은 한량없는 것이었다. "궁궐의

왕위 내놓고 불문에 귀의해 마음 철저히 닦아 청정하구나. 무명의
형체만 남았으니 손 놓아 지옥의 노옹께 맡기노라. 윤회의 그물 벗어나
기 어렵거늘 참선해야 생사의 고통을 쉽사리 넘을 수 있노라." 국왕은
청정한 수행을 하여 무상과를 이루었기에 부처로 화하여 연화대에
올라 극락세계에 이르렀다.

비구니들이 묘선공주에게 하는 말

숙업이 두터워 그러는지 항상 미혹에서 벗어나지 못하고, 몸은
불문에 귀의하였으나 마음이 도에 젖지를 않아 늘 삼계의 일을 걱정하
며, 때때로 탐욕이 일어 수행이 잘 되지 않나이다. 불문에 출가하였지
만 계율을 지키지도 못하고, 덕을 쌓지도 못하고, 헛되이 보시만
낭비하고 있나이다. 천수가 차면 육신은 허물어지는데 혼백은 의지할
데가 없으니 앞길이 캄캄하고 삼악도 어느 길에 떨어질지 모르겠나이
다. 견성을 이룬 보살님께서 생사를 벗어날 수 있는 방법을 가르쳐
주옵소서. 자비심을 베푸시어 부디 우리를 제도하여 주옵소서.

한 가지 당부하는 것이 있다면 미혹을 몰아내고 보리를 얻어 묘각을
이루라는 말이니라. 나에게는 줄 것도 받을 것도 없노라. 증득할
수행도, 털어 버릴 진애도, 닦아 내릴 때도 없노라. 법신을 얻어
상쾌하고 깨달음을 얻어 맑디 맑노라.

이름과 상을 단절해 버리면 진여가 또렷해지고 비로소 열반에
들 수 있노라.

이 말은 보배 중의 보배이고, 황금 중의 황금이니라 할 수 있노라.

전단향나무 자르면 조각마다 향내 나고 구슬가지 자르면 마디마다
옥이 되듯이, 내 말은 견성 성불하는 이치를 가르친 것이니라. 내

말은 이것 달리 더 할 말이 없노라.

그대들은 삿된 것과 옳은 것을 분별하고자 하니 가르쳐주리라.

외도란 마음 밖에서 부처를 구하려 하고, 스스로 득도하여 음양의 이치를 안다고 설법하고, 기이한 신통력을 보여 주어 사람들을 미혹시키는 자들이니라. 이런 외도를 따름은 마치 원숭이들이 절벽 아래 물에 비친 달을 건지려고 줄줄이 익사하듯이 헛수고일 뿐이니라. 여래의 진정한 경지에 이르려면 심신을 허공같이 정히 하고, 고요한 경지에 들어 자기의 본성을 비추어 보아야 하니라. 이리하여 몸도 법도 공임을 활연히 깨달으면 자기 마음속의 부처가 형체도 흔적도 없고 대도가 여여함을 알게 되니라. 마치 바람이 연꽃잎을 움직이듯 봉황이 푸른 하늘에 날아오름을 누가 알겠는가.

법회에 온 사람들은 하나같이 깨달음이 무엇인지, 진정한 수행이 무엇인지를 알게 되었다.

티끌 세상 속에서 법륜을 굴려 무수한 중생들을 제도하여 부처가 계시는 언덕에서 정각을 이루게 하라.

묘선 관세음보살은 천상이나 지상에서 자비를 베푸는 것을 무엇보다도 앞세웠다. 중생이 윤회에 떨어지는 것을 화살이 심장에 박히듯 가슴 아프게 여기어 인간 세상에 태어난 것이었다. 묘선 관세음보살님은 홍림국에서 불법을 펴니 이웃 나라 백성들이 배우러 오고 선행을 따르기에 보살은 기쁘게 여기어 상수사에 부탁하여 여전히 속세에 남도록 하였다.

그때가 바로 당나라 초기의 일로 여러 가지 상으로 현신하여 중생들을 보리의 언덕으로 제도하였다. 그리고 보살은 보타산에 은거하였다. 법신은 형체를 보이기도 하고 숨기기도 하면서 세상의 일을 환히 꿰뚫고 있었다. 마치 달은 하나지만 속세의 모든 강을 다 비추듯 천 곳에서 기도하면 천 곳에 현신하고 만 곳에서 기도하면 만 곳에서 영험을 보았다. 그러나 보살은 자신의 성불은 발원하지 않았다.

이 이야기가 믿기지 않거든 보타산으로 가서 일심으로 기도하라. 그러면 보살이 그대 마음에 현신하는데, 보관을 쓰고 목에 영락을 두른 18세 소녀의 모습으로 나타나거나 하얀 옷을 입은 백의 관음으로 나타난다. 또 서른두 가지 모습으로 나타나기도 하는데, 대신, 소신, 전신, 반신, 자금상, 백옥 용안, 가릉빈가, 정병, 자죽, 버들가지, 선재 장자, 바다 연꽃, 빛살 등등 자재하게 바뀌며 제도한다. 이 밖에도 여러 가지 상으로 나타나는데 일일이 다 헤아릴 수 없다.

'도'란 언어로 표현할 수 없는 것인 바, 언어로 표현된 도는 그것의 근본이 아니며, 도를 깨치면 언어를 잃게 되는 법이다. 유정 중생들은 진여를 보지 못하고, 육도를 윤회하며, 속세의 명리에 눈이 어두워 사생 속에서 헤매며, 마음속의 부처를 망각하고, 고해에서 또 고해에 들기만 하니 이것이야말로 불나비가 불에 뛰어드는 것과 같으니라. 몸을 버리고 또 몸을 받았으나 새가 조롱 속에 날아드는 격이니라.

중생들이여, 부디 견성성불하여 불법의 배를 저어 길 잃은 사람이 집을 찾아가듯 보리의 언덕에 이르도록 하기 위해 이 이야기를 하였노라. 부처는 제 마음속에 있으니 마음 밖에서 구하지 말라. 본성을 밝게 하면 발을 떼지 않고도 만방을 편력할 수 있고, 문 밖에 나서지 않고도 지식을 널리 얻을 수 있느니라.

깨달음을 먼저 얻은 자는 깨닫지 못한 자를 깨우쳐주어 다 같이

도에 들어 불조의 은혜를 갚아야 하느니라. 만방을 편력하여 모든 중생이 불법을 깨치게 하여 부처님 법이 세상에 길이길이 전해지게 해야 할 것이니라.

선상 뒤엎는다고 형벌 주지 말고 불법 닦게 자손들을 깨우치라. 자비로운 보살 속세에 현신하여 왕궁의 내원에 태어나셨네. 아명은 묘선이요 열아홉에 수행하니 인욕을 지니고 도심을 굳혀 부모의 은혜에 보답하였네. 불자들에게 본을 보여주었거늘 불도 닦아서 잘못될 리 없다네. 부모가 마에 얽매여 사니 불법으로 구해 세상에 이름 높네.

여러 부처의 골수에는 보살의 근기가 자리 잡고 삼장과 관통하였으니 미묘하기 그지없다. 쐐기를 뽑아버리듯 업장을 씻어 내고 깨달음을 이루어 진리의 자리로 돌아가라. 관음의 본 행경은 대지 유정 중생들을 널리 제도했다. 관세음보살이 나투는 곳마다 중생들이 불도를 깨달아 선남자 선여인들은 관세음보살의 제자가 될 것을 다짐하였다. 시방제불과 삼계천신이 모두 기뻐하였다. 공덕이 작지 않으므로 지옥과는 영원히 등지고, 천상에 태어나 성불할 때까지 인과에 매이지 않았다. 나무 관세음보살의 뜻을 따지면

나무는―인간의 모든 욕정을 끊어버리고 자성으로 돌아간다는 말이다.

관은―관조란 뜻이고 (볼 관)

세는―세간이란 뜻이고,

음은―선악의 소리란 뜻이다.(소리 음)

보살의 보는―비춘다는 뜻이고,

살이란—자기의 영감을 관세음보살에게 돌린다는 뜻이다.

만일 관세음보살을 잘못 외우면 악질이 몸에 붙어 구제하기 어렵다. 하늘과 땅의 남녀가 다 믿고 받아들여 원만한 깨달음을 이루기 바라노라.


마하무드라에서 말하기를 마음의 본성을 본다고 하는 것 등은 속제 차원의 마음을 보는 것뿐이라고 했다. 그러므로 대단한 수행이라고 생각하더라도 이는 놋그릇 덩어리를 황금으로 관상하는 것과 같다. 이는 삿된 길로 가는 것 밖에는 아무것도 아니다. 혼침을 쌓는 것을 선정이라고 착각하여 닦는 것은 높은 선정의 세계에 태어나는 원인마저 될 수가 없다. 오히려 그것은 축생으로 태어나는 원인이 된다. 그러므로 출리심, 보리심, 올바른 견해, 이 세 가지 도道 중에서 한 가지에라도 의지하지 않는 것은 메마른 지혜로 마음의 실체가 색깔과 모양이 없다는 것을 글로만 이해해서 과거에 쌓았던 업을 완전히 없애지 못한 채 미래에 일어나는 일들을 조금 알아차리는 정도의 수준으로 수행하는 것과 같은데, 이는 인생을 낭비할 뿐 선정의 어떤 경지도 닦는 것이 아니다.

보리심, 출리심, 올바른 견해, 삼보에 귀의함 등 차례대로 대승의 길과 해탈의 길, 불교 수행에 입문하는 길 등 올바른 길로 수행해야 한다. 이러한 바탕 없이 마음의 실체는 밝고 비어 있으며 집착이 없다는 등을 알아차리는 정도의 깨우침만으로는 아집에 대한 아무런 치료제가 될 수 없으므로 이것은 외도의 견해로 변할 위험이 있다. 그러한 수준 낮은 도를 좋게 여기지 말고, 완벽한 도를 살펴서 알아차려야 한다.

* 메마른 견해 – 실질적인 체험 없이 경전을 단지 글로만 이해한
지혜.

(2) 지혜바라밀

지혜바라밀의 실체는 인무아를 결정함, 법무아를 결정함, 그로부터 '학통'을 깨우치는 방법, 이 세 가지로 설명한다.

인무아를 결정함을 보면, 허공과 같은 근본지를 기르는 방법과 후에 얻는 환상과 같은 후득지를 기르는 방법, 이 두 가지가 있다. 완전한 선정을 성취할 때 번뇌가 생기는 것을 일어나지 못하게 하는 무아를 살펴야 하는데, 이를 위한 '학통'이 일어나야 한다.

선정의 높은 경지들을 일부러 닦지 않아도 '학통'이 일어나면 사바세계의 허물이 차례로 없어지므로 그때 선정의 높은 경지에 자연스럽게 도달한다. 심오한 공성의 의미를 확정지을 필요가 있다. 그것을 깨우치지 않으면 해탈에 이를 수 있는 길이 없다. 다른 보살행들도 이름뿐 해탈에 이를 수 있는 길은 아니다. 새에게 두 날개가 있어야 하는 것처럼, 방편과 지혜 두 가지가 없으면 부처님의 경지에 나아갈 수 없으므로 방편인 보리심과 공성에 대한 지혜, 이 두 가지가 분리되지 않게 배워야 한다.

* 근본지 – 무분별지, 여리지라고도 함. 바로 진리에 계합하여 능연과 소연의 차별이 없는 절대의 참지혜이다. 이것이 모든 지혜의 근본이

며, 후득지를 내는 근본이 되므로 이와 같이 말한다.

 * 후득지－여량지, 권지라고도 함. 근본지에 의하여 진리를 깨달은 뒤에 다시 분별하는 얕은 지혜를 일으켜서 의타기성의 속사를 요지하는 지혜를 말한다.


'쫑카빠' 대사께서는, "있는 것과 없는 것을 살피는 지혜가 없으면 출리심, 보리심을 닦아서 아무리 익숙해져 있더라도 그것으로 윤회의 뿌리를 뽑아낼 수 없다. 그러므로 연기법의 깨우침을 방편으로 하여 배우라."고 하였다.

한편 공성에 대하여 단지 의심만 하더라도 우박을 내려서 곡식을 짓밟아 버리는 것처럼 아집이 부수어진다.

'아리야데바'(성천)의 『사백송』에서 이르기를, "복이 적은 자는 공성에 대하여 의심하는 것조차도 근접하지 못한다. 의심하는 것만으로도 윤회를 사그라들게 한다."고 했다. 공성을 깨우치기 위해서는 공덕을 쌓을 필요가 있다. 정법의 근거를 바르게 알고 있는 바른 스승에 의지하여 공성 닦는 요법을 배워야 한다. 공덕을 쌓아서 업장을 소멸하고 스승과 부처님을 하나로 여겨서 바른 원력을 세우는 등 완벽한 견해가 마음속에 생기는 원인이 되는 공덕들을 갖추어야 한다. 그와 같이 갖추지 못하면 공성은 깨우칠 수 없다.

예전 인도의 네 학파 각각의 견해들이 서로 상충되는 경우가 많았지만 여기서는 중관학파 중에서도 주로 귀류논증파의 견해를 따르고자 한다. 그것은 공성과 연기법이 하나라는 견해, 즉 공성이 연기법이고, 연기법이 공성이라는 견해이다. 은혜로운 부처님께서 제자의 마음

근기에 따라서 차례로 아집을 없애기 위해서 다양한 견해를 설하셨지만, 그 중에서 최고의 견해는 모든 법들이 원래부터 실재하지 않음을 설하신 것이다.

한편 부처님께서 이미 예언하셨던 '나가르주나'의 견해를 보면, 직접 '있음의 끝'과 '없음의 끝'의 어느 쪽에도 치우치지 않은 중관에 대한 것으로서 이는 곧 부처님의 견해이니 이를 따라야 한다. 만약 그와 같이 따르지 않고 자기 마음대로 새롭게 하나씩 발견해서 그것을 마치 새롭고 완벽한 견해인 양 주장하더라도 '나가르주나'의 견해와 맞지 않는 것이라면 그것은 완벽한 견해일 수 없다.

예전에 인도에서도 많은 대학자들조차 견해에 대한 많은 혼동이 있었다고 한다. 어떤 학자들은 '나가르주나'의 견해를 따르면서도 그 뜻을 깨우치지 못했고, 다른 어떤 학자들은 '나가르주나'의 견해를 따르지 않으면서 반대하는 경우도 있었다. '나가르주나'와 그 제자들의 전통에 의지하기보다는 '자기가 만든 견해'를 보여준다면 이는 외도가 되는 것이다. 열반의 문이 두 종류가 있으면 몰라도 그렇지 않은 줄 알면 '나가르주나'의 전통을 따를 수밖에 없다.

'아띠샤'께서 "무엇으로 공성을 깨우칠 수 있는가 하면, 여래가 예언했던 법의 진리를 본 '나가르주나'와 '짠드라게르띠'의 법맥을 핵심으로 하여, 법의 진리를 알아야 한다."고 말한 것처럼, 티벳에서는 '짠드라게르띠'의 견해를 최고로 여겼지만 예전에 여러 학파를 잘 아는 스승들이 많이 있었음에도 불구하고 서로 혼동하여 완벽한 견해를 갖기가 힘들었다. 후에 '쫑카빠' 대사께서도 완벽한 견해를 알아볼 대상을 만나기가 쉽지 않았다. 그 당시 많은 학자들도 서로의 견해들을 믿지 못했으므로 '쫑카빠' 대사께서는 티벳에서 인도의 거성 '루짱'과 '미뜨라' 등을 뵈러 가려고 했으나, '호닥둡첸'이 가지 못하게 막고서 자기의 견해를 가르쳤다. 그러나 이에도 조금 만족하지 못한 점이 있어서 근본 스승과 문수보살에게 기도하면서, 공덕을 쌓고 업장을 소멸하는 고행을 오랫동안 하셨다. 이러한 고행을 일념으로 해서 문수보살이 실제로 나투셔서 뵙게 되었다.

이와 같이 뵙는 방법으로 세 가지가 있는데, 혈관 안에 바람이 들어오는 것과 같은 느낌으로 뵙는 방법이 있고, 관상했던 경험으로 의식에 나타나서 보이는 방법과, 안식 등의 근식으로 직접 스승과 제자로서 뵈었다고 한다. 문수보살에게 올바른 견해에 대한 근거를 질문하자 그 답변이 매우 깊어서 자세하게 이해할 수 없었는데, 문수 보살은 견해에 대하여 의심 푸는 스승 '레다와'에게 배우라고 지시하셨다.

그렇게 해도 의심을 다 풀지 못할 것이니 내가 지금 설한 것을 바탕으로 하여 정진하면 어느 때가 오면 나의 가르침에 의지하여 심오한 견해를 깨우치게 될 것이다, 하고 예언하였다. 또 다시 공덕을 쌓고 업장을 소멸하는 데 많은 노력을 기울인 '쫑카빠' 대사께서는, 스승 '쌍게깡'이 나타나 『붓다빨리따』를 보게 함으로써 귀류 논증파의 견해를 완벽하게 깨우치셨다. 그와 같이 기도하는 동안 인도의 대학자 들도 많이 뵙게 되었는데, 그것을 크게 중요한 것으로 여기지 않자 문수보살께서, "그것을 무시하지 마라. 너와 남에게 큰 도움이 될 것이다." 하고 말하였다. 이런 경위로 중관의 견해를 하나도 빠짐없이 완벽하게 깨우쳤으며, 부처님에 대한 큰 신심이 생겼다. 그리하여

『뗀델뙤빠』(연기법찬찬송) 등을 저술했다.

어느 거지가 성지순례를 떠날 때 이것을 외우고 있었는데, 스승 '보동촉레남곌'이 듣고서 처음에는 이것을 '나가르주나'(용수보살)가 저술한 것으로 생각했고, 중간쯤에는 '짠드라끼르띠'가 저술한 것처럼 느꼈으며, 나중에는 '나가르주나'와 '짠드라끼르띠' 둘 다의 가르침에 의지했던 내용들이 나와서 두 분이 저술한 것이 아님을 알고 그 거지에게 누가 저술했는지를 물어 보았다. 거지가 그것은 '쫑카빠' 대사께서 저술한 것이라고 말하자 '쫑카빠' 대사에 대한 확고한 신심이 생겨서 뵈러 갔다.

그러나 이미 '쫑카빠' 대사께서는 열반에 드셨기 때문에 뵙지 못했다. 그러자 올리려고 했던 공양물인 황금과 은 등을 하늘에 던지면서 기도하자 그것이 도솔천에 뿌려졌다는 귀한 전기가 남아 있다. 그러므로 위없는 완벽한 견해는 '쫑카빠' 대사의 가르침 속에서 찾을 수 있다.

'쫑카빠' 대사께서는 인도에서 나오는 경전들을 모두 보신 뒤에도 견해를 확정짓지 않고 본인이 직접 문수보살께 질문했으나, 문수보살께서는 대사에게, "'짠드라끼르띠'(월칭보살)는 대보살이며 '나가르주나'의 깊은 견해를 설하기 위해 나투신 분이므로 그 분의 견해는 틀림없다." 하고 말씀하셨다.

'쫑카빠' 대사의 견해에 대한 가르침은 우리가 듣고 생각함으로써 이해하기가 결코 쉽지 않지만, 다른 경전에서 찾아볼 수 없는 특징들이 많이 들어 있으므로 자주 공성에 대하여 자세하게 보고 듣는다면 생기는 지혜의 순서가 다른 곳에서 듣는 것보다 훨씬 더 위대함을 알 수 있다.

'쫑카빠' 대사의 『대보리차제론』에 이러한 견해가 자세하게 나와 있으니, 이를 참조하면 '학통'에 대하여 자세하게 알 수 있을 것이고.

## 사섭법을 행하는 법

이는 사섭법의 내용, 왜 사섭법이어야만 하는가, 사섭법의 행위, 사섭법이 필요한 이유, 사섭법을 조금 넓혀서 설명함, 이 다섯 가지로 설명한다.

### 1) 사섭법의 내용

보시법은 '육바라밀'에서 설명한 보시와 같다. 애어섭은 중생에게 '육바라밀' 등의 내용을 애어섭으로 가르치는 것을 말한다. 이행섭은 가르친 내용을 실천하도록 하는 것을 말한다. 동사섭은 다른 사람에게 가르쳤던 내용을 본인도 실천하는 것을 말한다.

### 2) 왜 사섭법이어야만 하는가

중생들을 수행의 길로 이끌기 위해서는 우선 물질적인 보시를 통해서 일반적인 도움을 주어 기뻐하는 마음이 생기게 한다. 그러고 나서 수행의 길로 이끄는데, 처음에는 어떻게 해야 하는가를 가르치고, 애어로써 법을 설해서 모르는 것과 의심들을 버리게 하여 바른 뜻으로 이끌어야 한다.

다음은 이행섭인데, 가르친 내용을 아는 것만으로 그치지 않고,

이를 실천하도록 해야 한다. 본인이 실천을 하지 않으면서 가르치면, 가르침을 받는 이들도 수행의 필요성을 느끼지 못하므로 동사섭이 필요하다. 이와 같은 이유로 사섭법이 필요하다.

### 3) 사섭법의 행위

중생들에게 어떻게 행해야 하는가를 말한다. 보시함으로써 법을 듣게 만든 후 그들도 법을 설하는 분을 공경하게 한다. 애어섭으로는 법에 대한 믿음이 생기고 그 뜻을 알아 의심이 사라지게 한다. 이행섭은 실천하도록 하는 것인데, 법을 설하는 이가 실천을 하지 않으면 제자도 그 법을 오래도록 실천할 수 없기 때문에 동사섭으로 법을 설하는 이와 법의 가르침을 받는 이가 동시에 숙지하고 이를 실천해 나가는 내용들이 오래 지속되도록 한다.

### 4) 사섭법이 필요한 이유

모든 중생의 일을 성취하기 위해서는 모든 부처님께서 최고의 방편인 사섭법을 행하셨으므로 우리도 그 방편을 의지해야 한다.

### 5) 사섭법을 조금 넓혀서 설명함

이는 보시섭, 애어섭, 이행섭, 동사섭, 이 네 가지가 있다.

### (1) 보시섭

이는 '육바라밀'에서 설명한 바와 같다.

(2) 애어섭

이는 두 가지가 있는데, 하나는 일반적인 애어섭이고, 하나는 완벽한 법을 설하기 위한 애어섭이다. 일반적인 애어섭은 화냄이 없는 환한 미소로 안부를 물으면서 중생을 기쁘게 만드는 것이다. 완벽한 법을 설할 때의 애어섭은 불법의 요의법을 올바르게 설해서 중생들을 열반의 세계에 이르도록 하는 것이다.

(3) 이행섭

이는 수행에 마음이 익지 않은 자를 익게 하는 것이며, 마음이 익는 사람에게는 깨우치도록 하는 것이다.

마음이 익지 않은 자를 익게 한다 함은, 불법을 모르는 이들에게 불법에 입문하도록 함을 말한다. 마음이 익은 사람을 깨우치도록 하게 하는 것은 법에 대해 알고 있는 내용들을 깨우치도록 함을 말하는데, 이에 대한 것은 세 가지가 있다.

첫째, 이번 생의 일을 성취하게 하는 것이다. 살아가는 데 필요한 모든 것을 올바르게 갖추게 하는 것과 갖춘 것을 어떻게 지켜야 하는지와 또 그것이 어떻게 해야 늘어나는지를 법으로 성취하도록 한다.

둘째, 다음 생의 일을 성취한다.

물질적으로 갖추어진 것들을 모두 포기하고 탁발을 하며 살아가는 출가 사문의 생활을 통하여 오직 다음 생을 위한 행을 하도록 법을 설한다.

셋째, 이번 생의 일과 다음 생의 일을 둘 다 성취케 한다. 이는 재가자이든 출가자이든 세속적인 것과 세속적이지 않은 것들에 대한 집착을 버리고 이번 생의 몸과 마음을 편안하게 하고 그 다음 생에는 열반에 들도록 함을 말한다.

한편 이행섭 중 실천하기 힘든 이행섭이 있는데, 이는 과거의 공덕에 대한 훈습이 없는 자가 공덕을 쌓도록 하는 것과 오직 물질적인 부만 누리고 집착하여 이것만이 전부라고 생각하는 이들을 수행의 길로 이끄는 것이 이에 해당한다. 또 외도의 견해에 깊숙이 길들여져 있는 이들을 올바른 불법의 길로 이끄는 것 등이다. 이행섭을 실천하는 방법은 근기에 맞게 정법으로써, 순서에 맞게 배울 수 있도록 수행방법을 보여주어야 한다.

## (4) 동사섭

이는 남에게 가르치고 실천하게 하는 것보다 본인이 그 이상의 실천을 보여 주어야 한다.

결론적으로 사섭법 중 보시법은 물질적인 보시에 해당하고 나머지 세 가지는 법보시에 해당한다.

## 금강승의 가르침을 배우는 방법

먼저 하사도, 중사도의 경험을 충분하게 닦은 후 상사도에 의지하여 보리심을 닦은 경험과 공성에 대한 견해를 자세하고도 정확하게 공부하고 나서 금강승에 입문한다.

금강승에 입문하기 전, 출리심, 보리심, 공성에 대한 올바른 견해

등을 정확하게 배우지 않으면 해탈과 위없는 완전한 깨달음의 차제로 나아갈 수 없다. 이는 어린아이를 훈련되지 않은 말 위에 태우는 것처럼 위험한 일이다. '세 가지 주된 길(람쪼남쑴)'인 출리심, 보리심, 올바른 견해, 이 세 가지를 충분하게 닦아서 밀교에 입문하면, 속히 깨우칠 수 있게 된다.

밀교의 가르침은 부처님께서 세상에 나투시는 것보다 더 귀하다고 한다. 무상유가법에 의지해서 짧은 한 생에 완전한 부처님의 경지에 이를 수 있으니 그에 입문하도록 해야 한다. 잠시 잠깐의 장애들을 물리치기 위한 방편으로 진언이나 밀교적인 의식을 사용하는 것이 아니라 완벽한 금강 스승에게 '구햐사마자' '혜루까' '야만따까' 등의 만다라를 통해서 사신의 씨앗을 충분하게 받을 수 있는 청정한 관정을 받고, 관정을 받을 때 받은 계율은 자신의 눈동자를 지키듯이 지켜야 한다.

그와 같이 실천하면 부처님 가르침을 완벽하고 구체적으로 실천하는 것이 되니, 이렇게 배우는 방법은 무엇보다 가장 중요하다. 이렇게 실천하는 순서를 잘 알면 처음에 스승을 찾는 것에서부터 무학도와 밀교까지의 모든 도를 잘 이해하는 것이 된다. 여기서는 밀교적인 것을 관정 받지 않고는 말할 수 없으니 다음에 스승으로부터 관정을 배우도록 해야 한다.

진언

석가모니 부처님 진언
옴 무니 무니 마하무니예 소하

아마타불 진언
옴 아마라 니찌 벤쩨예 소하

약사여래불 진언
떼야타 옴 베칸제 베칸제 마하베칸제 베칸제 란자 삼몽가떼 소하

관세음보살 진언
옴 마니 뻬메훔

따라보살 진언
옴 따레 뚜따레 뚜레 소하

문수보살 진언
옴 아라빠짜나디…

지장보살 진언
옴 쏨바니 쏨바 하라짜라 마하빠샤 마루따 아모가 베자쎈다 소하

금강수보살 진언
옴 벤자 빠니훔

금강살타보살 진언(일체 업장 소멸)
옴 벤자 샤뜨사마야 마누빨라야 벤자사뜨 데노빠 떡타디도 메바와
수또카요메바와 수뽀카요메바와 아누락또 메바와 사르와 신디 메따
야짜 사르와까르마수짜메 찔땀씨리 얌꾸르훔 하하하하호 바가원
사르와따타가따 벤자마메 무쨔 벤지바와 마하사마야 사뜨아 훔 펟

◎ 까담 스승 랑리탕빠의 기도문
　한량없이 많은 살아있는 존재들
　보배로운 여의주와 같이 귀하게 여겨
　완전한 깨달음의 뿌리인 이타심으로
　변함없이 그들을 공경하게 하소서.

　항상 어디에 어떤 이와 있더라도
　나 자신을 누구보다 겸허히 낮추고
　꾸밈없고 진실한 마음으로 타인을
　귀한 존재로 여겨 사랑하게 하소서.

　나의 모든 행 마음으로 살피지 않아
　독약처럼 무서운 번뇌가 일어나면
　바로 나와 남을 해치는 원수임을 알아

굳세게 맞서 물리치게 하소서.


불선의 과로 버림받은 존재들
죄로 인해 큰 고통당함을 볼 때
찾기 어려운 보석의 원천 발견한 것처럼
그들을 매우 귀한 존재로 여기게 하소서.


누군가 나를 아무 이유 없이 시기하여
욕하고 비방하는 등 불선을 행하여도
그로 인한 손해는 내가 가지며
이득은 오히려 그들이 갖게 하소서.


신뢰와 기대 적지 않았기에
마음 다해 정성껏 도와주었던 그가
오히려 나에게 큰 상처를 주더라도
마음 깊이 그를 참된 스승으로 보게 하소서.


직간접으로 얻은 이득과 즐거움
어머니인 중생들에게 아낌없이 회향하고
그들의 고통과 아픈 상처는 모두
은밀하고 겸허히 내가 짊어지게 하소서.


나의 모든 행들이 번뇌의 표상인

세속의 팔풍에 물들지 않게 하고
모든 현상이 신기루처럼 헛된 것임을 알아
집착의 얽매임에서 속히 벗어나게 하소서.

대승불교의 명상 3가지 방법

① 일체중생을 어머니 같이 생각하고,
② 일체중생이 평등하다고 생각하기.
③ 있고 없고를 따지지 말고, 좋고 나쁜 것을 구별하지 말고 나와
   남 생각하기.

소승 - 남방불교 - 아라한과
대승 - 보살도 - 자비심

달라이라마 존자님 나의 어머니에서
나를 낮추어야 영혼이 높아진다는 것!
나의 정상은 가장 낮은 곳,
오체투지로…

◎ 달라이라마 존자님께서 지은 공덕 회향문!
   증득해탈의 적멸의 바다에서 한 맛으로 어우러져
   한없는 법의 상식을 이어온 강물
   어구의 사소한 부분마저도 삼독의 때를

완전히 씻어주는 선설의 이 감로를,

출판하여 생긴 순백의 공덕들을 쌓은 힘으로

수천억 개의 바른 법의 문이 해탈의 보고에서

주인이 되게 하소서.(뗀진갸쵸의 성하)


티벳의 큰 스승님께서는

시신과 같은 몸 언제 죽어도 후회는 없지만

황금 같은 지혜들 같이 죽고 잃어버리면

아주 안타까운 일이다.

## 나를 찾는 108 참회 기도문 (선묵혜자 스님)

모든 현상과 존재는 고정불변하는 것이 없음을 명심하고, 이것이 있기에 저것이 있고, 이것이 생기기에 저것이 생김을 명심하고, 어떠한 존재도 우연히 생겨났거나 혼자 존재하는 것이 없음을 명심. 제가 열반을 성취했더라도 육체의 괴로움은 피할 수 없음을 알겠나이다.


법화경 방편품에 사리불이 세 번이나 간청하여, 내 어찌 말하지 않을 수 있겠느냐.

너는 이제 자세히 듣고 잘 생각하여 마음에 깊이 간직하라. 네가 너를 위해 자세하고 알기 쉽게 말하리라.

간청하여, 부처님 미묘한 법 입으로 말할 수 없고, 뜻으로도 생각할 수 없으므로, 모든 부처님께서도 때가 되어야 이를 설하시나니, 우담 발화꽃이 때가 되어야 한 번 피는 것과 같느니, 라고 하시었다.

부처님 말씀에, 말씀은 진실이요 허망함이 없느니라.

부처님이 되는 길 일불승과 최고의 지혜인 일체종지 얻게 하고자 함이니라.

일불승밖에 없는데 각자의 능력에 따라 삼승으로 나누어 설하시느니라.

사리불아, 부처님께서는 다섯 가지 흐리고 더럽고 악한 세상을 맑고 깨끗하게 하기 위하여 세상에 출현하시느니라. 이른바 세상이 오래되어 생기는 혼란인 겁탁과, 사람들의 번뇌가 치열해져서 생기는 혼란인 번뇌탁과, 사람들의 성질이 복잡해져서 생기는 중생탁과, 사람들이 삿되게 보는 견해가 세상을 뒤덮어 생기는 혼란인 견탁과, 사람들의 수명이 짧아져서 생기는 혼란인 명탁이다. 오탁이다.

오탁: 겁탁, 번뇌탁, 중생탁, 견탁, 명탁


옴 마니 뻬메훔(대자대비) 공성과 지혜

관세음보살 관정 −내부적인 장애를 제거해야 된다. 그렇지 않으면 관정 받는 장소에 와도 제대로 받을 수 없다.


3가지 허물 제거(유형)

① 뒤집힌 그릇은 담을 수 없듯이 집중을 해서 법을 들어야 된다.

② 구멍 난 그릇은 담을 수 없다. 잘 듣더라도 기억을 하지 않으면 구멍 난 그릇과 같다.

③ 더러운 것(웅가나 독약) 담은 그릇에 담을 수 없듯이 마음동기가 잘못 되면 담을 수 없다. 똑똑한 지식보다 선한 마음의 소유자가

우선이다. 청정한 마음으로 긍정적인 조건 갖추고 법보시, 재보시, 무애보시, 육법공양 등 복덕 쌓는 공덕을 지어야 된다. 복덕의 밭을 일구어야 된다.

① 몸만 있고 마음은 딴 곳에 가 있다.
② 좋은 마음동기로 들어야 된다.
③ 아무리 담아도 샌다.(기억을 잘 해야)

갖추어야 할 6가지 인식
나는 환자다 스스로 인식
부처님은 의사. 스승의 대행으로 오신 의사
정법은 약
스님은 간호사, 실천하고 닦아야 한다.
부처님, 정법, 스님(의사, 약, 간호사)은 병원에 있으니 절은 병원이다. 마음의 병을 고치는 병원!

◎ 자비도량참법은
양무제가 황후치씨를 위해 여러 학승들을 통해 편집한 가장 오래된 "참법"이라며, 양나라의 무제가 닦아 '양황보참'이라고도 불리는 이 참법은 자비를 증장해서 모든 중생을 고해에서 해탈케 해주는 "참회의 법문"이라고 밝혔다. 이어 참법에 의하여 원결을 풀면 원수가 없어지고 병이 낫고 어둠을 깨뜨리는 밝은 등이 되어 뭇 생명을 이롭게 한다는 수행법이다.

## 사성제

생·로·병·사, 삼독이 모두 고제다. 집착이다. 욕망이 생에 강한 집착으로 모두 취하려고 한다. 집제이다. 번뇌의 근본을 멸하고 집착을 끊을 수 있다면 진리인 멸제라고 한다. 고통은 완벽하게 멸한 경지에 든 사람에게는 여덟 개의 바른 길인 팔정도 수행의무가 있다.

① 바른 견해　　② 바른 사유
③ 바른 말　　　④ 바른 행동
⑤ 바른 생활　　⑥ 바른 정신
⑦ 바른 알아차림　⑧ 바른 집중

팔정도는 욕망을 멸하기 위한 바른 길의 진리, 도제라고 한다. 깨달음의 핵심, 파리, 율장대품 지혜가 없는 마음이나 내 것이라는 집착을 버려야 깨달을 수 있다.

## 보신이란?

본래 형체 없는 법신의 부처가 사람들을 고통에서 구원하기 위해 형체로 나타나 서원을 하고 계행을 쌓고 성스런 이름을 드러내시어 중생을 이끄시는 부처님이시다.

법화경에 보면(법화행자), 진실한 불자는 부처님의 가르침을 받들어 수행하고 또 그 가르침을 다른 사람에게 전하기 때문에 삼보중의 승보로 추앙하는 것이다, 라고.

※『나는 티벳의 라마승이었다』는 롭상람파 이야기를 읽고 감명 받았다.

불교는 사상이 아니라 사실이다. (해산큰스님 법문)

사상은 생각이지만, 불교는 생각이 아니기 때문이다.

누겁을 통하여 부처님이 나실 때만 핀다는 우담발화라고.

반야 바라밀의 도리(마음도리)

서방정토 극락세계, 남방세계, 서방세계, 북방세계, 하방세계, 육방세계에서 낱낱이 끝없는 법문을 하고 있건만, 우리 스스로 모르고 있다.

바로 지금 해야 한다.

사람을 왜 사람이라고 하는가?

그 뜻을 되새기면서 천리마를 채찍질하듯이 꾸준하게 날이 갈수록 더욱 간절하게 의심을 더해 나가야 할 것이다.

과거 부처님께서도 자기 마음의 고향을 밝혀 말해 놓은 것이 팔만대 장경이다.

삼계는 탐·진·치 삼독이다.

그 세계를 따라서 내내 뺑뺑 돈다. 다람쥐 쳇바퀴 돌듯이 그 세계만 돌게 된다. 그 때문에 부처님께서 우리에게 항상 "그만!" 그렇게 돌지만 말고 그 자리에서 그대로 한 번 쉬어보라고 하신다.(척 앉아라) 반야 대 자비의 배를 타고 저 보리의 언덕에 이르려고 하는 것이다.

보리 언덕이란, 이 방 안에서 본래 성품에 대한 희미한 기억을 타고 저 언덕(마음의 고향)에 가는 것이니, 이 언덕과 저 언덕은 둘이 아니다.

우리의 한 생각이 의심으로 돌아가면 이 이름이 저 언덕이요, 한 생각이 일어나는 곳에 그냥 머물러 있으면 이 이름이 이 언덕이니라. 그래서 부처님 법을 알려고 하거든 무엇보다 항상 나 혼자의 말이 아니라 삼세의 모든 부처님과 조사께서 증명한 것이다.(말씀이니라)

악업도 좋은 점이 한 가지 있다(참회할 수 있으니).

'인'에 의하여 '과'가 있는 것, 그 과에 의해서 "보"가 되는 것이다.(원인, 결과, 과보)

## 2 유명하신 목련존자 이야기

목련존자는 부상장자의 외아들이었다.

5~6세 때 부친을 여의고 묘소에서 3년 시묘를 살았다. 그 후 돌아오니 어머니가 집안을 몰락시키고, 나쁜 짓만 골라서 하고 있었다. 존자는 어머니에게 신신당부하기를, "스님네께 공양 올리고, 불우한 사람 구제하는 데 쓰라." 하고, 가문을 살리려고 돈벌이를 하러 떠났다.

10살 정도 때 3년을 나가 돈을 벌어 원상이 복구될 정도가 되어 돌아오는 길에, "장자댁 살림살이 사는 것이 어떤가?" 하고 주변 사람들에게 물었다. 그러나 전과 같이 무당이나 광대를 데려다 가축을 잡고, 풍악에 살림살이는 말이 아니다, 라고들 하였다. 그 소리를 듣고 하도 기가 막혀서 나복(목련존자)이 땅을 치고 통곡하였다.

그런데 어머니는 아들과 약속한 대로 생활했었다고 한다.(거짓

이다)

"천지신명이시여, 내가 아들과 약속한대로 생활을 하지 않았다면, 1주일 안에 병이 나서 무한한 고통을 받다가 무간지옥에 들어가겠습니다."

그래서 나복이는 '아! 우리 어머니는 참 착하고 장하구나.'라고 생각하며 집에 돌아갔는데, 그날 저녁부터 어머니가 병이 났다. 사지가 뒤틀리는 무서운 병에 걸렸다. 아들이 지성으로 간호했지만, 1주일 만에 돌아가셨다. 선산에 모시고 3년 시묘 살고 내려와서, 마침내 출가를 했다.

한 번은 부처님께서 여행을 하시는데, 모시고 따라 갔다. 그런데 뭔가 산더미 같은 것이 있어서 "부처님께 이것이 무엇입니까?" 하고 여쭈었더니, "너의 전생의 몸이니라. 너는 전생에 아귀로서 금생에 사람 몸을 받았느니라." 하시는 말씀에… 신통을 얻게 되었다.

신통이라는 것은, 사람이 죽어서 혼이 어떤 곳에 가서 어떤 몸을 받아 태어날 수 있다는 것을 알 때, 그 이름을 신통이라고 한다. 목련존자 신통을 통해서, 삼십삼천, 화락천상에 가서 평소에 선행을 닦았으며, 악업을 지은 일이 없는 우리 부모는 응당 여기 계시겠지, 싶어 찾아보니, 부상장자는 거기 와 있는데 어머니 청재부인은 어디로 갔는지 없었다. 그래서 영산회상의 부처님께 여쭈었다. "아, 너희 어머니가 언행이 같지가 않았다. 지옥이라는 세계가 있으니, 거기 가서 한 번 알아보아라."라고 하신다.

신통력으로 아비지옥을 전부 살펴보니, 거기도 간수가 있다. 그가 귀신의 왕이라 무섭다. 그런데 우리가 잠깐 동안이라도 선정에 들어가

앉으면, 그 무서운 아귀의 눈빛이 변하여 자비의 눈이 된다. 부드러워져 연꽃 같이 된다.

이웃 간에 서로 말다툼을 하다가 극에 달했을 때, 한 사람이 "척" 앉아가지고 보면, 그 때 정해산 스님 법문할 때 하던 말이 이것이구나, 하고 증명할 것이다.

목련존자 지옥에 들어가니, 어머니가 철창 속에서 얼굴이 나타나는데, 어떤 고통을 받았는지 상상할 수도 없는 얼굴이 되어 있었다.

"어머니시여, 평소에 어질고 착하게 사셨는데 왜 이렇습니까?"
"아니다. 내가 너를 속였구나. 거짓말을 했다. 스님이 오면, 바루를 깨고 목탁을 던져 깨고 내쫓았던 죄로 오늘날 내가 여기 왔구나! 착한 아들아! 나를 구출해다오."

"귀신의 왕이시여(간수), 저를 묶어 가시고, 우리 어머니를 내어주십시오." 하고 사정을 했다. "이것은 본래 부모자식 사이라도 대리로 받을 수 없다."라고 한다. 그래서 존자는 부처님께 "어머니를 구출하게 해 주십시오."라고 하니, 만 집에 동냥을 해가지고 사월 초파일날 부처님 전에 만등의 등불을 켜드리라고 하신다. 불, 철, 주, 야로 나서서 동냥을 해가지고, 사월 초파일에 만등불사를 했다. 또 한 가지는, 어떤 가난한 사람이 있었는데, 다른 사람들이 등불사 하는 것을 보고, 너무 좋아서 자신도 한 번 해볼까, 싶은 생각에 동전 한 닢으로 기름을 사서 깨끗한 접시에 담아 불을 켜서 동참했다. 이날은 회오리바람이 몹시 불어서, 등불 전체가 다 꺼졌다. 새벽에 들어가 보니 접시에 켠 불 하나가 안 꺼지고 있다. 어찌 이럴 수가! 바람이 아무리 불어도 그 정성을 침노하지 못한다. 정성을 들이지 않고, 여기 저기 켜놓고 이것도 내 등, 저것도 내 등이다, 이런 마음으로 하니 안 된다. 그 한 닢으로 켠 등불은 진실성이 있게 하고, 수희찬탄하며 켰다. 그 불은 어찌 세상의 바람으로써 끌 수가 있겠는가? 채소도 아침에 심어 당장 키워먹는 채소가 있고, 서너 달이 차서 나오는 채소가 가질 맛을 다 가지고 나온다. 사람도 복을 지니고 나온 사람은 눈, 코 안 그려도 이목구비가 뚜렷하게 생겨서 나오는데, 불현듯이 마음을 잘못 쓰다보면 눈을 그려야 되고 코를 그려야 되고 입을 그려야 되는 그런 사람의 형상이 되는 것과 같다.

우리가 켜는 이 불은 영원히 악풍에 꺼지지 않는 그러한 불이 되어야 한다. 만등을 켠 후 목련존자는 어머니가 화락천상에 났을 줄 알고 그곳에 가보니, 어머니가 없었다. 그래서 부처님께 또 여쭈었다. "부처님이시여! 우리 어머니가 응당 화락천상에 계셔야 될 텐데, 안 계십니다. 어디로 갔습니까?" "아! 그래 네가 이 바루에 밥을 한 그릇 담아가지고 어느 장자의 집에 가보아라. 가보면 개가 한 마리 있을 것이다." 그 장자의 집에 가 보니, 개가 한 마리 있는데, 새끼 12마리를 낳았다. 어미 개는 젖이 잘 안 나와 새끼 개가 어떻게나 심하게 빠는지, 배가 갈라지고 뼈와 껍질만 남았다. 아이구! 우리 어머니가 어떻게 하면 천도가 되지! "부처님, 아무쪼록 우리 어머니를 구출하도록 해 주소서." 금생에 터럭만큼도 선행한 것이 없으면, 장차 명부의 왕 앞에 무엇을 내놓을 것인가. 부처님께서는 목련존자에게 "어머니가 개의 몸을 벗고 천상락 받기를 원한다면 다시 만 집 동냥을 해서 7월 15일 백중에 우란분재라는 재를 해 드려라."고 하신다. 재라는 것은 정성껏 음식을 만들어서 여럿이 나누어 먹는 것을 이름하는 것이다. 목련존자는 만 집 동냥을 해서 어머니를 천도했다. 동냥을 가면 만 집이 다 기뻐하는 것은 아니다.

주기 좋아하는 사람은 오직 부처님 한 분뿐이다. 그 외에는 주는 것도 싫어하고 받는 것은 좋아하는 것이 전체다. 어찌해서 부처님의 마음과 우리의 마음이 다른가? 어째서 이렇게 마음이 여러 가지가 있는가? 이 마음을 찾아보면, 한 갈래 두 갈래로 갈라져 있는 장소가 본래 없다. 그런데도 천 갈래 만 갈래로 갈라진다. 이러하니 부처님 전에 절을 할 때, "다리가 아파서 못 한다."라는 것은 모두 갈라진 마음으로 핑계를 대는 것이다. 스스로 답답해 죽을 지경이 되면, 절 안 하던 사람도 살기 위해 한 가지 마음을 갖고 절을 한다.


※ 법문 듣는 자세 (하시는 공덕)

마음동기

귀의를 바로 해야 쌓게 쫌덴데 =부처님께서 중생의 고통을 손으로 닦을 수 없으니 물로도 씻을 수 없고

부처님 자비로운 마음으로 일체중생 위해 무명 때문에 고통 오고, 가피로 바꿀 수 없다.

알아야 된다.

의지하여 나타나는 것 연기 통해서(연기 진언)

원인과 조건 없이 생기는 것 없다.

콩 심은 데 콩 난다. 원인과 조건에 의지해서 생긴다.

밀교명상 보리심, 공성 알아야 된다. 반야학을 하면 보리심, 공성 깨달을 수 있다. 부처님 명상으로 차례로 올라가야 된다.

보리심 반대는 이기심

공성을 연기를 통해 악업조건에 의해 생기고, 선업을 많이, 남에게 행복을 주는 선한 마음으로 대하고, 겉으로 아무리 달콤해도 마음이 더러우면 죄 짓는다. 질투의 원인을 알아야 하고 자비도 어떤 원인에서 오는지 알아서 살펴야 된다. 화가 나면 즉시 원인 살피고, 마음 다스려야 한다. 허물을 알고 줄여야 된다. 수행이란 마음을 변화시키는 법을 통해 해야 한다.


구전, 관정 주시는 자격

스승의 자격이 있어야 되고, 밀교를 공부하여 알아야 된다. 공성을 통해 올바른 견해가 있어야 된다. 자신의 마음이 공성과 보리심 있어야 제자들을 움직일 수 있다.

17스승님의 은혜, 용수보살님 은혜, 법을 통해 수행하면 부처님의 큰 뜻을 알아차릴 수 있다. 믿음과 신심이 확실해야 한다.


※ 고려대장경(해인사 소개)

칼끝에 새긴 숨결

해인사 750년 역사

장경기도 천일, 산벗나무로 경판재료 쓰임

길이 80, 넓이 14, 두께 2.8, 3.6cm

15,000그루 나무 소요

1236년 각수대웅(이름) 새김

서사 간전 1241년 조성, 16년에 걸쳐 완성.

각수 3,600명 참여, 국왕 칙명에 의해 제작.

대반야경 첫 번째 각수정수가 새김

고려인 숨결, 반야심경 각수언롱영

1252년 4월 고려 고종

고성 옥천사(고려동종) 한층서반자

각수 다 30판에 새기다.

고려사 고종 38년 대장도감-강화도 보문사

마지막 남해 보문사

가야산 하거사 삼며각수

1398년 강화도 선원사에서 목판대장경

18523장 금광명경 왕오천축국전 신라 승려 혜초,

아지라 바티강 2천리를 흘러 갠지스강으로 흐른다.


※ 대장경은 살아있다.

아시아 문명 종교와 언어를 넘어선 인류문명의 결정체

벽송사(서암정사) 경남 함양 지리산

대방광불(화엄경) 사경공덕 1자 1배하며

화엄사 시자탑 화엄석경

스리랑카는 남방불교다. 패엽경을 읽고 철야 49재를 지내준다.

중국 석경 불교 탄압 때 새김, 돌에 새김.

묘법연화경 중국스님 새김

정토, 반야, 밀교사상, 대승불교사상이다.

1011년 고래대장경

1006년 대장경

일본 7세기 후반 천무천황 8세기 금은장식

각필사본(금지금강경사본)

고려 명종조 1181년

1377년 직지심경

신·구·의 삼업소멸 해인사 고려대장경

금강경 – 공사상(무아)

실존철학, 불교예술 대장경은 문학이다.

13세기 고려도읍 강화도

고종 홍릉 – 강화도

해인사 목판 다 타버린 것을 고종 38년에 16년 만에 준공되었다.

부처님 말씀 잠시 머물 뿐이다.

고려 초조대장경 법보전 81,258매 보존

1516종 6,815권


대방광불화엄경


수기장본＝고려승려 뜻

가장 신뢰할 수 있는 대장경

초조대장경 780년 됨

대장엄경론 22～23행이 바뀌어서 새로 새겨 넣었다. 연구이사장

종림스님

중국-경접장 중국 남방계열 계보장경, 증원 계열 대장경 고려대장
경과 비슷함

고려대장경은 여러 계통을 통해 만들어졌다.

성종 991년, 문종 1063년 거란 대장경

대장목록-대장경의 순서

초조대장경 불타 없어지고 대장중이 복원되다.

불명권 30권＝천불신앙 수나라 516년에 새김

불정불 12, 고려 30, 고려본 18.

남선사 대장경 - 일본경

불설불명경 - 해인사

교정별록 18권을 버리고 30권본은 남겼다.

1011~1087년까지

대각국사 의천의 불전천서 15세기

1176년 필사본-(일본)

금강삼매경론＝원효대사

불교삼장(대장경)

1865년 조선 고종 2년 대완전이란 없다.

완전한 상태에 머물지 않는다.

시시각각 변한다. 상강례, 해인사 아침예불


2500년 1부 인도에서 한반도까지

인도 바라나시 갠지즈로부터 갠지즈강

카트 인니아 초전법륜상 기원전 2세기

바르후트 1898년 뼈사리 유물함

샤카족(부처님사리) 산치 유적지

스투파(탑) 무덤

기원전 3세기 아쇼카왕 사리 모심

5세기 동문 입구 보리수, 법륜발바닥

보살상 2세기 마루마투라에서

통도사 금강계단 카필라 바스투 샤카족의 수도(성)

티라우라콧트(네팔)

카필라성 동문을 통해 출가하심

기원전 500년 석가모니 시대 뼛조각 사리 발견됨

대반열반경 8개 나라 나뉘어

바이살리(사리병)

스투파 숭배(탑)

코끼리 이용한 석가모니 사리

산치스투파 남문

아쇼카왕이 쿠시나가르(열반당)

열반과 함께 종교 됨

쿠사나가르 5세기 초 만들어짐

열반상 사리쌍수 아래서, 법신(진리)

청정법신

화신 석가모니(가신)

고타마 시달타

대적광전

법신이 화신보다 우선

생전의 가르침 설법 진리의 종교, 진리의 신앙

네팔-룸비니 탄신지 연못 출산 직전

탄생상 마야부인당

기원전 3세기 탄생석

아쇼카 석주, 아쇼카왕 200년이 지나 아쇼카 왕이 돌에 새겨진 부처님 설법 찾음.

탄생 227, 첫 설법

깨달음, 팔상이 사생으로 인도 비아르주.

나즈기르 오래 머무신 곳.

칠엽굴에서 500 나한과 대가섭존자 지도하시고,

아라한(아난존자) 말씀 우팔리(계율)

쌈기티 함성

사르나르 녹야원 현장(초전법률, 첫 설법)

아쇼카 석주(사자상)

녹야원 첫 설법지

제법무아

인과 연의 결합으로 집착하지 말아라.

그것이 지혜다(공사상)

보드가야(붓다가야)

인도 영취산 사자봉

초기경전(아함경)

사분율(계율) 경과 율은 합성

외우고 암송, 그 후 200년 후에 성도상
깨달으신 곳 붓다가야다, 보리수나무 있는 곳

나무아미타불

공, 무상, 무원이라는 삼공문을 터득하심. 그리고 법장은 수행에
의하여 거룩한 성체가 되시었다. 입에서는 마치 푸른 연꽃 내음과도
같았고, 털구멍에서는 전단─향나무의 이름(단향목)─의 향기가 풍
겼으며, 그 야릇한 내음은 온 천지에 젖어 있었다. 또 손에서는 의복과
묘향과 천개(관을 덮는 뚜껑), 당번(휘장과 기) 등 여러 가지 물건을
내실 수가 있었다. 이와 같이 성체를 장엄히 하는 물건들은 천상계의
그것보다 훌륭한 것이었다. 석가모니 부처님께서 "법장보살은 지금
무엇을 하시나?" "법장보살은 이미 성불하여 서방 먼 곳에서 정토를
이루고 계시다. 그곳은 이 사바세계와 십만억 불토나 떨어진 먼 곳에
있고, 그 정토는 안락국이다. 도를 닦은 지 얼마나 되었나?" "십겁이라
는 긴 세월이 흘렀다."

그 안락세계는 천연의 금, 은, 유리(곤색 보석), 산호, 호박, 차거,
마노의 7가지 보물로 된 대지가 끝없이 펼쳐져 있어서 이들 보배가
서로 아름다운 조화를 이루고 있다.

이 칠보는 가장 좋은 것이며, 대자대천에 있는 보물과 같은 것이다.
그 안락국에서는 수미산이나 금강 철위산 같은 높은 산은 없으며,
큰 바다나 호수, 계곡, 우물이나 언덕도 없는 평평한 대지이지만,
이러한 산이나 호수를 보고 싶으면 부처님의 위신력으로 당장 눈앞에

볼 수 있는 것이다. 삼악도도 없고, 춘하추동도 없고 언제나 온화한 곳으로 정말 살기 좋은 나라다. 동서남북 사위, 팔방, 물론 상·하 시방세계를 한결 같이 비추는 불가사의의 광명이다. 아미타불은 무량광불, 무변광불, 무애광불, 무대광불, 염왕광불, 청정광불, 환희광불, 지혜광불, 부단광불, 난사광불, 무칭광불, 초일월광불이라는 12가지 다른 명칭으로 부른다.

성문—설법을 듣고 사제의 이치를 깨달아 아라한이 된 불자
연각—자기 스스로 열반을 구하여 그를 깨쳐 남에게 설법, 교화하지 않는 성인
서방정토 극락세계는 오로지 쾌락만 받는 곳이다.
나무아미타불, 나무아미타불, 나무아미타불
성불하기 전에는 법장보살이시다.
상불경보살—항상 가벼이 여기지 않는다는 뜻의 보살.

법화문구에서—안으로는 마음속으로 가벼이 여기지 않는 불경 이해를 가지고, 밖으로는 가벼이 여기지 않는 대상을 공경하여, 몸으로는 가벼이 여기지 않는 행을 세우고, 입으로는 가벼이 여기지 않는 가르침을 베풀기에 가벼이 여기지 않는다는 제목 지었다.

제법실상이 곧 열반이다.

제법중에는 모두 열반의 성품이었다.

여러 가지 사물의 현상 속에는 모두 니르와나(열반)의 본성이 실제하고 있다. 이것을 정해져 있는 성품, 곧 "법성"이라고 이름하고 있다. 『반야경』에 의하면 이 여래의 법신은 진여, 실제, 공 등과 같은 의미라고 한다. 그래서 이러한 여러 가지 말들은 이미 서술한 바와 같이 연기와 동일한 의미이기 때문에 다시 깊이 생각해보면 여래의 법신과는 연기의 이법, 그러한 것의 의미와 다르지 않다. 연기해서 생기는 것은 곧 법이다. 법이란 곧 여래의 몸이다. 여래의 몸은 곧 법신이다.

"중론" 나르나와론(열반론)

천손의 출가(대천손)

그것은 여름 억달 동안 사무량사 등

사범행 ① 한없는 자비심

② 한없는 괴로움을 없애는 마음

③ 남의 고락을 함께 하는 마음

④ 모든 집착을 버리는 마음

이 4가지 마음은, 많은 사람들에게 인연을 주며 많은 복을 끌어오면 무량심이라 일컫고, 평등하게 모든 사람을 이롭게 하면 등심이라 부르며, 이것을 닦으면 색계의 범천에 태어날 수 있으므로 사범행이라 한다. 사범행이라는 수행을 하면, 범천왕은 그 수행자에게 내려가 그 수행자를 만나준다는 것이다. 이것을 생각한 그는 선배가 말한 일의 사실 여부를 알아보기 위하여, 범천왕을 만난다는 호기심도 거들어 사무량의 수행을 하기로 결심했다.

일곱 왕과 일곱 대거사에게도, 칠백 바라문에게도 같은 양해를 구해 동쪽 조용한 곳에 건물을 짓고 4달 동안 사무량심 수행을 했다. 그러나 범천왕은 내려오지 아니하였다. 그는 선배의 말과 사실이 다를 뿐 아니라, 범천왕의 모습이 떠오르지 않는다는 것은 무엇인가 딴 까닭이 있는 것이 아닌가 하고 고민하였다. 그런데 십오야 만월 밤에, 상상도 못할 일이 생겼다. 그날 밤 그는 수행하는 도량에서 나와 맑은 달빛 아래 빈 땅에 앉아 있었다. 그랬더니, 한줄기 대광명이 그의 눈앞에 나타났다. 그는 한편 놀라고, 한편 이상히 여기면서 이 광명은 어쩌면 범천왕이 내려오시는 전조가 아닐까 하고 생각할 사이도 없이 범천왕은 동자의 모습으로 그의 머리 위 공중에 나타났다. 이에 그는 계를 불렀다.

「어떤 하늘의 모습이신가

허공에 계시오면서

사방을 비추는 광명의 모습

마치 불타는 큰 불 같도다.」

그 때 공중의 동자도 게송으로 대답한다.

「범세에 계시는 제천만이 동자를 알아볼 것 아니라. 여남은 사람은 동자들랑 대신으로 우러르리라.」

그는 이 동자야말로 기다리고 기다리던 범천왕이 분명하다고 확신 했다.

「나에게 구하는 바 있어 깊이 공경의 뜻 품었소이다. 갖은 별이 마련하였사오니, 불쌍히 여기사 들어 주시옵소서.」

동자의 범천왕은,

「천손이여, 그대의 수행이야말로 무엇을 구하려 함이요. 그대의 깊은 정성의 표시 그 공양 즐겁기도 하여라.」

「법세의 동자여, 내 묻노니 나의 의문 풀어지이다. 무엇을 배우고 닦으면 법세에 태어날 수 있으오리.」

동자의 범천왕은 다음과 같이 대답하였다.

「인간의 생각 떨쳐 버리고 자비의 마음을 닦고 닦으라. 욕심 없고 때 묻지 않은 사람은 법세에 태어날 수 능히 있으리.」

이 대답을 얻은 그는 범천의 동자는 「때 묻지 말라고 하였는데 그 때라는 것이 대체 무엇일까?」 동자는 대답하였다.

「남을 속이고 시기하고 주제넘은 깨달음 마음에 그득, 욕심과 노여움에 사로잡혀 도리어 어둡고 불만이 가득, 이것이야말로 세상의 때이니라. 그대 위하여 내 설법하리니, 이런 때를 떨어버리지 못한다면 법세에 태어날 가망 바이 없도다.」 라고 하니 대천손은 무엇인가를 알았다. 속세의 생활에서는 도저히 지킬 수 없는 게송이다. 출가의 몸이 되려고 결심했다.

동자의 범천왕은 그의 마음속을 꿰뚫어 보고,

「그대의 마음 씩씩하여라.

그대의 뜻 갸륵하도다.

슬기로운 자의 소행이여,

미래의 삶은 법세로다.」

이 게송을 말하고 나자 공중의 동자는 연기처럼 사라져 버렸다.

「대왕님 덕택으로 나는 범천왕을 만나 뵈었습니다.」

## 법화경

법화경은 삼계의 대도사인 부처님의 정법이 들어 있는 경이고, 천중의 왕이신 부처님의 심중이 들어 있어서 부처님이 항상 호념하신다고 하였습니다.

마땅히 삼계의 중생들로부터 공양 받으실 만한 응공이신 부처님의 본회가 담긴 이 경을 천룡팔부와 일체천중이 어찌 수호하지 않겠습니까? 경에서는 이 법화경을 읽고 실천하는 법사는 사자왕과 같이 나아가라고 말씀하셨습니다.

하늘의 모든 동자가 시봉하리라. 칼과 막대기로 때리지 못하고 독도 능히 해치지 못하며, 만일 사람이 미워하고 꾸짖으면 입병이 나리라. 다닐 때는 두려움 없어 사자왕과 같고 지혜의 광명은 해가 비침과 같으리라.

계송으로 ##

천제동자, 이위급사, 도장불가, 독불능해, 약인악매, 구즉폐색, 유행무외, 여사자왕, 지혜광명, 여일지조.

위와 같이 오탁악세에 법화경을 펴는 것은 여간 힘든 일이 아니어서 무한한 인내력과 인욕력이 있어야 하고 몸과 목숨을 아끼지 아니하는 굳은 결심이 있어야 합니다.

항상 하는 세 가지

※ 또 씁니다. 기억하시고 하시라고.

① 절하고-옴착, 땅착 있다. 오체투지-대배

신·구·의 삼문으로 기억하고 부처님 상호를 돌이나 쉿덩이처럼 보면 안 되며, 항상 살아계신 부처님 모습, 부처님 말씀, 부처님의 마음의 공덕을 생각하며 절하고, 이기심을 이타심 마음을 바꾸는 생각으로 절을 해야 된다. 남을 이롭게 하고 보리심 일어나게 발원한다. 겉으로만 가꾸지 말고 마음을 깨끗이 닦으며 절을 한다.

② 수행하고-경전을 읽고, 내용 생각하고, 참회해야 되고, 명상하며, 도량청소, 봉사하는 것.

사마타-집중 명상

위빠사나-관찰 명상 등을 한다.

③ 회향하기-일체중생이 모든 고통에서 벗어나서 부처님 법을 바로 닦고 행복하게 하소서.

각자 자기 마음에 닿는 구절 찾아서 하기.


내일보다 내생이 먼저 올지 모른다.
열심히 닦아야 한다.


출리심-생·노·병·사 생각하고 삼악도의 고통을 생각해서 진저리 치며 일으켜야 한다.

보리심-타인을 생각하고, 큰마음으로 베푸는 마음

공성(바른 견해)-연기를 알고 항상 바른 알아차림

삼귀의란 어떻게?

완전한 깨달음 얻을 때까지 제가 귀의합니다.


육식 – 안·이·비·설·신·의

칠식 – '나'라고 집착하는 것

집착 – 치(어리석음)

육근은 육정이라고도 한다.


자각현상(내가 깨우친다)

나 혼자 깨는 사람이 있고, 타력으로 깨어나는 자도 있다.

중생제도에는 타력으로 깨침이 더 크다고 한다.

의지처는 타력이다.


대원경지 – 일체법을 다 비추고 다 아는 지혜

　　　　　아뇩다라삼먁삼보리(금강경 29번)


달마스님 이야기

　눈에 보이는 것은 아무것도 아니다

　형상에 염여 끄덕이다.

　모든 여래는 오직 법신 지상이다.


　묘관찰지 – 공과 무상을 깨닫는 지혜

　비유비무 – 실체가 없는 줄 알면서 닦는 것. 부처님 참 가르침.

부처님 3대 제자

• 사리불존자(아난존자)

사리불은 육사 외도의 한 사람인 산자야를 섬기어 7일 만에 그의 교지를 통달할 만큼 뛰어났다. 스승이 죽자 아설지를 만나 제법무아의 이치를 깨닫고 목건련과 함께 제자들을 데리고 불문에 들어왔다.

『중아함경』에는 "지혜가 무궁하여 모든 의혹을 푸는 데에는 사리불 비구가 제일이다"라고 하였다.

• 목건련존자(목련존자)

사리불과 함께 산자야의 제자였다가 죽림원에서 부처님을 뵙고 부처님의 제자가 되었다. 부처님의 십대 제자 가운데 신통력이 가장 뛰어났던 목건련은 부처님보다 먼저 입멸하였다.

• 가섭존자

소욕지족하여 항상 두타행을 하였다. 가섭은 부처님이 입멸하시자 오백 명의 아라한을 데리고 칠엽굴에서 부처님의 말씀을 편찬하는 제1결집을 했다. 특히 가섭은 선종에서 크게 존경받고 있는데, 그것은 가섭이 세 곳에서 부처님으로부터 마음을 전해 받았다는 삼처전심三 處傳心에서 연유한다.

① 선행(마음동기)
② 실제의 행
③ 결과의 행(회향)

삼보에 귀의하는 공덕의 크기는 물질로 표현하자면 욕계, 색계, 무색계 삼계에 다 넣어도 들어가지 않을 정도로 크다고 한다.

바닷물 하나하나를 헤아릴 수 없듯이, 삼보에 귀의하는 공덕도 헤아릴 수 없다고 한다.

'불'께 귀의하고 나서는 외도에게 귀의하면 안 된다. 한 마음으로 귀의해야 한다.

'법'께 귀의하고 나서는 다른 중생에게 해를 끼쳐서는 안 된다. 경전 소중히 여겨야 한다.

'승가'에 귀의하고 나서는 나쁜 친구와 어울리지 말아야 한다.

삼보에 귀의하고 나서는 다른 종교와 어울리지 말아야 한다. 일체중생은 소중히 생각해야 하기에 바르지 않는 행이나 견해에 대해 친하지 말라는 뜻이지 그 사람을 멀리하고 말도 하지 말라는 그런 뜻은 아니다.

예를 들면 기독교에서는 축생을 하나님이 주신 것이니 마음대로 해도 된다고 하지만, 불교에서는 축생도 나의 어머니와 마찬가지로 일체중생으로 여겨 사랑하게 된다. 이렇게 분명한 차이가 있는 견해는 가까이 하지 말라는 뜻이다.


사천왕존, 중, 산신, 이런 것도 세속신이므로 귀의하면 안 된다.

벌레는 지혜는 없지만, 악업은 크게 짓지 않는다.

『보만론』 보면 부처님 가르침은 두 가지로 요약할 수 있는데, 신심과 지혜이다. 처음은 믿음이 중요하다.

공덕의 크기는 물질로 표현하자면 욕계·색계·무색계 삼계에 다

넣어도 들어가지 않을 정도로 크다고 한다. 바닷물 하나하나를 헤아릴 수 없듯이 삼보에 귀의하는 공덕도 헤아릴 수 없다고 한다.

입으로 말로 생각으로 짓는 죄 정말로 크다.

'인'을 깊이 따져 들어가면, 무지, 어리석음, 무명 이런 것들이 있다.

불가사의 – 오로지 부처님 말씀을 통해서 믿어야만 되는 것이다.


## 꽁라린뽀체 법문 중에서(2012년)

다르마는 어떻게 우리의 삶을 변화시킬 수 있나.

다르마 – 법(지나다)의 뜻

방편 – 보리심이고

지혜 – 공성이다.

장사를 해서 이익 나는 것으로 부처님 공양 올리는 것도 법을 행하는 것이고, 다른 사람의 이익을 위해 장사하는 것도 그 자체도 법을 행하는 것이다.

티벳 사람들이 라싸를 한 바퀴 도는 것을 탑돌이라고 하는데, 링꼬르라고 한다. 종교행사이다. 축생도 함께 데려가면 축생에게도 많은 이익이 된다.

탑돌이 – 링꼬르 – 꼬라

옛날 "낌딱뻴께는" 벌레로 태어났을 때 소똥 위에 앉아 있었는데, 비가 와서 소똥이 빗물에 휩쓸려 함께 탑돌이를 한 선행을 쌓아 인간으로 태어나고 아라한의 경지까지 올랐다고 한다. 그런 이유로 꼬라가 생겼습니다.

낌딱뻴게는 나이가 많아서 공부할 수 없을 거라고 자살할 생각도 한 적이 있다. 가정이 어렵고 복잡한 일도 많았음에도 불구하고 86세 출가했는데, 부처님을 만나 공부해서 아라한의 경지에 올랐다.

쓰레기를 버릴 때는-장애와 탐·진·치를 버린다.
쓰레기를 이기심이라고 생각하고 버려라.
청소도구는 가르침이고, 방편의 길
공양도구나 공양은 좋은 것을 선택해 올려야 한다.
열반경, 법화경, 금강경 등을 읽는다.
티벳인들은 일억이뼐-옴 마니 뻬메훔
마니차 돌리고, 하루 동안 지키는 포살계목 8가지
　① 술 먹지 않기 ② 도둑질 안 하기 ③ 거짓말 안 하기
　④ 사음 안 하기 ⑤ 살생 안 하기 ⑥ 높고 큰 자리 안 앉고
　⑦ 넓은 침상 쓰지 않고 ⑧ 정오후 음식 안 먹기 등이다.

색즉시공이란-색 자체가 없다는 뜻이 아니라, 의지하지 않고 독립적으로 존재하는 자유로운 것은 없다는 뜻이다. 이름 붙인 대상만 있는 것이다.

공성의 뜻은-'하나도 없다. 아무것도 없다'고 받아들이면 편견이다. 좋지 않은 견해다. 공성에 대해 완벽하게 알아차려도 아라한까지만 갈 수 있다.
부처님 경지는 오직 보리심을 일으키는 것이 최고이며, 복덕을

많이 쌓아야 한다.

## 17대 승가중

• 법칭보살(다르마까르띠) 인명학 말씀

    지금 이 순간의 의식은 물질이 변하여 된 것도 아니고, 지금 의식이 존재하려면 반드시 직전에 상속된 의식이 있어야 하므로, 이런 이유로 전생이 있다고 말씀하신 것이다.

    이렇게 전생이 있다면 수많은 전생과 다음 생이 있음을 논리적으로 받아들일 수 있다.

• 성천보살(아리야데바)

    『사백론』에서 "미세한 무명을 바르게 본다면 무명은 없어진다. 그러므로 우리의 모든 노력은 연기를 깨닫기 위해 써야 한다."고 말씀하심. 그렇기 때문에 기복도 도움은 되지만 근본문제를 해결할 수 없기에 연기와 공성을 깨달아야 윤회의 근본문제를 깨달을 수 있다. 최선의 노력을 공성과 연기 깨닫는 쪽으로 써야, 하나의 대상에 대해 연기는 긍정적으로 표현하는 것이고, 공성은 부정적으로 표현하는 것이다. 서로 밀접한 관계가 있다. 가장 중요하게 기억해야 할 것은, 공을 깨달은 것인지 아닌지 스스로 알 수 있다는 것이다. 인과와 연기의 가르침들을 더 깊이 받아들이고 크게 믿게 된다. 그러나 공을 바르게 이해하지 못하면 공하다 해서 다 허무하다고, 없다고 무시하게 된다. 이것은 공을 바르게 깨닫지 못한 것이다. 이 점이 매우 중요하다.

• 산티데바(적천보살) 『입보리행론』

  해결할 수 있다면, 걱정할 필요 없이 하면 되고, 할 수 없다면, 걱정하는 것이 무슨 도움이 되겠는가. 어떤 일이 닥치면 해결할 수 있는 문제인지 아닌지 보고, 남이 고통으로부터 조금이라도 나아지는 데 도움을 주어야 합니다.


• 빤첸라마(아미타부처님 화신)

  공을 깨우치는 의식은 미세한 의식, 아주 미세한 의식 등 여러 가지가 있다. 지금 우리가 깨우치는 공을 깨우치는 의식은 아주 미세한 의식이라고 말할 수 없다. 정광명이라는 그 미세한 의식은 현교, 밀교로 나눌 때 밀교의 아주 깊은 상태에서 일어나 공을 깨닫는 것이지, 현교에서의 가장 미세한 의식으로조차 공을 깨달을 수는 없다고 함. 미세한 의식, 정광명 역시 의식이기 때문에 나의 한 부분이지, 그것을 '나'라고 말할 수 없다. 가명으로 이름만 붙인 것이다.

  예를 들어, 다리, 받침, 이런 것 모두를 모아서 책상이라고 이름 붙인 것일 뿐, 실제로는 책상을 찾을 수 없다. 이와 마찬가지로 정광명도 나의 한 부분이지 '나'가 아니다. 불교의 여러 학파 가운데 나의 의식 또는 의식의 상속을 '나'라고 주장하는 경우가 많다. 그 이유에 대해 나름대로 여러 가지를 말하기도 한다. 간단히 말하면 '나의 마음' 할 때 그 마음은 나의 한 부분이다. 만약 마음 자체가 '나'라면, 나의 마음이라고 표현할 수 없을 것이다. 나의 마음, 나의 몸 이런 것들은 모두 나의 부분이지, 나 자체가 아니다. 이런 것들은 논쟁을 통해서 결정해야 한다.

304

부처님께서도 의식의 연속체가 있다. 의식이 이어지는 상속, 흐름이 있다. 화 내지 않는 것에 대해서도 명상할 수 있다.

• 설 일체 유부나 경부에서의 견해는, 부처님께서도 과보를 피할수 없어 발바닥에 상처가 나거나, 산 위에서 떨어진 돌덩어리로 발가락이 잘린 경우가 있었다고 한다. 소승불교의 어떤 나라에서는 이것을 사실적으로 받아들여 불상을 조성할 때 발가락 하나 없는 불상을 조성하기도 한다. 또 부처님께서는 더러운 물을 마신 것도 이런 것들이 모두 인과를 믿게 하기 위해 방편으로 말씀하신 것이지, 실제로 부처님께서 상처가 있었던 것은 아니다. 부처님 몸에 상처를 입힐 수 없다. 불교에서는 몇 가지 불가사의를 말한다.
인과에 대한 불가사의, 만트라나 신들의 불가사의, 선정의 불가사의 등 여러 가지가 있는데, 그중 "인과의 불가사의", 즉 인과에 대해서 제대로 알아야 하지만, 인과의 아주 미세한 것까지 알 수는 없다.

• 월칭보살님(짠드라끼르띠) 『입중론』에서, 인과에 대해 궁극적으로 따지지는 말라고 하셨다. 부처님만이 일체지로 인과의 전체를 다 아실 뿐이지 우리가 이걸 다 알 수 없다.

• 큰 린뽀체께서는—나에게 큰 복이 있어 지금 이렇게 아픈 것이다. 다음 생에 삼악도에 떨어질 과보를 지금 이렇게 받고 있다.(인과가 있기 때문이라고)

열반-냐떼. 고통에서 벗어남을 의미한다. 열반을 얻어야 한다 했을 때, 얻어야 할 외부의 어떤 것으로 집착하기 쉽다. 그러나 『중론』에서 말하는 열반이 없다는 말은, 열반은 있는데, 우리가 생각하는 것처럼 없다는 뜻이지, 열반이 아예 없다는 뜻 아니다. 열반도 실재가 없고, 독립적으로 없고, 우리가 생각하듯이 없다는 의미이다. 의지하여 나타나기 때문에, 공성도 연기에서 벗어날 수 없기 때문에 처음부터 연기로 시작하였다. 연기를 많이 생각해야 공성과 가까워진다.

• 용수보살님께서 (중론)

사공(네 가지 공성)에 대해 말씀하실 때 연기를 주로 말씀하셨다. 공은 없다가 아니라, 연기적으로 나타나기 때문에, 우리가 생각하듯이 없다는 것이다.

얕은 물에 하늘이 비칠 때 매우 깊은 물처럼 보이지만 실제로는 얕다. 경험을 통해 알기 전에는 우리가 실제를 보지 못하는 것이다. 우리가 생각하는 대로 존재하지 않는 바로 그것만을 공성이라고 한다. 공은 '없다'가 아니라, 연기로 모였다가 해체되므로 공이다.

사기꾼을 보면 겉으로는 신사적이고 매우 좋은 사람이라고 생각하지만, 속으로는 계략 꾸미고, 이런 측면에서 진제(실)와 속제(물)로 비유할 수도 있다. 요즈음 불교와 과학이 이어지는 것은 연기의 측면에서이다.

서양 사람들은 달라이라마 존자님을 과학자라고 말한다.

몸이 잘 낫지 않는다고 불평 말라. 기도의 과보가 따로 있고, 아픈 원인이 따로 있다.

기도함으로써 몸이 아프다면, 이 아픔으로 더 큰 고통이 사라지는 것을 알아차려 인과에 대해 큰 믿음을 가져야 한다.

정법,

부처님의 가르침을 믿고 다음 생까지는 못하더라도 현생의 자기가 원하는 것들을 부처님의 가르침을 바탕으로 이루고자 하는 것들을 하사도 수행에서 정법이라는 이름 붙일 수 있는 정도. 정확하게 따지면 현생을 위한 것은 바른 법은 될 수 없지만, 그나마 이름 정도는 붙일 수 있다. 현생에 집착하는 마음을 완전히 끊고, 해탈을 위해, 일체중생을 돕기 위해, 오직 다음 생을 위해 행하는 것을 정법이라 부를 수 있다. 구체적으로 말하면 현생의 집착을 끊고, 오직 다음 생부터 구제하고 이익 되게 하는 것이 기준이다. "정법에서 법—최 산스크리트어—다르마인데, 아래로 떨어지지 않게 지니다"는 뜻이다.

아래 하면 삼악도이니, 삼악도로 떨어지지 않게 지니는 것을 말한다. "최"라고 하면 고치다, 변화시키다라는 뜻도 있다. 지금 이 순간의 악한 마음, 나쁜 마음을 고쳐 선한 마음으로 변화시킨다는 의미이다.

수행도(람림)의 차제를 바탕으로 공부한다. 우리가 불자와 비불자를 나누는 것은 외적인 행이 아니라 마음속에서 불·법·승 삼보에 귀의하고 있는지 아닌지를 기준으로 한다.

불·법·승 삼보에 의지해 자기의 궁극적 뜻을 이루고자 하는 것이 법이고, 그것이 아니면 법에 들어가지 않는다. 무늬만 불자다.


달라이라마 존자님께서 마음의 본성이 빛과 앎이라고, 빛은 청정한 유리에, 앎은 청정한 유리에 아주 작은 먼지라도 다 비치는 것을 아는 것을 말한다.

번뇌에 오염되어 있어도 마음의 본성은 매우 청정하다. 이렇게 아주 맑고 청정한 본성을 빛이라고 한다. 청정한 유리와 같은 빛은 어떤 작은 티끌 같은 것이라도 알아차릴 수 있다. 이렇게 마음이 어떤 대상이라도 알아차리는 것을 앎이라고 한다. 지혜와 방편처럼 빛과 앎이 부처를 이루는 원인이라고 한다.

모든 중생들이 부처가 될 수 있다고 말하는 이유는 바로 모든 중생의 마음의 본성이 빛과 앎이기 때문이다. 육도 윤회 중에 인간이 가장 좋은 조건이다. 행은 방편이다.

반야심경, 조견(밝게 비춘다)

예) 석유는 비행기의 가장 깨끗한 연료로 쓰인다. 석유도 처음에는 진흙처럼 끈적거린다. 여러 과정을 통해서 정화하는데, 제일 나쁜 기름은 도로 아스팔트 위에 사용하고, 등유, 경유, 나중에 비행기 항공유 이런 순으로 정화된다. 우리가 공을 이런 식으로 닦아야 한다.

마음의 본질에도 가장 청정한 것이 있다. 나무를 태운 숯은 아무리 닦아도 하얗게 바꿀 수 없다. 까만 것은 숯의 자성이다. 그러나 마음의 본성은 숯처럼 자성으로 더러운 것이 아니라, 분리시킬 수 있기 때문에 번뇌가 일시적이라고 이야기하는 것이다. 경전 안에도 있음. 마음의 본질은 청정하고, 번뇌는 일시적이라고 함.

번뇌는 마음의 본질이 아니다.

부처님 당시에도 12년 동안이 부처님과 함께 있었던 '렉뻬까르마'라는 비구는 부처님께서 어떤 행을 하시더라도 속이는 것이라고 보았다. 자기 허물 때문에 그렇게 보았다.

외도 가운데 "쬐바빠"라는 외도들은 탐·진·치는 마음의 본성이자 자성이기 때문에 조금씩 줄이고 약하게 할 수는 있지만, 근본적으로 분리할 수 없다는 입장이다. 그래서 아라한이 될 수 없다고 한다. 마음이 있으면 반드시 탐·진·치가 함께 있고, 이것과 분리된 마음이 따로 없기에 번뇌를 근원적으로 제거할 수 없으며, 탐·진·치를 제거하면 마음도 함께 제거된다고 한다.

그래서 이 외도들은 아라한도 부처님도 인정하지 않는다. 그래서 외도다. 오도 중 자량도가 있고, 이 자량도도 대, 중, 소 세 단계로 나누는데, 대자량도의 경지에 들면 우리가 이렇게 사람 만나고 보듯이 부처님 뵐 수 있다고 한다. 일체중생을 돕기 위한 마음으로는 보리심 아니고, 일체중생을 돕기 위해 부처 경지를 이루겠다는 마음이 있어야 보리심이다. 이런 마음이 생각에서 일어나는 것이 아니고, 탐심·진심이 저절로 일어나듯이 저절로 일어날 때, 이 마음이 원보리심이다. 학교에 가겠다고 마음만 먹었다고 해서 되는 것이 아니고 학교에 실제로 가야 하듯이, 원보리심만으로 안 되고 실제 보리심을 행해야 한다. 이것이 (행보리심이다). 행보리심을 닦기 위해 육바라밀이나 사섭법을 행해야 한다. 이런 면에서 원보리심과 행보리심을 말하는 것이다.

• 문수보살님 진언은 공성을 표현하고 있다.

옴 아라 빠짜나디디디디디디…

• 관세음보살님 진언은 공성과 일체중생을 위한 보리심 두 가지의 뜻을 이해하고 하는 편이 공덕이 더 크다.

'옴 마니 뻬메훔'

• 의식을 기준으로 존재가 있다 없다고 말한다.

유식학파는 마음 이외에 아무것도 없다고 말하고, 유식학파의 이 견해를 중관학파에서는 인정하지 않는다.

마음 외의 존재도 인정한다.

달라이라마 존자님께서 부처님 가르침의 핵심은 "견해의 측면에서 연기에 대한 견해", "행의 측면에서 남을 해치지 않는 행위" 이 두 가지라고 말씀하셨다.

• 해치지 않는 행위는 보리심과 방편의 가르침이고,

• 연기는 공에 대한 지혜이다.

연기적이고 독립적이지 않기 때문에 고통과 행복도 다 원인과 조건에 의지한다. 행복해지고 싶다면 행복의 원인을 만들고, 고통을 원하지 않으면 고통의 원인을 줄여야 한다.


귀의의 원인과 대상

쌍게는 "쌍"은 번뇌장과 소지장을, 곧 모든 허물을 제거한 이를 말함. 즉 멸성제를 성취한 이를 말함. "게"는 일체 공덕과 지혜를 갖추신 분으로 바로 부처님. 쌍게 – 부처님.

번뇌장, 소지장의 "장"은 장애를 말함. 번뇌장은 탐·진·치 삼독으로 대표되는 모든 번뇌를 말한다.

그 외에 자만, 시기, 사견(그릇된 견해)을 함께 묶어 6가지 근본번뇌라 하고, 근본번뇌를 따르는 수번뇌(20가지) 등 몇 가지 방법으로 분류함. 완전한 지혜에 이르지 못해 번뇌장을 극복한 이에게조차 남아있는 어둠, 무지, 무명을 유식학파와 중관학파에서는 소지장이라 한다. 이는 마치 마늘 찧는 통에서 마늘을 없애더라도 남아있는 냄새, 나쁜 습관을 말한다. 설일체유부에서는 "소지장"이란 단어를 사용하지 않고 "번뇌 아닌 어둠"이라고 표현한다. 번뇌 아닌 어두움(무지)에는 네 가지가 있다.

번뇌의 주인으로부터 벗어나야 된다.

수습, 명상, 관상, 참선은 티벳말로 "곰"(익숙해진다)이라 한다. 수행을 꾸준히 해서 익숙해져야 번뇌를 극복할 수 있다는 의미이다. 번뇌를 마음 자체의 본성이라고 보는 것은 맞지 않는다.

• 최−다르마−법은 가르침이나 진리에 귀의한다고 하면서 어떤 생각을 하는가?

• 최, 즉 진리는 사성제 가운데 멸성제와 도성제를 말한다. 이 가운데 멸성제를 "곡덴"이라고 한다. "곡"은 제거하다의 뜻이 있고, "덴"은 진리의 뜻이다. 제거, 소멸의 진리이다.

멸성제는 오도

오도−자량도, 가행도, 견도, 수도, 무학도 가운데 견도 이상의 단계에 이르러야 성취할 수 있는 것.

견도의 견−보다의 뜻. 실제 눈으로 보는 것처럼 "공성"을 명백히 인식할 수 있어야 비로소 견도를 얻었다고 할 수 있다. 나라와 나라 사이에 경계가 있듯이 견도 이상의 경계를 넘어서야 비로소 멸성제를 얻은 것이다.


※ 죽을 때

지, 수, 화, 풍, 공, 식이 있다.

진법공양-진실한 법으로 공양. 신통력의 서원으로 몸을 태워 여래
께 공양한 것이 여래께 드리는 진정한 법공양이 된다는 것. 이것은
지혜의 관으로 번뇌를 태우고 실상을 증득하기 때문이다.


기원전 5세기에 석가모니가 창시했다. 부처란 보통명사로 깨달은
이를 일컫는데, 깨닫기 위해 사는 삶, 곧 삶이 수행이라는 것이다.
먼저 칠불게라는 게 나왔다.
　　제악막작, 중선봉행, 자정기의, 시제불교라. 나쁜 짓을 하지 말고
착한 일만 행하여서 내 마음이 깨끗하면 이를 일러 불교라는 것이다.
(칠불게송)


초기 - 초초대장경
지금 - 팔만대장경
다른 나라에서는 모든 불교서적을 포함하여 지칭한다.
그러나 티벳에서는 깡규르는 부처님의 말씀을 티벳어로 옮긴 것이
고,(부처님께서 직접 말씀하심) 그리고 논서를 티벳어를 옮긴 것이
땐규르다. 인도의 위대하신 스승님들이 쓰셨다.(17대 스승님)


다람살라 달라이라마 존자님 특별집회
　　장춥 쎔촉 린뽀체(보배로운 최상의 보리심)


현교를 먼저 공부하고 밀교를 한다.
쫑카빠 스승님 말씀

공사상 : 궁극적인 큰 마음. 큰 보리심. 원인과 조건이 갖춰져서 결과 생김. 일체종지 역시도 그와 같다. 몸이나 외부 상태가 아니고 우리의 마음에서 일어나는 궁극적인 마음 상태. 우리의 마음은 무자성이고 거친 의식, 미세한 의식, 기, 풍을 거치고 나면, 정광명에 이르면, 일체번뇌가 없다.

삼신: 법신, 화신, 보신이다. 부처님의 3가지 몸. 가장 밀교 수행을 해야 된다.

무상요가 탄트라 수행해야 목적은 이타를 이루는 것. 색신을 반드시 이룬다.

십지를 이룬 보살도 보살이 아직 거친 의식을 가지고 있기 때문에 부처가 아니다.

현교-신, 구, 의 삼문 귀의

    기초적인 수행 3사도 수행(하·중·상)

삼신성취=2가지-수행을 점차적으로 깨닫는 것, 바로 수행에 들어가서 깨닫는 것.

돈오수행

점수와 점오-부처님 깨달음(수행이시다). 점차적.

돈오는 수억 명 중에서도 나오기 힘든 깨달음이다. 돈오수행 잘못하면 이도저도 아닌 수행이 된다.

이근-지혜 있는 자

초지에 이르면 많은 부처님을 뵙게 된다. 착각하면 안 된다.


사부대중−별해탈계를 지닌 자 비구, 비구니, 우바새, 우바이, 재가자

오계−불살생, 불투도, 불사음, 불망어, 불음주. 일체종지 이루기 위해 큰 마음 내고 가피를 받아야 한다.

해탈을 해야 하는 가장 중요한 법보에 귀의.

불·법·승 삼보에 죽을 때까지 귀의한다.

양족존−불보에 귀의

의욕존−법보에 귀의

중중존−승보에 귀의

지금부터 죽을 때까지 우바이 우바새로서 모든 오계를 지키겠습니다.

여법히 지키겠습니다.

대승의 마음을 가지고 있는 해탈을 원하는 원인.

가없는 중생들의 고통과 행복을 원하는 이타심으로.


번뇌장, 소지장은−성불의 방해가 되는 모든 것.

인간은 이성과 사고력을 가지고 있다. 해탈을 구하고자 하는 마음, 아라한들은 나를 귀하게 여긴다.

성문, 연각들의 성취(해탈)

미생물도 고통을 원치 않고 행복을 원한다. 손이 가면 빨리 도망간다 (안 잡히려고).

인간은 이성과 지혜를 가지고 있다. 두 발로 걷는다. (사고력)

이타심은 공덕과 이익을 준다.

이기심은 고통과 번뇌를 준다.

무량한 중생들의 행복을 바라는 마음.

중생들이 존재하기에 이기심은 내 마음의 원수.

보리심의 말을 타고 행복으로 행복으로 나아간다.

정수-핵심과 같다. 보리심

우리는 번뇌와 이기심의 종이다. (아집에 의해)

보리심 사유와 실천 중요

훌륭한 스승님으로부터 가르침을 받는다.

매일 아침 일어나서 "보리심" 생각해야 한다.

일시적, 궁극적인 공덕을 이루는 것이다.

공성과 보리심을 사유하시며 수행하신다.

나는 침대에 누워 있지만 나는 없다.

'무아'를 생각하며, 공성을 사유해야 된다. '나…'라는 것은 지·수·화·풍으로 이루어졌다(4대)

오온에 의지해 내가 있다. 원인과 조건에 의지해 있다.

힐·땀·훔 3분.


평등

자기와 타인을 바꾸기＝용수보살(나가르주나)

적천보살(샨티데와)로 이어져 내려온 방법이다.

어떤 것을 의지해도 보리심을 닦을 수 있다. 이 둘은 셀링빠로부터

아띠샤로 이어지고, 아띠샤는 『보리도등론』을(나중에 쫑카빠 스승님)
보리도차제로 가르치다. 서로 보완해서 관상하되, 배울 때는 따로
분리해서 배워야 한다.

　근래 (선) 수행에 정진하고 관심 가진 분들은 대부분 배움이 부족하
고, 경전을 많이 배우고 안다는 분들도 수행의 요지를 깊게 알지
못해서 대부분의 사람들은 한쪽 눈으로만 치우친다. 경전을 보는
눈이 한쪽 눈으로만 치우쳐 있다.
　경전의 뜻을 지혜로 밝히는 힘이 없기에, 불법의 요지, 완전한
최고의 가르침을 깨닫지 못하는 것을 보시고, 쫑카빠 대스승님께서
용수(나가르주나)와 무착(아상가) 보살님으로부터 전해온 부처님의
모든 가르침의 핵심인 용수, 무착으로부터 전승된 보리도차제를 요약
하여 지으셨다.

　정법난문-정법 듣기 어렵다

　전도몽상-나 없는데 있다고 생각

　종범스님께서
　문맹보다 무서운 것이 도맹이다.
　내가 나를 보지 못한다.(도맹이다)
　호랑이를 봐도 두려워하지 말라.
　내 마음이 무서워할 뿐.

※ 아띠샤의 생애를 아주 간략하게 소개합니다.

인도의 두 번째 부처님이라고 하죠.

11살 때 따라보살 화신이, 피부가 파란 여인이 집착하지 마소서를 2번 하는데, 진흙탕에 코끼리가 빠진 것처럼 온 몸집(집착의 큰 엉덩어리)이 커서 빠져나오기 힘들기 때문.

첫 집착은 이번 생에 집착하지 말라는 것이고, 두 번째는 사바세계에 집착하지 말라는 것이다. 그 후 군복을 입고 130마리 말을 이끌고 영리하게 산을 돌았는데 남들에게는 사냥하는 것처럼 보이게 하고 마음은 스승을 찾아 나섰다.

① 제따리스승 삼보귀의를 받고 나란다 승가대학 발심하는 것을 받고

② 장춥상보 보석공양 올리고, 신·구·의 가피 받고, 보리심 일으키는 것에 대한 가르침 주시고,

③ 릭뻬쿠주 스승에게서 그 스승도 보리심 일으키는 등에 대한 가르침 주시고,

④ 아와두띠빠 스승에게 보냈다. 그는 오늘 왕궁으로 돌아가서 가정을 가진 자들의 허물을 보고 오라 하고 이르셨다. 먹을 것을 챙겨서 스승 아와두띠빠를 만나 대승적인 보리심을 일으키는 관정 받고 검은산의 사원에 라훌라는 스승을 보러갔다. 아와두띠빠와 라훌라는 전생의 스승들이었다.

라훌라는 밀교를 가르치고 있는데 겁을 주기 위해 벼락을 내리쳤다. 왕자에게 맞지 않고 검은 외도들의 탑, 산에 내리쳤다. 거기서 듣고 있던 제자들이 스승에게 저 분이 누구냐고 물으니 오백오십이 생

동안 수행자로만 태어나신 분이다. 이번 생에 벵골의 법왕 게외뺄의 왕자로 태어났으나 왕위에 집착하지 않고 수행하고 싶어서 온 것이다. 앞의 스승들을 뵈었으나 왕권에서 탈출하지 못했으니 묶여 있는 세속에서 벗어나게 하소서. 30일 동안 밀교관정을 구체적으로 주셨고, "예쉐쌍외 도르제"라는 밀교에 입문한 비밀이름도 주셨다.

(이담 헤루까) 데촉

157분의 스승 모시고 29살 출가하시고 현교, 밀교 대하여 배우고, 특히 십팔부파의 스승 다르마 라끼따로부터 십팔부파의 불교를 모두 배워 그 분야의 최고가 되었다. 그가 완전한 깨달음을 위한 지름길이 무엇인가 알려고 고심하자 스승 라훌라 굽타는 신통력으로 그것을 알고 와서, 아무리 불보살님들을 많이 친견하고 선정에 깊이 들어가 있더라도 그것은 완전한 깨달음의 지름길은 아니다. 보리심을 닦아야 하고, 자비본존 관세음보살님을 마음에 새기고, 이 사바세계가 없어질 때까지 중생을 위해서 살겠다는 확고한 결심과 실천이 지름길이다.

마침내 보리심을 배우기 위해 모든 법을 갖춘 스승 셸링빠를 뵈러 셸링국으로 떠났다. 무려 13개월 동안 항해로 도착했다. 바로 스승을 찾지 않고 같이 간 다른 수행자 125명과 함께 14일 동안 쉬면서 셸링빠에 관하여 그의 제자들에게 많은 것을 물어보았다. 스승 셸링빠와 12년을 같이 지냈다.

그동안 미륵보살로부터 무착보살로 이어진 "반야지혜"의 숨겨진 모든 의미와 문수보살부터 적천보살로 이어진 "자타바꾸기" 등에 관하여 듣고, 생각하고 닦는 것, 즉 문·사·수 모두 미치고 저절로 보리심이 일어나는 특별한 경지에 이르렀다. 스승 셸링빠도 아띠샤를 보리심에 최고 주인으로 임명하신 후, 여기 있지 말고 북쪽으로 가라고 하셨다. 엄명으로 설산의 나라, 그곳이 바로 티벳이다.

십악을 짓지 않으면 십선을 행한다.

몸으로 지은 죄 – 살생, 투도, 사음
입으로 지은 죄 – 망어, 기어, 양설, 악구
마음으로 지은 죄 – 탐내고(탐), 화내고(진), 어리석음(치)

망어 – 불필요한 말     기어 – 이간질
양설 – 두말 하는 것     악구 – 욕설

## 보리심 닦는 실질적 순서

7가지 인과법으로 보리심 닦기(균데맹악둔)

평등하게 자기와 타인을 바꾸기(닥션남제)

7가지 인과법으로 보리심 닦기＝인도의 "짠드라기르띠"(월칭보살), "산타락시타"(적호보살) 등에 의한 방법이고, 평등하게 자기와 타인을 바꾸기는 "나가르주나(용수보살)"로부터 "샨디데와(적천보살)"로 이어져 내려온 방법이다. 두 방법 중 어떤 것을 의지해도 보리심을 닦을 수 있다. 이 둘은 "셸링빠"로부터 "아띠샤"에게 이어졌으며, 아띠샤는 『보리도등론』에서 이를 가르치셨다. 보리심을 닦을 때 이 둘을 서로 보완하면서 관상할 수도 있지만 배울 때는 따로 분리해서 배워야 한다.

7가지 인과법으로 보리심 닦기(균데맹악둔)

① 어머니임을 알아차리기

② 은혜를 기억하기

③ 은혜에 보답하기

④ 중생들을 위한 자애심 사유하기

⑤ 큰 연민심 사유하기(대비심)

⑥ 확고하게 결심하기

⑦ 발심하기


◎어머니임을 알아차리기

우리가 원하는 것이 부처님의 경지에 이르는 것이라면, 보리심을 닦지 않고서는 여기에 이를 수 없다. 서울 간다고 열심히 갔는데 막상 서울에 왔다고 숨을 내쉴 때 부산에 도착해 있는 경우를 말할 수 있다. 반드시 순서대로 닦아야 한다. 일체중생이 어머니임을 알아차리기 위해서는 평등심이 먼저 생겨야 한다. 일체중생에 대한 평등한 마음이 없으면 비록 자애심과 연민심을 닦더라도 한쪽으로 치우치기 때문이다. 우리는 보통 어떤 사람을 싫어하면서 무시한다. 그러므로 평등심을 갖기 위해서 자기 앞에 원수나 친척, 그도 저도 아닌 다른 3가지 관계의 사람을 놓고 관상해야 한다. 싫어하는 사람에게 화를 내는 이유를 살펴보면, 전에 자기를 해쳤거나 좋지 않게 행동을 했던 것에 화가 나는 것임을 알게 된다.

중사도에서 이미 윤회세계가 믿을 수 없는 것이라고 하였듯이, 그 원수는 어느 전생에 나와 여러 번 친척이었을 것을 사유해서

화가 남을 막아야 한다. 마음과 대상을 분리할 수 없다. 귀는 마음의 의식이고, 눈은 안식이다. 마음에 의지하는 것이 대상이다.

색, 성, 향, 미, 촉, 법

안, 의, 비, 선, 신, 의

선·악 대상을 아는 것이 마음이다. 물질적인 토대가 일어나는 것이 마음이다.


대승불교＝부처님을 믿고 따라가면 된다.

① 천지신명이 감응한다.

② 불보살님들이 감응한다.

③ 대중들의 협력


복－선연(좋은 인연)　　기복－좋은 행복

덕－선심(좋은 마음)　　요행－그릇된 것(바람)

공－선행－성공

삼염－귀불, 귀법, 귀승(염불, 염법, 염승)


삼동린뽀체 법문 중, 마음 다스리는 법문

불교－마음 다스리는 법, 고행하면서 보인다고 한다.

종교? 모든 중생은 고통을 원하지 않고 행복을 원한다. 모든 중생의 충족함이 자성함이라고 한다. 석가모니 부처님께서 삼문의 도를 닦으신 후 첫 번째로 사성제를 설하셨다. 고통을 멸하기 위해서는 집성제를 알아야 한다. 모든 법은 사성제에 다 포함된다. 멸제를 하려면 집제를 알고 도제를 닦아야 한다. 거룩하신 부처님 법을 이으시는 티벳의 불교를 많이 받아들이고 배워야 한다. 신·구·의 삼문과 오온, 사온에 의지하지 않는 중생은 없다.

유정 - 마음을 가진 중생

욕계, 색계는 오온을 가지고 있지만, 무색계는 삼문으로 닦아야 된다.

모든 행은 마음을 가지고 움직인다.

고제의 원인은 업과 번뇌이다. 번뇌 - 삼독(탐, 진, 치).

마음으로 업을 짓고 마음으로 다스려야 한다. 업의 원인은 번뇌이다.

번뇌의 원인은 무명이다.

무명을 다스리지 못하면, 심상에 대한 잘못 이해하면 마음을 다잡아서 무명을 다스리고 닦아야 한다.

마음을 변화시키는 것은 두 가지가 있다.

일시적인 방법 번뇌, 궁극적인 방법 번뇌부정관.

악행을 제거하기 위해서는 삼학을 닦아야 한다. 계·정·혜 지혜를. 공성의 지혜는 해탈과 일체지를 얻을 수 있다.

삼동린뽀체께서는 광대한 행과 위대한 발심을 가지고 계신다.

우리는 욕계 속에 살고 있다.

삼요도=출리심, 보리심을 잘 닦더라도 공성을 알아차리지 못하면 보리 이루지 못하고, 삼요도를 잘 이해하고 인욕이 최상의 수행이다.

십악행

부처님께서 왜 살생을 하지 말라 하셨나.

살생의 과보를 받기 때문이다.

삼악도에 떨어지지 않기 위해 24시간 귀의 생각하며,

소원-일시적; 삼악도에 떨어지지 않는다. 궁극적; 붓다의 경지 이룬다.

몸, 말도 중요하지만, 불교는 마음으로 행한다.

원인과 결과는 일치한다, 뒤따른다.

용수보살-중론, 문수보살-공성


삼귀의-붓다, 달마, 상게에 귀의

귀의원인-두려움 3가지＝삼악도, 윤회, 일체중생

조건-믿음, 죄업, 악업은 씻을 수 없다.

　　　　고통도 빼낼 수 없다.

　　　　누구도 해줄 수 없다.

　　　　각자 노력해서 해탈해야 된다.

부처님께서 해탈할 수 있는 길을 알려줄 수 있다. 공부는 수행과 함께 해야 된다.

마음 동기가 있어야 출리심이 생겨난다.

마음 동기 두 가지-직접적인 동기, 간접적인 동기

일반적 귀의＝주로 가정의 복을 비는 것. 일시적이다.

뿌리를 잡고 기도해야 된다＝귀의. 일체중생을 위해

특별한 귀의＝밀교적 귀의. 빠른 성취. 과거도 미래도 생각하지 않고 현재만 생각하면서 관상한다.


　사대치력－위로는 불·법·승·귀의(상구보리), 아래로는 하화중
생. 보리심에 의지하여 중생제도
　구루요가－마음으로 다스림
　신심－믿음으로, 우러나는 마음, 확실한 믿음
　입으로 하는 절－수회찬탄(누워서 떡 먹기)
　생각으로 하는 절－심절
　몸으로 하는 절－행
　대바다도－마구니(대바달다) 제바달다


　법칭보살(다르마끼르띠)－17대 승가
　번뇌장, 소지장－그물에 묶여서 나오지 못한다.
　분별심


　양평석(빨마나론)－원리분석(마음 연다)
　월칭보살(짠드라끼르띠)－업중론
　미륵보살(마이뜨레아)－현광장엄론
　삼신－법신, 화신, 보신(빛, 광대한 몸)
　부처님의 지혜－기지, 도지, 일체지
　다양한 법－현교, 밀교, 소승·대승, 대승, 대장경
　성문, 연각, 중부처님
　삼악도의 원인은 악업이다.

계를 받는 자와 안 받는 자의 차이는 크다

(공덕의 차이) (악업도 더 크다고)


달라이라마 존자님 한국인 법문 중

반야심경 – 첫째 "가떼"(아제)는 보리심을 발했을 때(이타심의 마음)

공성에 대한 이해

공사상 – 해탈을 이룰 수 있는 바탕. 번뇌장의 습기가 소지장이다.

(성불 방해하는)

일체종지를 이루기 위해 공사상을 알아야 함. 깨달음의 마음 절실할 때 보리를 알고 궁극적인 깨달음. 여러 가지 수행과 방법으로 번뇌장, 소지장을 벗어난 귀의 대상. 십지를 증득하신 부처님.

증사상=인간의 몸. 오직 인간으로 태어나야 함.

무여열반 – 오온에서 다 벗어남

화신, 보신=색신이고, 지혜는 법신.

정등각을 이루는 무아의 사상

성천보살(아리아데바) 400게송에 그릇이 안 되는 사람에겐 유아사상을 얘기하는 것이 낫다고 하심. 번뇌로부터 완전히 벗어나야 증상생을 필요로 하는 외도들도 다음 생에 선도에 태어날 수 있다.

모든 제법이 무자성이다 하면 단견에 빠질 수 있다.


청변보살(비베까) — 17대 승가중

보리심 – 아버지와 같은 것. 그 뿌리는 자비심

공성만으로 성불이 조건이 되지 않는다. 공성은 어머니와 같다.

반야바라밀

　삼성의 깨달음은 성문, 연각, 보살

　무상 정등각 – 이타의 마음

　자비심 – 연민심이 일어나야(측은함)

　무상법문 – 상이 없는 법문


　고통의 핵심은 행고다

　육체적인 고통은 고고다.

　혐오, 싫어하는 마음들이 모여서 행고가 된다.

　불선들을 제거하고 끊어야 된다.

　16가지 고고를 끊어야 타인을 이롭게 하는 마음, 악업을 제거하고
선업을 닦는다.

　삼보께 귀의하고, 인과에 사유 의지하는 바탕이다.

　하사도 수행 인간의 몸(감한의 몸) 중요


　주된 – 공성과 보리심 수행 사유하면 다른 것들은 부수적으로 따라
온다. 지혜를 통한 신심 꼭 필요하다.


　아제 아제 바라아제 바라승아제 모찌 사바하

　가떼 가떼 빠라가떼 빠라삼가떼 보디소하

　간다. 간다. 저 언덕으로 간다. 저 언덕으로 완전히 갔다. 보리에
머물러라.

고 성수 큰스님(친견법문)

내가 나를 소중하게 여겨야 한다.

스승을 물어뜯는 사자 새끼 되라고 하신다.

내가 부처라고 척 앉아라. 5~10분

티벳 중뇌스님 법문 중

세 가지만 잘 하면 된다.

자애심, 아들을 애지중지하듯이 바로 그것

어머님을 알아차리기

은혜를 기억하기

은혜에 보답하기

법안스님

대원보존 지장보살님은 성불을 포기하고 중생구조 하시며, 땅을 파고 들어가는 지장보살님이시다.

이어서 지장본원경 제8품을 소개합니다.

중생들은 악함은 많고 선함은 적다고 하심.

나쁜 일, 횡액, 몹쓸 병, 마음에 맞지 않은 일들이 이 사람의 집 근처에 일어나지 않게 도와줌. 부처님께서 나도 범천왕과 제석천에 일러 그대들을 돕게 하리라.

주명귀왕 본래의 업연으로 염부제 사람의 수명을 맡아 태어남과 죽음을 관장하신다. 토지신들로 하여금 아기와 산모를 잘 보호하게 해주나, 이들은 어기고 죄를 짓는다. 비린내와 살생 등 염부제에서 선행을 한 사람도 임종 때는 백 천이나 되는 악도의 귀신들이 부모나 가족의 형상으로 나타나서(둔갑) 망인을 이끌어 악도에 빠지게 하거늘, 하물며 본래부터 악업을 지은 자는 여부가 있겠느냐.

임종할 때 선악을 분간하지 못하고, 눈과 귀로 볼 수도 들을 수도 없다. 이때 망인의 가족들이 큰 공양을 베풀고 존중한 경전을 읽으며 부처님과 보살의 명호를 염불하면 좋은 인연이 망인은 악도에서 벗어나게 하고 마귀와 귀신을 물러나게 한다. 오무간의 큰 죄를 제외한 작은 악업으로 악도에 떨어질 자는 모두 해탈을 얻게 하겠나이다. (주명귀왕께서) 이는 보살이 자비원력으로 대귀왕의 몸을 나타낸 것이지 실은 귀왕이 아니니라.

부처님께서 말씀하셨다. 백칠십 겁을 지나 성불할 것이고 명호는 무상여래이고 겁의 이름은 안락이며, 세계의 이름은 정주라고 하며 그 부처님의 수명은 헤아릴 수 없는 겁이 되리라.

염라천자 방편의 힘으로 숙세의 일을 깨닫게 하고 근본 업연에서 구제하신다.


대자대비하신 관세음보살님

불자라면 모르는 이 없는 가장 유명하신 보살님이시다.

우리는 거의 명호를 부르고 있다.

티벳인들은 진언을 한다. 옴, 마니, 뻬메, 훔

한 자에 각각 15가지 뜻이 있다.

옴

　① 부처님께 귀의

　② 원보리심을 일으킴

　③ 보시바라밀

　④ 성문의 계를 지키도록 해줌

　⑤ 몸으로 지은 업을 정화시킴

　⑥ 천신의 악마를 제압함

　⑦ 성숙과의 병을 치유함

　⑧ 번뇌를 없앰

　⑨ 법과 성지 성취

　⑩ 천신의 죽음과 악도에 떨어지는 고통에서 벗어남

　⑪ 부동불과 사다크사리 불모 함께 함

　⑫ 살바다키니의 경지를 얻음

　⑬ 법신의 몸을 얻음

　⑭ 자량도 성취

　⑮ 관세음보살님의 몸의 공덕 얻음


마

　① 법에 귀의함.

　② 행보리심을 일으킴

　③ 지계바라밀

　④ 보살의 계를 지키도록 해줌

　⑤ 말로 지은 업을 정화함

⑥ 여자 악마를 제압함

⑦ 열병을 치유함

⑧ 무지를 없앰

⑨ 대원경지 성취

⑩ 아수라의 싸움과 질투의 고통에서 벗어남

⑪ 비로자나불과 부다로차나 불모 함께함

⑫ 중앙 불타공행 불모의 경지를 얻음

⑬ 보신의 몸을 얻음

⑭ 가행도 성취

⑮ 관세음보살님의 음성의 공덕을 얻음


니

① 승가에 귀의함

② 이원적이지 않은 보리심을 일으킴

③ 인욕바라밀

④ 금식의 계를 지키도록 해줌

⑤ 마음으로 지은 업을 정화함

⑥ 힘센 귀신을 제압함

⑦ 정신의 병을 치유함

⑧ 화냄을 없앰

⑨ 평등성지 성취

⑩ 인간의 생로병사의 고통으로부터 벗어남

⑪ 금강지불과 사만타바드리 불모 함께 함

⑫ 동쪽 금강공해 불모의 경지를 얻음

⑬ 화신의 몸을 얻음

⑭ 견도 성취

⑮ 관세음보살님의 마음의 공덕 얻음


**폐**

① 스승께 귀의함

② 본질의 지혜를 일으킴

③ 정진바라밀

④ 재가자의 계를 지키도록 해 줌

⑤ 번뇌 업을 정화함

⑥ 악한 용을 제압함

⑦ 피부병을 치유함

⑧ 오만을 없앰

⑨ 묘관찰지 성취

⑩ 축생의 어리석음의 고통으로부터 벗어남

⑪ 보생불과 마마키 불모 함께 함

⑫ 남쪽 진보공행 불모의 경지를 얻음

⑬ 정수의 몸을 얻음

⑭ 수도 성취

⑮ 관세음보살님이 공덕을 얻음

메

① 이담들께 귀의함

② 대지혜를 일으킴

③ 선정바라밀

④ 출가자가 계를 지키도록 해줌

⑤ 미세한 업을 정화함

⑥ 목숨을 끊는 귀신을 제압함

⑦ 관절염을 치유함

⑧ 욕망을 제거함

⑨ 성소작지 성취

⑩ 아귀의 목마름과 배고픔의 고통으로부터 벗어남

⑪ 아미타불과 판다라 바시니 불모 함께 함

⑫ 서쪽 연화공행 불모의 경지를 얻음

⑬ 깨달음의 몸을 얻음

⑭ 무학도 성취

⑮ 관세음보살님의 행위를 얻음


훔

① 불모께 귀의함

② 승의제 보리심을 일으킴

③ 지혜바라밀

④ 밀교계를 지키도록 해줌

⑤ 소지장을 정화시킴

⑥ 태양계에 머무는 신을 제압함

⑦ 황달을 치유함

⑧ 질투심을 제거함

⑨ 천성지혜 성취

⑩ 지옥의 뜨거움과 추위의 고통으로부터 벗어남

⑪ 불공성취불과 따라불모 함께 함

⑫ 북쪽 갈마공행 불모의 경지를 얻음

⑬ 변치 않는 금강과 같은 몸을 얻음

⑭ 일체지 성취

⑮ 관세음보살님의 신통을 얻음


그래서 명호를 부르는 것보다 그 공덕이 더 크다고 한다.


비로자나부처님(지권인)

중생과 부처는 하나라는 뜻이다.

손가락을 감싸 쥐고 계신다.


『법화경』은 부처님 정신이 들어 있다.

과거, 현재, 미래 일체불이다.


모든 다른 부처님이나 보살님은 개인불이다.

* 성취사법

　① 모든 부처님은 나를 사랑하고 지켜주신다. 보호하고 계신다.

　② 남을 위해 배려하고 봉사하자.

　③ 확고부동한 신념을 가져라.

　④ 원력이 있어야 된다.


　교법, 이법은 잘 지키고 이치를 그때그때 적용한다.


석종사(혜국스님)

　만고불멸의 진리

　항상 감사의 마음으로 음식을 먹고

　상대는 나의 과거 전생의 인물이니

　나를 깨닫고 참선하라.

　화두를 세우고,

　발원기도-바라는 마음

　서원기도-내가 지켜야 할 약속


도영스님 회향법문 중

　첫 포교원장 5년 임기를 마치며

　스님들께 오버하는 불자가 되어서는 안 된다.

　항상 겸손하신 인품으로 사신다.

　스님께서 돌아가실 곳, 전북 송광사(인재)

　내가 멈추고 싶어도 나로 인해 기다리는 사람이 있어 달려가야

했다.


열반하신 직지사 관웅 큰스님

　붓다＝깨달은 사람(부처님)

　화엄경은 부처님이 깨우친 글

　법을 깨우쳐야 된다.

　안은 육근, 밖은 육진이다.

　여러 가지 생명 감각을 지닌 생명이 중생＝살타

　우주의 생명은 하나이다. (법신) 깨우침

　동체＝일체중생이 한몸이다.

　모두 하화중생이다.


봉은사 능가스님 법문 중

　근본과 현상

　근본＝마음, 뿌리

　현상＝잎새


종범스님 법문 중 문화충격

　내 돈으로 사도 먹을 때 음식주인의 허락을 받아야 된다.

　딸집에 가도 사위의 허락을 받고 행동개시

　세간법, 출세간법

　신앙문－신심이 한결 같아야 된다.

　해인사 가면－원각도량하처圓覺道場何處 현금생사즉시現今生死卽是

도량−깨달은 세계

못 깨달으면 세간법, 깨치면 출세간법

세간법＝탐·진·치

오온법−고진

삼과, 정신적인 요인, 신체적인 요인, 색신


출세간법−멸도

오분향 소멸−없다는 뜻. 아픔, 원인, 번뇌 다 없다


오분법신−계향, 정향, 혜향, 해탈향, 해탈지견향(열반). 낮과 밤이 없다.

불생불멸−어두움은 있으나 오고가는 데는 없다. 보지 못할 뿐. 죽음이 없는 걸 깨달아서 해결함

소식을 해야 오래 산다.

해가 뜨면 밤이 없다.

걱정 근심 하지 말고 닦아야 된다.

탐욕이 없어야 된다(몸 때문).

나태하지 말고(게으르지 말고) 끝까지 신심으로 닦아야 된다.

깨달으면 가는 곳마다 극락이다.

생로병사가 해탈열반이다,

불자의 기름은 곧 나의 신심이다.

무진장스님 법문 중

참회하며 살아라.

- 계향 – 그릇되고 악한 마음, 탐·진·치를 없앰

  남을 해하지 않는 마음

  부처님, 노자, 장자, 공자님 말씀 믿어라.

- 정향 – 선과 악의 경계를 볼지라도 자신의 마음이 어지럽지 않다.

- 혜향 – 자기의 성품을 살펴서 나의 마음을 습관적으로 살핀다. 집착함이 없고 지금 중요한 것을 보여주고, 언로가 틔어서 바른 말을 할 수 있다.

- 해탈향 – 선한 것도 생각 말고 악한 것도 생각 말고 걸림이 없는 것이 해탈향이다.

- 해탈지견향 – 공한에 빠져서 적적한 것을 지키지 말고 널리 배우고 들어서 나 자신의 분수를 알아야 된다. 각자의 내훈이요 내 인격을 내 마음 가운데서 찾아야 된다. 사람은 지혜가 있어 대인이고, 산은 숲이 있어서 높다.

죄 중에서 어리석은 죄가 제일 크다. 죄인 줄 알고 지으면 적지만, 모르고 지으면 큰 죄악이다. 생각이 정상인가 비정상인가 생각하자.


참 – 과거에 있던, 과거에 모두 지은 죄를 뉘우침

회 – 이 시간 이후에 오는 죄를 짓지 않게 않다.

모두가 용서하고 통 큰 정치 지도자가 나왔으면 한다. (청정한)

성본스님 법문 중

무상－상이 없다. 심이고 공이다

무주－집이 없다

불심＝여래－영원한 것

인연법은 무상한 법이다

범부심－중생심－미혹한 마음－판단을 못함

삼악도－지옥, 아귀, 축생


(상구보리의) 시방삼세 부처님께 불성과 반야의 지혜－공의 실천 견성성불이라고 표현했다. 인도어－중국어－국어로 번역

아상, 인상, 중생상이 없어야 된다.

지식을 지혜로 바꾸는 것이 참선이다.

간경－불법의 지혜를 읽는 것이다.(체득하기)

입문＝득법

선재동자 남순동자는 천진을 나타냄

혜능＝순수함을


원종스님 법문 중

가랑비에 옷 젖듯이 서서히 정성으로 젖어드는 심신으로 불심을 키워야 한다.

소낙비는 겉옷만 적실 뿐 마음속 깊은 곳까지 적시지 못한다.

삼계도사＝온누리 중생

사생자부＝모든 생물

시아본사 석가모니불

자장율사님은 호법보살님이시다

육법공양 중에 으뜸이 법공양이다.

평생도록 닦고, 참회해야 한다.

부모님 잘 섬기기

  ① 부모님께 공양

  ② 뜻을 거역하지 마라.

  ③ 꼭 물어보고 해라.

  ④ 하시는 일 이어 받아 번창케 하라.

  ⑤ 아프면 빨리 병원으로 모셔라.


이공양 - 먹는 것, 이로운 것을 공양

행공양 - 청소 등 몸소 행함

정공양 - 짓고, 세우고, 불사 등

법공양 - 부처님 말씀을 따른다.

동가식(먹고) 서가숙(자고) - 부자들이 하는 것

서사, 사경, 꽃공양, 경전을 읽게 하고

청문 - 법문을 듣는다.

수지 - 가지고 다닌다. 깊이 새긴다.

아만 - 잘난 척하는 이들


존귀하신 스승님 보호주이신 관세음보살님

종범스님 법문; 심신과 행원

불생불멸-태어나도 태어남이 없고 죽어도 죽음이 없는 것(온 것도, 간 곳도 없다)

인생은 초로와 같다-풀잎에 이슬과 같다.

아침에 해가 떠서 저녁에 진다. 즉 불생불멸

원력-의지다.

기가 있는 곳에 천지가 따라온다.

개인의 뜻을 빼앗을 수 없다.

인과-자업자득을 믿는 게 신심이다. 복수는 나를 파괴한다.

일체유심조-내 마음이 움직인다. 지구가 도는 것이 아니고 내 생각의 산물이다.

내 업에 의해서 모든 것이 달라지고 내 마음에 의해서 우주가 달라진다.


향기 있는 법문

무학스님은 태조를 부처라고 하고-보는 눈에 의해서 결과를 말한다. 부처의 눈으로 보니 그렇다.

태조 임금은 무학스님을 돼지라 했다. 돼지의 눈으로 보니 그렇다.

현대판 인문학-나는 참선을 한 번도 안 하고 참선에 대한 공부만 해서 박사학위를 딴다.

원을 세우면 곧 자업자득이다.

회향을 하면 그것이 수행이다.

소유하면 고통이고 회향하면 행복이다.

남에게 돌려주면 안락이다. 편안하고 즐거운 것, 만족할 때 안락이
있다.

무진장스님 법문 중

도둑질해서 부자 된 자 없다. 꼭 망한다. 들킬 때까지 하기 때문에.

삼업을 믿지 않고, 교만한 마음으로 옳고 그름을 따지고 그러면
안 된다.

웅가스님 법문 중

『아함경』-전해 내려오는 가르침이다.

부처님께서 45년 동안 성도하신 공부

22일간 『화엄경』을 설하셨다.

대승불교-큰 수레-경전을 일컫는다-보살도

소승불교-작은 수레-아라한까지

팔만대장경의 원천이 『아함경』이다.

진리를 깨달은 분이 부처님이시다.

팔정도

1. 바른 견해-부처님의 뜻을 바로 보고
2. 바른 사유-정지, 바를 정, 뜻 지
3. 바른 말-올바로 생각하고 나서 하는 말
4. 바른 행위-정 사유지에 내 행동을 바로 함
5. 바른 생활-정당한 직업에 의해 의, 식, 주 해결

6. 바른 노력-정방편, 용기를 가지고, 악은 버리고

7. 바른 기억-바른 이상과 목적으로 살아간다.

8. 바른 성정-항상 명상하는 마음으로 살아간다.


용수보살이 이행문은 염불해서 쉽게 가는 법이고, 난행문은 어렵게 가는 것이라고 하셨다.

내 입으로 외우고, 내 귀로 듣고, 내 마음으로 새겨 염불한다.

보현행원품이 『화엄경』에 최고, 10가지 중에도 염불법이 최고다

4승, 부처, 보살, 영각, 육도 중생

1찰나는 1초보다 짧다

정진희 보살-꾸준히 용맹정진

관세음보살님은 32 모습으로 변한다.


무거스님; 절대행복이란

무위법-가장 쉽고 가장 가까운 것. 못 깨우친 게 아니고, 지나쳐서 그렇다. 무여 열반의 세계


종범스님 향기 있는 법문; 신명과 혜명

신명-우리 몸의 생명-혈통-윤회

혜명-지혜를 말함-법통-해탈의 세계

신회신-나의 몸 밖의 몸

소치-인연소치

자업자득-다 내가 만든다(악업, 선업)

누구를 원망하지 말라-어리석은 짓이다.

인연을 잘 짓는 것은 업을 잘 짓는 것이다.

지혜는 깨달음이다.

빈두로 존자 스님이 법문을 왕에게 한다.

흙도 내 몸, 몸도 내 몸, 유전은 인연법

꿈에서 깨어나면-그것이 해탈이다.

(인지-지혜) 법통

무아-나란 것은 없다.(무아지경) 『능엄경』

내가 없는 가운데 참 나가 있다.

지혜는 형체가 없으면서 활동한다.

지수화풍 불학-부처님의 가르침

불학불교, 과학 불교학

소를 타고 좋은 소를 찾으러 다니고, 동방에 있으면서 동쪽을 찾으러 다니는 것, 깨닫지 못한다.


나의 깨달음을 남에게 강요하지 말라.

사물에 응하되, 물들지 말아야 한다.

허공과 같이 하라. 허공은 막지 않는다.

독경을 하고 참선을 하면 불교 의학이다.

적적한 마음으로 일을 해라. 고요한 마음으로.


용신법어 1편; 진강선사 주석사찰

파재간탐-모아둔 모든 재산을 파자하여 나누어주고 부처님 공양을 올리고 깨끗한 마음을 선방에 들어와라. 불전 헌담하고 선방도 말들고 (간탐심은) 중노릇은 해도 발심은 못하고 화두를 세워놓고 지키지 않으니 몸뚱이 없어져도 업신이 돌아다니며 고통받는다(죽고 나면).

성원사, 주경스님 법문 중
  불사란 부처님 불佛 자에 모실 사事라 하여 부처님 모신다는 뜻이다.
  스님은 위엄이 중요하다.
  업이란＝척력－밀어낸다. (긍정적) 그렇겠지.
         인력－끌어당긴다. (집착) 굳어진다.
  무량광불 무량수불－아미타불, 마음의 소리
  겉으로만 하면 칭불
  염불은 부처님 생각하는 마음

종범스님 법문 중
  기도, 독경, 참회, 발원 꼭 할 것
  부처님은 자비 상존 있고 분노 상존이 있다(신장전).
  사랑하는 만큼 화를 내자.
  관상은 심상보다 못하다.

무진장 스님 법문 중
  음력 10월 보름부터 오는 해 정월 보름까지는 지극한 마음으로 더욱 정진할 것.

뜻을 세워 기도한다. 인격을 갖는다.


백양사 스님 법문 중

부처님의 오분향을 내 것으로 만들어야 된다.

부처님의 훌륭함을 내 것으로 만들어야 된다.

이참, 사참=몸과 마음으로 참회한다. 그것이 불교다.

계향-안, 의, 비, 설, 신, 의=나를 유혹하는 나쁜 것들

정향-위의 것들을 꼭꼭 묶어둔다.

혜향-공부해야 된다. 마음의 다짐.

해탈향-풀어준다.

해탈지견향-완전한 내 것으로 만들어야 된다. 마음을 비운다.

무식한 개는 던지는 돌을 따라가지만, 영리한 사자는 돌을 던지면 사람을 문다.

물체는 상이고=연기법, 인연법으로 이루어진다.


고봉스님 선문답어록

달을 가리키는 손은 수단일 뿐이다.

예배=절을 하는 게 아니고, 절을 하면서 깨달아야 한다.

무생=무생불멸

향나무의 본성은 향이고, 모든 형태로 바꾸어도 나무는 그대로이고, 향기는 변하지 않는다.

본래가 부처인데 깨닫지 못해서 중생으로 헤매인다.

삼독은 번뇌, 탐·진·치, 지혜의 반대다.

자광스님 법문중(초기 불자를 위해 씀)

　신근-뿌리를 믿어라(조상).

　신불-깨달음을 믿어라.

　신법-진리를 믿어라.

　신승-스님을 믿어라.

　구슬이란(관련)

　　완벽-깨끗하고 매끈하다.

　　쌍벽-두 개의 구슬이 서로 이룬다.

　지금은 방편 불교라서 사주들도 본다.


종범스님 법문 중 불심과 불착

　얼었다 녹았다=불생불멸이고 생노병사이고, 이 몸을 잘 관리해서
도를 닦는 데 쓴다.

　얼음은 얼어도 물이고, 얼음을 녹이는 것이 불학=닦고 닦는다.

　성불할 생각하지 말고 닦기만 해라.


해국스님 법문 중

　수리 수리 마하수리(수리하자)

　지옥, 아귀, 축생-삼악도

　아수라 술 먹고 행패, 아수라신-아수라장

　성공하는 스님은 제사를 잘 지내 주신다.

　신·구·의 삼업을 지으면 악업이 된다.

　원불=소원을 들어주시는 부처님

전 해인사 주지 혜능스님 법문 중(묘법연화경)

부처＝깨달은 자(진리를), 또는 업이 없는 정화된 자

계＝부처님의 행(불행) 삶, 불자가 잘 사는 길은 계를 잘 지켜야 한다.

고해＝업의 바다, 우리가 살고 있는 세상(사바세계)

삼귀의＝삼보를 믿고 따른다.(출리심－해탈을 하기 위해)

윤회＝고통 속에 살면서 반복하며 살아간다. 육도 윤회(진흙탕) 악행을 버리고 선행을 해야 윤회를 벗어난다.

여여부동＝우리가 의지하는 의지처다.(부처님)


해국스님 법문 중

살생중죄－태어날 때부터 살생을 하고 태어난다.

아버지 몸에서 어머니 몸으로 갈 때 4억 5천만 개 동생을 죽이고 태어난다.

투도중죄－다를 도둑놈이다. 엄마 몸의 것 다 먹고 자란다.

십악죄－몸으로 지은 죄 3가지, 입으로 지은 죄 4가지, 마음으로 지은 죄 3가지

방생을 잘 해야 된다.


허운스님, 기도법사

계경개＝경전을 펼치면서 부처님의 공덕을 만나고, 이해하고 귀가 열려서 부처님은 팔만사천 법문을 해주셨다. 45년 동안 설하셨다.

기도는 오직 관세음보살 명호를 부른다. 기도를 정하면 (조식)

음식을 가려 먹고 부처님과의 약속을 철저히 지키며 기도한다.

몸과 마음이 항상 청결해야 한다.

기도도 수행의 한 길이다. 욕심과 요행을 바라지 말라. 절실하면 가피를 본다.

① 눈앞에서 바로 만난다(현증가피)

② 꿈속에서 가피를 만난다. 보타낙가산에 계시는 관세음보살

③ 명훈가피력—어두울 명冥자. 본인도 모르게 그 가피력을 받고 있다. 기도하는 사람의 뜻을 받들어준다. 믿고 따라준다.

사람 몸은 받기도 힘들다. 그러나 참 사람으로 살아가기도 힘들다. 간절히 기도하라. 오늘 행복해야 내일도 행복하다. 도량은 지혜의 바다이고 법당은 선체이다.


법정스님(입적하심) 법문 중

네 가지 악행

살생＝낚시 먹이, 배가 고파 살기 위해 먹는다. 반드시 내가 갚아야 할 빚이다.

도둑＝남의 것의 가져오고 훔친다.

거짓말＝약속을 지키지 않는다. 신뢰할 수 있도록 산다.

사음＝타인의 가정을 깨지 말라. 청결과 순결하게 살자.(도덕성)

불법의 진리는 불변. '나'가 없는 무아지경에

청정율사 자운스님께서는 손상좌 혜총스님에게 "내 지금 가도 되나?" (열반하실 때 하신 말씀)

종범스님 법문 중

지혜를 가지고 정진을 하면, 보시를 하고 시주를 한다. 닦고, 닦고 또 닦으면 수행마음을 잘 쓰면 만사형통이다. 이루어지는 성불이다. 세상은 소유가 아니다. 소유는 내 것이 아니다. 지혜로 보라. 5마지기 는 팔고, 3마지기 사면 분명 손해인데도 아니다. 그대로 있고, 개간했 으니 그만큼 이익이다.


혜월스님 법문 중

수월스님은 정진스님이시다. 신묘장구대다라니를 많이 독경하셨 다. 일도 많이 하셨다. 보시를 많이 하셨다. 평상시 밝히는 등불이다.
정진하고 나누고 —
칭찬하신 글이고, 수희찬탄하셨다. (누워서 떡먹기)
불공은 공양의 의미. 참회, 발원, 회향
법당은 배우는 곳이고, 내 생활 속에서 실천해야 진정한 불공이다.
향, 꽃, 풍악, 계율을 익히고 설하신 법과 경전을 외우고 부처님께서 원하신 공양이다.
진리는 법공양, 물질은 재공양(보시)


법정스님(입적하심) 2551년 하안거 해제 법문 중

작은 것에 만족하고, 맑은 가난은 불필요한 것을 갖지 않는다. 항상 없는 사람을 생각하여 탐욕을 버려라. 넘치면 모자람보다 못하 다. 빙하가 녹으면(히말라야) 해수가 높아져 침수가 되고, 저지대는 잠긴다.

일체유심조-무언가를 이루는 능력은 마음으로부터 시작된다.


* 반야용선-피안의 세계, 길을 건너다. 용이 이끄는 지혜의 배.
인로왕보살과 지장보살이 함께 이끄신다. 전남 홍국사는 반야용선
그 자체다.


응신불, 보신불, 법보불
깨달음을 얻기 전은 석가보살, 깨달은 후는 석가여래불
아미타 부처님은 으뜸이시다.
미륵보살은 56억 7천만 년 후 오신다고 한다.


혜총스님 법문 중
계율을 닦아야만 삼악도를 벗어나고
선정을 닦아야만 여섯 가지 욕심을 버리고
반야지혜를 얻어야만 삼계를 자재하니라.


자재만현스님 법문 중(불기 2550년 음 정월 16일)
• 법고-북소리가 세간에 울려 퍼지듯 불법의 진리가 널리 퍼져
  중생을 깨우치려는 의미를 담고 있다. 특히 네 발 가진 짐승들을
  제도한다.
• 운판-조류나 허공을 헤매는 영혼을 천도한다.
• 목어-물고기들을 구제한다는 뜻이다.
• 범종-중생들을 이고득락케 한다. 특히 지옥중생을 제도한다고

한다.

아미타 부처님은 불국토 중 극락세계의 법왕이시다.

미륵 부처님은 지금은 도솔천에 계시고 부처님 열반 후 56억 칠천만 년 만에 화림원 용화수 아래에서 성도하신 후라고 하였다.

약사여래 부처님은(대의왕불) 동방만원 세계에 계시고, 12대원을 세우고, 중생제도, 병고중생 구원, 풍족을 주신다.

문수보살(만수호리)로 적고, 지혜를 상징하며 사자를 타고 '좌'에 연꽃, '우'에 혜검을 들고 중생을 살피신다.


우리가 기도하면서 꼭 알아야 할 불보살님, 따라보살님이시다.

달라이라마 존자님께서도 설하셨고, 우리나라 송광사 대방장님이셨던, 보성 큰스님(열반)께서도 말씀하셨다.

존자님께서는 한국인 불자들은 꼭 관세음보살님 기도와 따라보살님 기도는 함께 해야 한다고 하셨다. 밀교의 부처시다. 여자로써 성불하신 보살님이시다.

우리 천수경에 보면 "칠구지 불모 대준제 보살"님이 계신다. 그분이 바로 따라보살님이라고 보성 큰스님께서 말씀하셨다.

옴 자례 주례 준제 사바하 부림

옴 따레 뚜따레 뚜레 스와하 (소하) 열자진언

관세음보살님의 눈물에서 환생하셨다고도 한다.

나중에 얘기를 들으면 나신 곳이 뚜렷이 나타난다. 스물한 분 따라보살님이 윤회의 고통과 여덟 가지 공포, 병고소멸, 21가지 횡액을 소멸해주시고, 복을 주시며, 성취가 가장 빠른 보살님이시다.

10년째 하고 있지만, 틀림없는 사실이다

내가 하는 만큼 돌려주신다. (가피력으로)

모든 부처님의 어머니시다. 칠구지불모!

일체중생의 어머니시기도 하다.

자식을 사랑하는 어머니 마음 어떠하신지 들려드립니다.


"따라보살님 신앙의 유래"(전 해인사 주지 혜능스님 옮김)

　따라보살님은 자비의 화신 "관세음보살"님의 눈물에서 태어났다고 일반적으로 알려져 있습니다. 하지만 그 연원은 수억 겁 전에 아다 부처님 시절까지 거슬러 올라갑니다. 이 시절에 이셰다와(혜월)이라는 공주는 수 없는 생을 통해 여러 부처님들과 보살들에게 한량없는 공양을 올렸습니다.

　공주는 열 세 때부터 고행과 명상을 끊이지 않고 계속하여 79세에 마침내 깨달음을 얻어 보살의 경지에 이르렀습니다. 혜월 공주가 깨달음을 얻자 부처님의 제자인 비구들이 찾아와 예를 올리고 "공주시여, 깨끗한 복을 짓고 한량없는 공덕을 쌓아 마침내 깨달음을 얻었으니 속히 남자의 몸을 받아 부디 중생을 위해 법을 베푸소서." 하고 청하였습니다. 그러나 공주는 이를 거절하며, "남자 모습의 부처와 보살은 헤아릴 수 없이 많으나, 여자 모습의 불보살은 거의 볼 수 없으니 나는 이 삼사라가 텅 비도록 여자의 모습으로 모든 중생을 도우리." 하고 서원하였습니다. 다시 여러 번 더 안거에 들고, 삼매를 이루어 공주는 고통의 강을 건네주는 어머니라는 "따라"로 불리게 되었습니다.

따라는 실제로 어머니가 되기로 하고 부처님이 주신 환약을 먹고 축복을 받아 99세라는 고령에도 불고하고 "오유"라고 하는 훌륭한 용모의 보살을 아들로 낳았습니다. 따라는 아들을 몹시 사랑하여 늘 가슴에 안아 젖을 먹이고 연꽃 위에 눕혀서 열매의 즙을 먹였습니다. 그런데 어느 날 젖을 먹는 어린 아들이 그만 사라져 버렸습니다. 1천불 나라의 부처와 보살들이 감추어 버렸습니다. 아들을 잃은 어머니 따라는 수행으로 쌓은 모든 마음의 힘이 사라지며 가슴이 미어져서 젖이 마르고 달빛 같던 얼굴이 시커멓게 어두워지고 다리가 후들거려 주저앉으며 하늘과 땅이 흔들리도록 통곡하니 눈물로 호수가 생기고 마른 나무에서 새잎이 나왔습니다.

부처님께서 친히 내려오셔서 따라의 두 손을 잡아 일으키며 법을 설하시기를, "육도의 어머니 따라시여, 사랑하는 사람과는 헤어지기 마련인데 어찌 이리도 고통스러워하시는가?" 그러나 부처님의 설법조차도 아들을 잃은 어미의 고통을 달랠 수 없었습니다. 아들을 찾아서 천상에서 지옥까지 육도를 샅샅이 뒤지고 헤매이면서 따라는 육도 중생들의 고통을 낱낱이 보게 되었습니다. 이렇게 하여 따라보살은 우여곡절 끝에 1천불 나라의 부처님과 보살들이 황금탑 안에 감추어 놓은 아들을 찾을 수 있었습니다. 마침내 상봉한 모자가 끌어안고 서럽게 울며 함께 흘린 눈물이 바다를 이루었습니다. 그 눈물은 약이 되어 그 눈물을 마신 모든 중생들이 장애와 병을 벗어났습니다.

아들을 다시 품에 안은 따라보살은 이에 "내가 아들을 찾아 육도를 헤매면서, 고통스러운 중생이 너무나 많은 것을 보았습니다. 나는 이제부터 아들을 찾던 그 애절한 마음으로 고통스러운 중생들을 건지리이다." 하고 서원하니 부처님과 보살들이 몹시 기뻐하며 따라 모자를 좌대 위에 앉히고 세 바퀴를 돌고 절을 한 다음에 "따라 어머니 시여, 우리가 아들을 숨긴 것은 중생들이 겪고 있는 고통의 실상을 어머니가 보게 하기 위함이었습니다."라고 하였습니다. 수없이 많은 중생들을 구원한 따라는 부처님이 바뀐 지금도 뽀딸라라는 궁전에 거하며 외아들을 찾는 어머니의 애절한 마음으로 갖가지 방법을 동원해 중생들을 돕고 있습니다.

티벳 라싸의 달라이라마가 거하는 궁전의 이름을 '뽀딸라'라고 한 것은 관세음보살님의 성지를 뜻하지만, 한편으로는 중생들을 어루만 지는 관세음보살님이나 따라보살님의 자비의 마음을 상징하는 뜻도 포함되어 있습니다. 이렇듯 자비의 눈물에서 탄생한 따라보살 신앙은 설역고원 티베트에 완전히 정착되면서 투뵈왕국 최고의 영웅 송쩬감 뽀 왕의 부인들 중에서 네팔 출신 부리쿠티 부인은 "그린따라"로, 당나라 출신 부인 문성공주는 "화이트따라"의 형상으로 각기 역할분담 되면서 민중 속으로 스며들어 티베트 불교의 든든한 자양분이 되었습 니다.

또한 따라보살은 1042년 인도에서 대설산을 넘어와 티베트 불교의 불씨를 되살린 동인도 출신 '아띠샤' 존자의 수호신이기도 하고, 특히 초대 달라이라마(1391~1474)는 따라보살을 헌신적으로 숭배하고 그녀에 대한 찬가를 만들었다고 합니다.

범어로 따라보살, 한자로 도모, 티벳어로 될마, 라고 한다.

열자진언

옴 따레 뚜따레 뚜레 소하

업장진언(백색따라보살님)

옴 따레 뚜따레 뚜레 마마 아유후

뿐녜자나 뺏팀 구루예소하

병고소멸진언

옴 제쭌마 팍마 돌마라 착첼로

착첼 돌마 따레빠모 뚜따라이 직꾼셀마

뚜레 된남 탐째 뗄마 소하이게르 째라 랍뒤

관세음보살님 따라보살님 함께 하는 진언

옴 아리아 따레 땀수하

긴 따라 예경문

옴 제쭌마 팍마 돌마라 착첼로(항상 먼저 하시고)

삼세 제불의 깨달음을 얻으신 성스러운 여신 돌마님께 귀의 예경하

옵니다. (가로로 예경)

| | |
|---|---|
| 착첼돌마 뉼마빠모 | 쩬니께찍 록당다마 |
| 직뗀숨겐 추게샐기 | 게쌀제와 레니죽마 |
| 착첼뙨께 다와꾼뚜 | 강와갸니 쩩뻬샐마 |
| 깔마똥탁 촉빠남끼 | 랍두체외 외랍발마 |

355

착첼쎄릉 오추네께끼　뼤메착니 남빨겐마
찐빠쫀뒤 까툽시와　쇠빠쌈뗀 죄율니마
착첼데신 쎅뼤쭉똘　타예남빨 겔왈죄마
마뤼파롤 친빠톱뼤　겔외쎄끼 신뚜뗀마
착첼뚜따라 홈이게　되당촉당 남카강마
직뗀뒨뽀 샵끼넨떼　뤼빠메빨 국빨뉘마
착첼갸진 메하창빠　룽라나촉 왕축최마
중보로랑 디사남당　뇌진촉끼 뒨네뙤마
착첼떼쩨 쟈당펙끼　파롤툴콜 랍뚜좀마
예꿈욘깡 샵끼넨떼　메발툭빠 신뚜발마
착첼뚜레 직빠첸뽀　뒤끼빠오 남빨좀마
추께섈니 토넬덴제　다오탐쩨 미뤼쐬마
착첼쬔촉 숨촌착개　솔뫼툭깔 남빨겐마
마뤼촉끼 콜로겐뼤　랑기외끼 촉남툭마
착첼랍뚜 가와지뼤　우겐외끼 탱와뼬마
셰빠랍세 뚜따라이　뒤당직뗀 왕두제마
착첼싸시 꽁외촉남　탐쩨국빨 뉘마니마
토넬요외 이게홈기　풍빠탐쩨 남빨돌마
착첼다외 둠뷔우겐　겐빠탐쩨 신뚜발마
랄뵈뙤나 외빡메레　딱빨신뚜 외랍제마
착첼겔뼤 타메메딸　발외텡외 위나네마
예꺙용꿈 꾼네꼴개　다이뿡니 남빨좀마
착첼싸시 외라착기　틸기눈찡 샵기둥마

356

토넬쩬제 이게훔기  림빠둔뽀 남니겜마

착첼데마 게마시마  냥엔데시 쬐율니마

소하옴당 양닥덴뻬  딕빠첸뽀 좀빠니마

착첼꾼네 꼴랍가외  다이뤼니 남빨겜마

이게쭈빵 악니꾀뻬  릭빠훔레 돌마니마

착첼뚜레 샵니답뻬  훔기남뻬 싸본니마

리랍멘다 라당빅제  직뗀숨남 요와니마

착첼하이 초이남뻬  리닥딱쩬 착나남마

따라니조 팩기이게  둑남마뤼 빠니쎌마

착첼하이 촉남곌뽀  라당미암 찌이뗀마

꾼네고차 가외지끼  쬐당미람 엔빠쎌마

착첼니마 다와게뻬  쩬니뽀라 외랍쎌마

하라니조 뚜따라이  신뚜닥쁴 림네쎌마

착첼데니 숨남꾀뻬  시외투당 양닥덴마

된당로랑 뇌진촉남  좀빠뚜레 랍촉니마

짜윙악끼 뙤빠디당  착첼와니 니슈짜쯰


열 글자의 근본진언으로 찬탄함이 스물한 가지 예경이라 하나이다.

스물한 분의 예경문이었습니다.

※ 일체중생 윤회에서 인도해 주시는 어머니기에 도모

※ 다른 부처님보다 행이 빠르시기에 신속모

※ 마군을 남김없이 물리쳐 주시기에 위맹모

※ 삼계의 구제주: 관세음보살의 다른 명칭

※ 칠세간 : 지옥, 아귀, 축생, 사람, 욕계의 신, 색계의 신, 무색계의 신

※ 과보의 고통이 없기에 안락모

※ 고통의 원인인 불선을 짓지 않으시기에 지선모

※ 버려야 할 바 번뇌가 없기에 적정모


### 소원성취

매일 3번이나 7번을 염송하면 소원이 빨리 이루어진다고 합니다.


### 라다크 닥파 겔쌍 스승님 법문 중

보리심과 공성

연기공성–부처님 깊은 뜻

듣고 배우는 공덕

『구사론』에 세친보살은 매일매일 뛰어난 경을 듣고 한 비둘기가 죽어 사람으로 태어났다고 한다.

윤회

해탈–니르바다＝창조주가 없다.

불교＝원인과 결과로 만들어진다.

자비–모든 중생 위하여 베푼다.

중생 차별 없이 윤회에서 벗어나게 하신다.

최고의 이타심 보리심

복덕자량, 지덕자량을 삼아승기겁 동안 쌓고 닦아서 보살도 성취

사성제–『반야경』, 『해심밀경』 3가지 부처님 큰 법문

① 이것이 '고'이다. ② '고'를 알아야 한다. ③ 알아야 할 '고'

없다

십악의 결과로 생긴다.

일곱 가지 순서의 보리심 일으키기, 자타바꾸기 두 가지다.


## 보리심 일으키기

1. 일체중생을 어머니처럼

2. 금생의 어머니와 똑같다.

3. 은혜를 알면 보답해야 한다.

4. 친하게 지내며

5. 고통에서 벗어나야 한다.

6. 내가 그들 위해 자비심을 일으켜야 한다.

7. 내가 완전한 깨달음을 얻어야 한다.

평등한 마음을 가져야 한다.


## 자타바꾸기

나와 남을 똑같이 생각하고 대승의 보리심을 일으켜야 한다.

1. 모든 악은 소멸되고,

2. 삼악도에 떨어지지 않고,

3. 인간, 천신 좋은 몸 얻고,

4. 부처의 경지 빨리 이루며,

5. 사람 아닌 것으로부터 해침 당하지 않는다.

우리는 나만 생각하나.

"보살님은 남 생각 먼저 한다.

보리심만으로 참회, 공덕은 절로 쌓는다.

보리심 일으키면 부처님 아들로 태어난다."

라고 달라이라마 존자님께서 말씀하셨다.


티벳 불교사원에서 공부한 법문 중, 소남 주지스님

두 가지 삼보

① 삼보＝이미 존재하고 있는 불, 법, 승

   독송하면서 귀의심을 일으킨다.

   귀의처: 불＝의사, 법＝약, 승＝간호사

② 내가 이룰 수 있는 삼보＝내가 부처의 경지 이루기 위해 삼보께

귀의하고 "초지부터 십지까지 가야 된다."

   멸성제－허물을 버리겠다. 그러지 않으면 부처 이룰 수 없다.

   도성제－공덕을 이루겠다. 초지, 대승의 견도 이상 가야 초지이다.

   보리심－이타행에 의지하여 완전한 깨달음에 이르기를 발원하는

마음이며, 대승의 도를 주관한다.

   유가구족－육도 중에서 인간이 수행하기에 가장 적합한 조건을

갖춤.(하사도에서 설명)


귀의, 해탈, 성불

① 삼악도에 떨어지지 않기 위한 수행

② 해탈을 원하는 수행

③ 성불하기 위한 수행

사도에 빠지면 어떤 과위도 이룰 수 없다. 바른 법 만났을 때 제대로 닦아야 된다. 법의 시작은 부처님으로부터 내려온다. 람림의 삼사도, 하·중·상사도, 부처님, 문수, 용수보살로 이어지는 법맥이 아띠샤 스승으로부터 내려오는 보리도등론이 람림, 람촉(최상의 도)이 쫑카빠로 이어져서 보리도차제가 역시 람림이다. 위로는 부처님 법문에서 지금까지 14대 달라이라마까지 이어지고 있다.

람림의 위대함＝부처님의 가르침

부처님의 모든 법은 교법과 증법이다.

교법＝삼장－경, 논, 율장(부처님 가르침, 깡구르, 땐구르)－팔만사천 대법문

증법＝삼학－계, 정, 혜(교법을 실천하는 것을 증법이라 함)


계율을 바탕으로, 선정으로 번뇌를 제거하고 닦아야 한다.

람림의 네 가지 위대함

• 모든 가르침이 상충되지 않는다.

• 모든 가르침이 요의법으로 나타난다.

• 모든 가르침을 빨리 이해할 수 있다.

• 큰 죄들이 저절로 소멸된다.


들음으로써 생기는 이득(삼장을 알면)

경장－듣고 무의미한 일은 안 함. 선정을 닦게 된다.

논장－통해서 지혜를 알고, 얻어서 열반까지

율장－통해 계율을 지켜서 죄업을 짓지 않는다.

복전에 귀의하고 귀의하는 방법

완전한 귀의를 위해서는 두 가지 마음에 의지해야 한다. 그것은 '두려움'과 '신심'이다. 삼악도에 대한 고통을 생각하는 두려움, 굳건한 믿음, 신심으로 삼보에 귀의해야 한다.

껩슈치오 – 구제해 주세요.

죄와 악업은 물론 씻을 수 없고, 손으로 빼낼 수 없다.

오직 부처님 진리로 깨우치고 자신 스스로 닦아야 된다. 모든 중생의 고통에서 벗어나 행복할 수 있도록 귀의처에 귀의한다.

수통 – 금생만 보고 내생은 생각 안 한다.

라마 – 무상사 – 위없는 스승 – 일체지

청수공양 – 여덟 가지 특성이 있는 귀한 물이다.

칠지공양 – 절, 공양, 참회, 수희찬탄, 법을 청함. 스승님 장수기도, 회향기도(보현행원품)

부처님께서 소승에서는 열반하셨다고 하고, 대승에서는 반열반하신다고 한다.

부처님께 귀의 – 믿고 따르며 나 또한 부처 이룰 때까지 귀의하옵니다. 완전한 깨달음 얻을 때까지 귀의하옵니다.

법보에 귀의 – 악업을 물리치고 선업을 쌓겠다, 고.

승가에 귀의 – 약을 먹고 치유되게 하소서, 라고.


보리심, 자비심, 지혜, 공성

인간은 축생과 다르다. 생각을 하고 법을 위해 많이 따지고 싸워야 한다.(논쟁)

죽으면 법만 가지고 간다. – 선업이다.

흑·백 인과 뒤따른다.

불성은 누구나 가지고 있다. 부처님이 근본뿌리는 다 가지고 있다.

밀교에서는 – 한 생에 성불할 수 있다.

현교에서는 3아승지겁 동안이라고 하는 것과 같다.

경전은 거울 보듯이 보고 마음을 다스려야 하며, 말과 행동부터 고쳐야 마음을 다스린다.(일시적 다스림)

행복씨앗(근본적인 다스림)


## 절하는 문화

한국식 – 움착

티벳식 – 땅착

몸으로 하는 절 – 온몸으로.

입으로 하는 절 – 찬탄, 칭찬

마음으로 하는 절 – 마음동기, 깨끗한 마음


## 복전(복밭)

열 분의 공덕을 쌓아야 한 분의 법을 얻는다.

다음 생 생각하지 않으면 전혀 수행에 도움이 되지 않는다. 헤아릴 수 없는 내생을 위해 늘 수행해야 된다.

공양은 기쁘게 받을 수 있도록 올린다.

계율을 잘 지키는 것이 큰 공양이다.

다음 생 생각하는 마음으로 들어가면 법으로 들어간다.

하지만 한 가지는=복전에 귀의하고 칠지공양 올리면 부처의 씨앗의 원인이 될 수 있다. 특별히 불보살님의 은덕으로 부처가 되는 원인이 된다.

승인에겐 머리카락이 눈에 들어가는 고통이나, 중생은 머리카락이 손바닥에 있는 것처럼 느낀다.

미세한 식이 남아 있으므로 3일 동안 사체는 보살펴야 한다.
승인의 진리=고통이다(일식)
사성제 진리−고·집·멸·도−고는 느끼는 고통
　　　　　중생은 인식 못한다.
　　　　　괴고−즐거운 고통, 행고−윤회의 고통

최고의 공양은 부처님 가르침대로 행하는 것−절하고, 참회하고, 수회찬탄, 권하고, 청하고, 회향하기.
붓다가야에서 절하는 공덕은 일곱 배나 된다.
악업을 짓고 후회하면 참회되고, 선업을 짓고 후회하면 악업된다.

색신=화신, 보신
법신=지혜
방편=복덕

부처님께서 49일 동안 법을 굴리지 않은 이유=말할 대상이 없었다.

부처님 경전은 최고 존중해야 한다.


회향—세 가지가 중요하다.

① 법륜을 늘 굴리게 하소서.

② 위없는 깨달음을 얻게 하소서.

③ 바른 스승과 헤어지지 않게 하소서.


비폭력—남을 해치지 않는다(소승)

　　　　남을 잘 되게 하는 마음(대승)


근본 스승을 찾기(찾는 방법)

샨디데와—적천보살 『입보리행론』

사람 몸으로 태어났을 때 노력하고 해탈할 수 있도록 해야 한다.

사람 몸으로 태어났을 때 도의 뿌리가 되는 스승을 통해서 해탈할 수 있다.

람끼따와=도의 뿌리—근본스승

인신난득—사람으로 태어나기 어렵다. 해탈할 수 있는 사람으로 태어나기 어렵다.

라마—위없는 스승—무상사

번뇌장—번뇌 없다.

소지장—모르는 것이 없다.

나무시아본사—석가모니불 1불이지만 근본스승은 여러 분이 될 수 있다.

규류요가-스승에 대한 수행

구야사마타-밀교명상

## 도의 뿌리

자비심의 정의, 근본스승을 모시는 방법

① 무상을 깨치고, 공성을 깨친 상태에서 중생에 대한 자비심.

② 안 깨우친 상태에서 일으킨 자비심.

③ 믹째마 자비심. 『람림』을 요약해서 지으신 쫑카빠 스승님께 권청하는 것이다.

중론-용수보살의 가르침

※ 스승님을 불보살로 보고 공부하라

인명학-법칭보살님의 가르침

반야학-미륵보살님의 가르침

뿌리＝도의 뿌리. 스승(라마) 린뽀체-보배로운 스승(무상사)

뚤구＝화신, 라마는 차이가 있다.　　　라마＝위없는 스승

뚤구-라마-린뽀체도 되시는 분, 위없는 스승, 화신불

스승님의 가르침을 잘 받고 그대로 실천한다. 부처님 경지와 가까워 진다. 여덟 가지 공덕 이득이 있다.

## 공경하고 공양 올리는 공덕

부처님께서 기뻐하시는 공덕은, 근본 스승님께 공양 올리고 부처님을 청하면 근본스승의 몸에 나투셔서 그러한 공양을 기쁘게 받으신다.

불보살님들은 직접 드실 수 없지만 스승님은 직접 드실 수 있다.

아띠샤 스승님은 스승 152분을 한 번도 잊은 적이 없다고 한다.
구류요가 수행 - 수승하신 스승님


도의 핵심
① 출리심 없이 - 윤회세계 벗어날 수 없다.
② 보리심 없이 - 성불할 수 없다.
③ 공성을 깨닫는 지혜


앙굴리마라가 99명을 죽이고 나머지 한 명을 못 찾다 부처님을 찾아 죽이려고 하지만 그 능력으로 잡을 수가 없자 끝내 부처님 수기를 받아 해탈경지 아라한의 경지에 오른다. 그의 스승이 100명을 죽이면 해탈할 수 있다고 해서 그렇게 했다.


**부처님과 중생의 차이**
부처님께서는 청정하신 마음.
중생의 마음은 청정하지 못하다.
본질은 같다 - 부처님과 나의 불성 있다.


번뇌장 소지장 두 장애의 구름 벗어난 문수보살
번뇌장 - 윤회세계 벗어나지 못하게 방해하는 것. 해탈하지 못하게 방해한다.
소지장 - 성불하지 못하게 방해하는 것이다. 부처의 경지 이루지 못하게 한다. 일체지를 얻지 못하게 한다.

부처되는 길 - 마음이 청저하면 된다. 청정하게 닦아야 된다.

팔만사천 대법문이 마음이 청정해야 한다고 가르친다.

8대보살도 중생에 속한다. 왜? 소지장이 남아 있다.

십지 다음이 불지다. - 부처님의 지혜

죽으면 법만 가지고 간다.(선업만)

느끼는 고통은 제거하면 되지만, 마음을 닦지 않으면 부처될 수 없다.

불교＝자력이다.

천도＝타력이다.


모든 부처님 전에 공양 올리는 공덕과 관세음보살 명호를 부르는 것은 같은 공덕이다.(육자진언)


## 스승님께 믿음과 존경

스승의 가르침을 생각하면 존경과 환희심이 생긴다.

뗀빠 - 의지하다. 원인 없이 결과 없다.

제자의 결과는 스승께 달려 있다.(훌륭한 점을 본받는다)

환자가 의사에게 의지한다.

생각으로 의지하고(믿음), 행동으로 의지한다(근본믿음 닦기).

스승을 일반 스님으로만 보고, 성취자로 보지 않았기 때문.

오도, 십지는 스승으로부터 배우는 것이다.

스승을 살아있는 부처님으로 보아야 한다.

부처님께서 열반 후 500년 뒤에는 내가 일반 스승의 몸으로 나타날 것이다, 라고 예언하셨다. 부처님께서 방편으로 나타나신다.

람림은 해탈하고 성불할 때까지 읽는다.

※ 해탈 성불은 스승 없이 할 수 없다.


시작은 마음 동기

마지막 회향은 중요

삼귀의심, 삿된 길로 빠지지 않게

성문, 연각은 자기 중심으로 가는 소승

보리심은 남을 위해 보살도 대승

죽을 때 사람으로 태어나는 원인

죽을 때 닦음-늦다. 미리 닦아야 한다.


5가지 힘

① 익숙한 수행의 힘

② 마음 동기의 힘, 귀의, 보리심

③ 선업을 쌓는 힘

④ 악업참회의 힘

⑤ 회향의 힘

물질은 금방 이룬다.

정신세계는 꾸준한 노력으로 이룬다.


근본 불교-소승 불교부터 잘 익혀야 된다.

하·중·상사도 차제로 대승보살로 이룬다.

부족한 원인으로 해탈 성불 이룰 수 없다.

비밀스런 가르침 – 누구에게나 설할 수 없다.

밀교 – 입문은 관정

삼요도

출리심 – 해탈하고자 하는 마음

보리심 – 큰마음 성불로

공성을 깨닫는 지혜 – 윤회뿌리를 자른다.


부처님 – 이타심

업보중생 – 이기심

자력 – 나 자신에게 달려 있다. 나의 힘, 내 탓

사무량심

무량심, 발보리심

헤아릴 수 없는 공덕

생명 있는 모든 것은 '유정'이라고 한다. – 일체중생, 육도 윤회하는
모든 중생.


• 자심 – 자비

고통 없는 행복 = 윤회세계 벗어남

사바세계 태어난 자체가 고통(행고). 유가구족으로 태어난 행복.
근원이 되는 고통

- 비심－상대방의 고통도 벗어나게 하소서

- 희심－해탈 얻게 하소서

- 사심－근, 원, 애, 증 4가지 마음

    가까운 이는 좋아하고, 원수는 미워하는 마음


미륵보살 논서(현관장엄론)

3가지 지혜

- 일체지－부처님－모든 지혜 다 깨달으심. 중생 근기에 맞게 다양한 법 설하심

- 도지－보살 어머니－이타행 하시는 대자비

- 기지－기분의 지혜. 성문, 연각


성문, 연각, 아라한

번뇌 없고, 고통 없고, 보리심도 없지만 소지장은 있음.

자비, 지혜, 공덕 모자란다.

목련존자도 신통력이 모자라 어머니가 어디에 있는지 모른다. 죽을 때는 외도로부터 맞아서 죽었다고 한다.


법칭보살(인명학)

분별심－번뇌장－윤회 속에, 헤매고

        소지장－그물 같은 것－성불 못함, 방해

(지침서) 수행기도문－법신, 색신, 공덕 다 갖추시고, 법을 원만하게 설하신 분께 예경하옵니다. 자비사상－벌레도 죽이지 않는다.

인욕수행 세 가지

① 해침에 대한 인욕-제정신이 아니라고 생각하고 참는다.

② 고통을 받아들이는 인욕

③ 법에 대해 확신하는 인욕

이타행-봉사, 이타심-남을 먼저 생각.


불교-부정을 없애고, 긍정적으로 생각하고 마음 바꾼다.

독=번뇌, 일어나자마자 제거해야 된다.

비폭력=가만히 있는 것은 아니다. 상대방에 대해 폭력을 쓰려 할 때 멈출 수 있는 능력, 해침을 막는 것.


① 세간의 바른 견해-인과를 철저히 지키고, 확실히 믿는 마음

② 출세간-공성을 깨닫는 지혜


고통과 고통의 원인-악업

행복과 행복의 원인-선업


| 옴 | 마니 | 반메 | 훔 |
|---|---|---|---|
| 신·구·의 삼문<br>아·우·마<br>부처님 깨끗함<br>중생은 안 깨끗함<br>32상 80종호 부처님 몸<br>완벽하시다. | 여의주<br>보배 | 연꽃<br>반야지혜 | 다함께<br>방편, 지혜<br>우리 다 함께 |

무상하기 때문에 고통 있다

'고' 있기 때문에 무아 있다. 그래서 고통이다.

무상을 생각하기 때문에 집착이 생긴다.

내일보다 내생이 먼저 올지 모른다.

모든 것은 인과라고 믿어라.

모든 고통은 전생의 업이다.

마장은 수행의 아버지 — 폐관

무상 — 항상 하지 않는다. 변한다.

재행무상 — 생기기 때문에 없어진다.


아무리 많은 이들이 나를 괴롭혀도 인욕수행으로 나를 다스린다.


지혜로운 자는 행복 추구.

어리석은 자는 고통에 시달린다.

불교과학, 불교철학, 불교논리(인과응보)


공덕의 근원

인식반득 — 사람 몸 받기 힘들다

유가구족 — 사람 몸 받는다.

복 — 고통을 멸하고 행복을 얻는다.

죽는 이유 — 생을 다함, 복이 떨어져 주는 경우, 갑자기 죽는다,

인과응보도 모르고 죽으면 끝이 아니다.

유가구족

팔유가-수행할 수 없는 것으로부터 벗어남

십구족-수행할 수 있는 것들을 갖추고 있다.


이고득락-고통은 멀리하고, 행복 얻고 싶다. 축생도 해당된다.


바다 속-윤회세계

눈 먼 거북이-지혜 없는 사람

백 년에 한 번 올라와서 '나무판자'에 목이 걸린다.(사람으로 태어남)

금판자-부처님 불법 만난다.


큰 뜻 알고서 갖춘 유가구족 세 가지

1. 삼악도에 안 떨어져야 된다는 뜻

2. 육도에서 벗어날 수 있다는 뜻

3. 나 혼자뿐만 아니라 모든 중생 다 해탈할 수 있도록

무시이래로-시작 없는 전생부터 지어온 악업 때문에


일시적 행복-삼악도에 떨어지지 않는다.(금생의 행복)

궁극적 행복-해탈, 성불

제법무아-공하다.

시즉불교-이것이 불교다.

처음부터 부처 아니다. 열심히 수행, 정진한 결과이다.

※ 인과를 먼저 알아야 한다.

티벳의 스승님은 '한두 달 살아있으면, 다음 생에 삼악도에 떨어지지 않도록 노력하겠다. 일이 년 살 수 있다면 해탈, 성불 위해 살겠다'고 하셨다.


마음 비우기(마음 다스리기)

달라이라마 존자님께서 두 가지 문제 제시

① 아집·아상·나라고 하는 집착＝무아(내가 없다). 부처님께서 설하심

② 나를 귀하게 여기는 생각(이기심)

이타의 마음(남을 위해 쓰는 마음)

이기심을 줄일 수 있다.

밝음과 어둠 같고, 더위와 추위 같음

강한 쪽으로 따라간다.


'나'라고 하면 오직 하나뿐이다.

'남' 헤아릴 수 없이 많다.

뭐가 중요한가?


근·원·애·증 중간의 사람은 무시한다.

평등심 수행을 해야 된다.

과거와 미래는 접어두고, 지금 이 순간 내 마음을 보라!


나는 연기법으로 생긴다.

오온에 의지해서 내가 있다.


무상사-라마. 부처님처럼 스승의 공덕을 살펴라.

스승님을 만나면 끝까지 잘 모시고 믿고 따라야 한다.

선업은 쌓고, 악업은 참회하라.

친구와 원수는 스스로 바뀐다.


불국토 핵심-구하다, 구도, 진리생각(만나다)

법의 근원-부처님 말씀이다.


전행(준비), 본행(지금), 후행(마무리)


할아버지가 지팡이에 의지하여 일어나는 것처럼, 의미를 정확히 알아야 한다. 할아버지가 지팡이 없이 일어날 수 없듯이, 불법을 정확히 알고 배워야 한다.(외울 정도로)

문혜에 대한 만족 없다.

영원히 공부해야 한다.

오도 중 3가지를 얻은 보살들도 끊임없이 공부한다.


부처님과 중생 차이점

부처님께서는 신·구·의 청정하시고, 중생은 몸·말·마음 청정하지 않다.

부처님 유리광 32상 80종호 청정하시고 깨끗하심.

중생 입으로 지은 죄 4가지, 몸도 더러운 덩어리 3가지, 마음으로
지은 죄 3가지


청정수는 중생들이 복을 지을 수 있는 방편이다.

모든 공양이 다 마찬가지다. 부처님 전에 올리므로 나와 중생들이
업을 닦고 선업을 쌓는 것이다.


몸의 공덕＝절, 탑돌이, 경전, 진언, 마니차 돌리기

마음청정－료종(마음바꾸기)

불교－내면 바꾸기


세계 70억 인구 중 불법 만난 이가 1/70임을 인식.


법－방법 푸는 것

원인부터, 뿌리부터 제거하고 고쳐야 한다.


듣는 자세, 들음으로 생기는 이득

샨디데바－(입보리행론) 새것들을 좋아하지 마라. 겉은 좋지만 속
은, 마음은 그대로다.

되풀이해서 듣는 것은 마음에 새기라고…

연기법, 공성을 깨달아야 한다.

착각 속에 산다.

제행무상－생기면 사라진다.

무상을 깨달아야 집착이 사라진다.

괴고-변하는 고통. 추우면 난로 피우고, 더우면 에어컨 켜고, 이런 것들은 잠깐잠깐 오는 행복이지 바로 고통 온다.


불교목적＝마음 바꾸기

뼛속 깊이 새기기, 내 것으로 만들기

문·사·수-문혜(듣고)·사혜(생각)·수혜(수행)＝수습으로 들어 간다.

　닦음으로서 수혜를 얻는다.

"람림" 끝없이 계속 읽어야 한다.


3아승지겁에 비교해서 밀교수행은 1찰나에 성불할 수 있다.

한 생 100년 안에라는 것은 1찰나.

불법 만나기보다 밀법 만나기 더 어렵다. 천불 중에 밀법 아신 부처님은 두세 분뿐이다.

현교수행을 바탕으로 밀교수행을 해야 된다.

정법-물로 씻을 수 없다

오직 부처님 말씀대로 행하고 닦아야 한다. 삼악도에 떨어지지 않기 위해.

인과-원인 제공

부처님은 중생 근기에 맞게 설하셨다.

인과는 컵, 업은 그 속의 하나다

업이란-마음 동기로 짓는 것.

생각 있는 존재, 유정중생이다.

용수보살님은 과거 생에 풀을 베다가 개미 한 마리 죽인 죄로, 풀에 목이 베어 죽으시다.


현량-쉽게 보고 이해할 수 있는 것. 눈, 귀로

비량-제행무상, 찰나찰나 변한다. 생기면 사라진다, 눈으로 볼 수 없으나 생각으로 찾아낼 수 있는 것, 깊게 생각

비비량-논리로도 해석하기 어렵다. '공업'이다. 과거 전생

무시이래로-시작 없는 전생. 끝도 없다.

무여열반-초기불교

유여열반-대승불교

회향은 공덕 창고다.


## 달라이라마 존자님 말씀

다르마=자연계의 법칙, 인간계의 질서를 뜻하며, 석가모니가 깨달은 진리를 말한다.

인과=선업과 악업, 원인과 결과 사이에서 결정적인 비례관계가 존재한다는 것이 업의 특징 가운데 하나다.

◎걸어야 할 유일한 길, 유일한 방도, 유일한 도정은 바르지 못한 행위와 말과 생각을 제거하는 것이다. 업은 행위다.

◎죽음을 맞이할 때는 삶에 대한 미련이 없어야 된다.

달라이라마 존자님께서 하신 세 가지 약속

첫째, 한 인간으로서 나의 약속은 자비, 용서, 인내, 만족, 자기 절제와 같은 인간 가치의 증진입니다. 모든 인간은 똑같습니다. 우리는 모두 행복을 원하지 고통을 원하지는 않습니다. 종교를 믿지 않는 사람들조차도 삶을 더 행복하게 해 줄 이러한 인간 가치의 중요성을 잘 알고 있으며, 이것은 세속적인 도덕입니다. 나는 이와 같은 인간 가치의 중요성을 앞으로도 계속 이야기할 것이며, 만나는 모든 이들과 이것을 나누기 위해 헌신할 것입니다.

둘째, 한 수행자로서 나의 약속은 세계 주요 종교 전통 사이의 이해와 종교 간 화합의 증진입니다. 철학적인 관점의 차이는 있지만, 세계의 모든 주요 종교들의 공통적인 핵심은 인류를 올바르게 이끌기 위함입니다. 그러므로 모든 종교의 전통들이 서로 존중하고 서로 다른 전통 가치를 인식하는 것은 중요합니다. 하나의 종교와 관련된 하나의 진리만 보게 되면 그것은 개인적인 차원이지만, 크게 공동체를 위해서는 여러 가지 진리와 여러 가지 종교가 필요합니다.

셋째, 나는 '달라이라마'라는 칭호를 가지고 있는 티벳인으로서, 티벳인들이 나를 진심으로 믿고 있기 때문에 나의 세 번째 약속은 티벳 문제에 있습니다. 나는 정의를 위해 투쟁하는 티벳인들의 자유로운 대변인으로서 수행해야 할 책임이 있습니다. 하지만 티벳 민족과 중국 서로에게 이로운 해결책을 찾게 되면 이것을 지켜나갈 이유는 사라지게 될 것입니다. 그리 된다 하여도 나의 마지막 숨이 다하는 날까지 첫 번째와 두 번째 약속을 지켜나갈 것입니다.

달라이라마 존자님 말씀

지금의 내 모습은 전생의 내 행이며, 내생의 내 모습은 지금의 내 행이다. 금생의 악행이 내생에는 더욱 나빠진다고 한다. 이것이 바로 윤회라고 한다. 더욱 좋은 환생을 위해 끊임없이 수행하고 자비를 베풀어야 한다. 덕을 쌓고 수행하면 결국 극락세계인 열반에 들게 된다. 석가모니 부처님처럼 깨달음을 얻어 부처가 되는 것이다. 달라이라마 존자님께서는 이렇게 말씀하셨다.

윤회를 믿게 되면 인류를 사랑하는 마음이 생긴다. 우리 주변의 모든 생명체는 끊임없이 윤회하거나 언제 어디서 무엇이 되어 다시 만날지 모른다. 서로 참고 사랑하고, 배려하는 인류애가 생긴다. 윤회를 거듭하다가 열반에 드는 들기 직전의 단계에 이른 사람을 아라한이라고 한다. 성인, 혹 성자라는 뜻이다. 그들에게는 의무가 하나 있다. 중생이 열반을 향해 나아가도록 돕는 일이다. 그들은 그 일을 위해 환생한다. (중생제도) 사람이나 다른 모습으로 돌아온다. 그럼으로써 그들은 부처의 다음 가는 보살이 되고, 결국에는 부처에 이른다. 부처가 되면 오직 중생을 위해서만 환생한다. 부처의 화신은 달그림자와 같다. 달 그 자체는 하늘에 떠 있지만, 때에 따라 여러 곳의 호수나 바다에 똑같은 모습을 나타낸다. 부처님 환생도 그와 같다.


* 장수천에 태어나거나, 육근을 온전히 갖추지 못하거나, 삿된 소견을 가지거나, 부처님 오심을 기뻐하지 않는 악업, 모두 세존이신 부처님, 일체지를 갖추신 분, 오안을 갖추신 분, 증명하시는 분,

기준이 되시는 분, 일체법을 깨달으신 분, 큰 자비로 일체를 보시는 모든 부처님 앞에 낱낱이 드러내고 참회합니다. 숨기지 않겠습니다. 죄업을 감추지 않고 있는 대로 시인하겠습니다. 장수천은 색계의 사선천에 존재하는 천인으로 한번 선정에 들면 수만 겁 동안 머문다고 한다. 이로 인해 죽음의 고통과 고락과 해탈 등을 분별하지 못하고 아무 생각 없이 장수만을 누리다가 선업이 다해 다시 악도로 떨어진다고 한다.

## 사무량심

① 자무량-모든 이들에게 행복을 주는 자심(순간 순간 오는 행복)

② 비무량-모든 이의 괴로움을 덜어 주는 비심(측은한 마음으로)

③ 의무량-모든 이의 행복을 함께 기뻐하는 희심(행고, 무행복)

④ 평등량-모든 이들에게 베푼 일에 대해 보답을 바라지 않고, 남으로부터 받은 피해도 모두 용서해주는 사심.(근원애증)

## 복전(촉싱)

부처님으로부터 관상하여 불보살님, 승가

다섯 비구(라마댕아)까지 관상할 때, 부처님 당시 초전법륜하신 다섯 비구.

올릴 때는 칠지공양하고, 회향 때는 다 흡수해서 회향한다.

## 티벳의 초펠스님 편역 중에

① 우리가 수행하는 장소를 깨끗이 하면, 훌륭한 용모뿐 아니라

계율을 잘 지키는 이로 태어나게 되는데, 계율을 잘 지키는 이라면 설혹 용모가 훌륭하지 않더라도 부처님이나 스승들의 눈에는 매우 아름답고 훌륭하게 보이게 된다. 수행 장소를 깨끗이 하면 천상에 태어난다고 하는데, 이는 정토에 태어나는 것을 말한다.

② 마음으로 번뇌의 대상을 만나지 말라. 욕망과 분노의 대상을 자주 생각하면 번뇌를 끊을 수 없다. 예를 들어 옷을 바라볼 때도 색깔이 좋다, 모양이 좋다, 질이 좋다는 등의 생각을 일으키지 말아야 한다. 미운 사람을 떠올리고 분노의 감정에 빠지는 것도 번뇌를 일으키는 행위다. 또한 수행을 많이 한 사람에게 나쁜 일이 생기는 것을 보고 인과를 의심하는 것도 번뇌이다. 이러한 번뇌 속에서는 결코 지혜가 싹트지 않는다.

③ 대승 불자인지 아닌지는 자신의 마음에 보리심이 있는지 없는지에 달려 있다. 보리심을 알지 못하면 대승의 길도 알지 못한다. 보리심이 없으면 어떠한 수행을 하더라도 대승의 길로 들어설 수 없으며, 수행자들은 대부분 삼악도에 떨어지게 된다. 보리심이 있으면 개에게 작은 음식을 주더라도 깨달음의 원인이 될 수 있다.

삼승의 특징을 자세히 살펴보면, 그것은 모두 보리심에서 나온 것임을 알 수 있다. 우리는 주로 참선이나 염불이나 밀교에 의지하여 수행하고 있지만 보리심이 없으면 삼독을 배우는 것과 같다. 위대한 스승 아띠샤도 많은 것을 배웠으나 그것만으로 충분하지 않아 보리심을 배우기 위해 배를 타고 13개월이나 고생하며 셀링빠 스승으로부터 보리심을 배우고 가장 귀한 것으로 여겼던 것이다. 또한 보리심을 얻기 위한 몸은 지금의 이 몸보다 더 나은 것이 없다.

산이나 굴 속에서 단식을 하는 것 등의 혹독한 수행이 최고라고 생각하면서 보리심을 소홀히 여기면 깨달음의 길로 들어설 수 없다. 항상 보리심이 자신의 마음에 저절로 일게 해야 하며, 그렇게 할 수 없다면 명상이나 진언도 시간 낭비와 몸고생에 지나지 않는다.

④ 마니주가 보석의 으뜸이듯이 보리심을 일으킨 이에게 성문이나 연각들은 비할 바가 못 된다. 팔만사천 대장경의 핵심은 바로 보리심인 것이다. 아띠샤 스승님께서도 이 생에 집착하지 말고 보리심에 대하여 명상하라고 말씀하셨다.


"데바닷다는 무슨 까닭으로 저렇게 부처님께 원한을 품고 있습니까?"

"데바닷다의 원한은 전세로부터의 인연이다.

과거세에 대장자가 있었는데 외동딸은 용모가 뛰어나 견줄 이가 없는 미인이었다. 아버지(장자)는 500명의 바라문 수행자를 모아 석 달 동안 공양하고 나서 하는 말이, 여러분 중에서 학문이 뛰어나고, 변론에 이긴 분에게 내 딸을 드리겠다. 500명 수행자는 이 장자의 말을 듣고 서로 변론을 겨루어 그중 한 사람의 바라문은 지혜가 가장 뛰어나고, 변론에 능하고, 무엇이든 모르는 것이 없었다. 그곳에 모인 사람들은 그를 추천하여 상좌로 삼았다. 그는 나이가 많고 얼굴이 못생기어, 눈빛은 퍼렇고, 거의 사람 같은 얼굴이 아니었다. 처녀의 아버지도 이것을 고민하고, 처녀 또한 저 사람을 어떻게 내 남편으로 삼을 것인가 크게 고민하고 있을 때, 마침 먼 곳에서 한 바라문의 수행자가 찾아왔다. 나이는 젊고, 아름답고, 지혜총명 삼경오전 능통하고, 천문지리, 길흉화복, 인사, 물리, 동식물 등의 학문에 능하고, 자비심도 많았다. 이 분이 자리에서 열석하여 500명의 바라문들과 상대를 했는데, 토론하여 모두 꼼짝 못하였다. 마침내 젊은 바라문이 상좌에 추천되었다. 처녀는 몹시 기뻐했으나, 늙은 바라문은 기쁘지 않았다.

나는 나이가 많아 오랫동안 아내를 구하다가 이제 이 처녀를 얻었으니 나에게 넘겨 달라고 했으나, 젊은 바라문은 약속은 약속이니 양보할 수 없다, 하며 처녀를 아내로 삼았다. 그러자 늙은 바라문은 노여운 마음을 품고 말았다.

너는 나를 욕보이고 내 아내를 빼앗았으니 다시 죽고 다시 태어나서, 나는 너를 원망하고 위해와 창피를 주고 그냥 두지 않을 것이다. 이리하여 그는 미래 영겁에 젊은 바라문 수행자를 원수로 삼게 된 것이다. 그 때 늙은 바라문은 데바닷다이고, 젊은 바라문 수행자는 석가모니 부처님이시고, 처녀는 야쇼다라의 전신이다."

우리는 제바달다로 알고 있다. 그는 부처님의 사촌동생이라고 한다. 그렇게 부처님을 괴롭히고 나쁜 짓을 했지만, 부처님은 용서하시고, 수기를 주셨다고 한다.


어느 해 화엄살림(통도사) 종범스님

이세간품－세간을 떠난다.

반대 처세간－다 겪으며, 하고 산다.

불보살이 이세간을 하시고, 중생은 처세간을 한다.

2백문 2천답－2백 문제, 답은 2천 답이다.

구원성불－먼 오랜 전에 성불하심

일념즉시 무량급

원불－성불하신 후 계속 닦으심

주지불－계속 머무시는 부처님

열반불－열반에 드시는 모습을 보인다. 다 부질없고 허망한 것이다.

심불－일심불

수락불－자비불


부처님은 모든 중생들의 고통을 자비심을 일으켜 구제하신다.

처세간, 이세간 집착하지 않는다.

싫어하지도 말고, 좋아하지도 말자.

모부지, 자부지＝큰 일을 당하면 아무도 모른다. 누구도 의지할 수 없다.

무상체험＝허무하다. 속절없이 늙어가고 중생은 구제하지 않고 집착만 한다.


특별법문 종범스님

발심성불

불교는 깨닫는 것이다. 곧 성불하는 것이다.

생사윤회－태어나고 죽고, 반복하는 것

상공화－생사열반은 함께 있다

중생은 연생이다. 인연에 의해서 태어나고

연생은 무생이고, 인연은 인멸이다.

열반 속에서 살고 있다. 불생불멸

초발심시 변정각－성불한다, 바로 이룬다, 시작하는 순간에 성불한다.

깨친 마음－보리심

지혜심－형상에 안 매인다.

자비심－베푼다, 기쁨을 준다.

원력심－지혜와 자비를 끝없이 한다. 보리심

십지보살이 발심하면 정발심

『화엄경』은 신발심, 믿음만 가득하다. 심신성불

중생심－탐욕

불심－자비심

신안－믿음이 충만

　　　　시작이 전부다. 원융법계

다라니－무진보. 끝없는 세계

구레부동－그 자리에서 성불한다.

공덕만 자꾸 쌓으면 된다.

욕심을 버려야 된다.

대가를 바라지 않는다.

염념발심－생각 생각이 성불이다.

심여불심－부처님과 같다

내 마음 속에 늘 부처님이 계신다.

붓다－거룩하신 부처님이시여!

전계대화상 성수큰스님 발원문(황대선원)

조석으로 향불올려 부처님께 비옵나니
국가민족 화목하여 평화통일 이루소서
세상모두 안정되며 어느누구 할것없이
묘한이치 깨달아서 영원불멸 하여지다
저희들이 날적마다 지혜마음 자라나서
석가모니 자비덕과 노사나불 힘을입고
아미타불 원과같이 문수지혜 얻고얻어
보현같이 행을닦고 지장같은 원을세워
관음같이 다니면서 시방세계 누구든지
여래진리 얻게하며 듣는모두 재앙없고
보는전부 해탈하며 이와같은 교화정신
언제라도 쉬지않게 하여지이다
우리절에 오는대중 너나모두 차별없이
보살마음 닦고닦아 지은복이 낙이되고
삼보도량 수호신과 선망부모 무주고혼
유정무정 누구든지 밝은지혜 얻어지다.


보리도차제 기원문(티벳사원경전)

• 오랜 노력으로 쌓은 무량한 두 자량의 공덕으로 눈 먼 무명의
  모든 중생 인도하는 최상의 승리자가 되게 하소서.

• 그것을 얻기 전의 모든 생마다 문수보살님께서 자비로 이끌어
  올바른 순서와 빠짐없는 최상의 불법을 깨닫고 실천수행으로 승리

자를 기뻐하게 하소서.

- 제가 바르게 깨달은 도의 핵심과 대자비와 뛰어난 방편으로 중생의 어두운 마음 제거하고 불법을 오래도록 지니게 하소서.
- 보배로운 불법이 미치지 않는 곳이나 있지만 쇠퇴하는 곳에 대자대비의 마음으로 이익과 행복의 원천 밝히게 하소서.
- 불보살님들의 신비로운 덕으로 훌륭하게 이루어진 보리도차제가 해탈을 원하는 이들의 마음에 힘이 되고 승리자의 행을 오래도록 널리 퍼지게 하소서.
- 바른 도를 완성하는 데 도움을 주고 장애를 제거해 준 사람과 사람 아닌 모두가 세세생생 승리자께서 찬탄하신 올바른 도와 떨어지지 않게 하소서.
- 최상의 승을 열 가지 행으로 이치에 맞게 수행하는 동안 호법신들이 항상 지켜 시방 모두 길상의 바다로 넘치게 하소서.

회향기도

- 허공이 남아 있는 한, 중생이 남아 있는 한 나 또한 머물러 중생의 고통을 없게 하소서.
- 보배로운 최상의 보리심 생기지 않은 것들 생기게 되고, 생긴 것은 줄어들지 않고 더욱더 늘어나게 하소서.
- 위대한 설법자의 가르침을 만난 것이 자애로운 스승 덕분이었듯이, 제가 쌓은 공덕으로 일체중생이 바른 스승과 만나 헤어지지 않게 하소서.
- 설산을 담장으로 두른 국토 거기에 모든 이익과 행복의 근원이며 관자재이신 뗀진갸쵸의 연꽃 같은 두 발이 윤회세계 다할 때까지 머무시게 하소서.
- 정법을 지닌 공덕으로 태어나는 모든 생마다 제가 대승의 네 가지 차크라 떨어지지 않고 출리심, 보리심, 바른 견해와 생기차제, 원만차제 등 모든 수행 성취하게 하소서.

불심은 오직 일심이라고 생각하니
지극 정성으로 기도하고 열심히 공부해서
다 함께 이루어봅시다.
보살도를…
부처를…

달라이라마 존자님께서 반야심경을 가장 짧게 하면 "아"자라고 하셨는데, 우리는 언제나 존자님 모시고 심오한 법문을 들을 수 있을까요? 대한민국 불자 여러분!

그리고 아무리 지식이 풍부하여 머릿속에 가득 담아두면 어디에 쓰리요.

불법은 행하지 않으면 이룰 수 없지요. 작은 '예' 하나 들어봅니다.

우리들은 사찰순례나 방생을 하러 많이 다닙니다. 그중에 가장 해야 할 행을 하지 않습니다. '공중화장실' 사용에서 휴지통에 휴지를 똑바로 넣지 않아요. 자기 것을 닦은 더러운 휴지를… 한 사람이 잘못하면 뒤에 사용자가 바로 넣으면 되는데 더럽다고 그 위에 얹고, 또 얹고 나중에는 발 디딜 틈도 없이 쓰레기 난장판이 되어 있습니다. 청소하는 분이 내 어머니 내 가족이라고 생각하면 도저히 그렇게 할 수 없겠지요? 우리 불자님들은 절대로 그렇게 하지 맙시다. 말없이 주워 담는 마음 보리마음이지요.

불자 여러분!

꼭 건강하시고 행복합시다.

성불합시다.

- 대한불교 연화종 혜산당 동원 종정큰스님

불교는 이른바 도를 닦아서 도를 깨닫고 도를 성취하는 것을 목적으로 하는 종교입니다. 불교에서 말하는 그 도라는 것이 무엇입니까? 그것은 우리가 흔히 듣는 해탈과 열반과 성불의 도입니다. 도라는 말은 길이라는 뜻이요, 방법이라는 뜻도 되며, 진리라는 뜻도 되는 것입니다.

◎자신의 신앙심을 돌아보자

한 해가 시작되는 1월이 새로운 신앙심을 다짐하는 시기라고 한다면 12월은 아마 그러한 신앙심을 돌이켜보고 반성하는 시기가 될 것입니다. 끊임없이 변화하는 계절 속에서 한해를 마무리하는 12월의 막다른 곳에 도착한 지금, 과연 내가 종교적으로 얼마나 성숙하였는가를 돌이켜보도록 합시다. 그 가운데 자신이 부족한 점을 발견하고, 그것을 수정하고 보완하며 더 나아가 이웃을 위해 베풀 수 있는 것을 찾아 적극적으로 실천하는 것이 회향이라고 할 수 있습니다.

그래서 부처님께서도 다음과 같은 말씀을 우리들에게 남겨주시면서 회향의 의미를 가르치고 계십니다.

"만일 어떤 사람이 훌륭하고 좋은 옷을 베풀어주면 그 옷을 베풀어준 인연으로써 그 태어나는 곳이 훌륭하리라. 또 사랑할 만한 물건을 베풀면 천상에 태어나서 마음대로 하리라. 이제 내가 사는 이 궁전을 보라. 허공을 타고 자유로이 노닐며 몸은 마치 금덩이 같아 백 명의 천녀 중에 뛰어났거니 이러한 복과 덕을 잘 살펴보라. 이것이 회향 중의 제일이니라."(『탄금경』)

위의 경전에서 말하는 것처럼, 회향의 제일은 보시입니다. 다른 종교와 마찬가지로 저희 불교에서도 이웃에게 나의 것을 나누어주는 일을 소중하게 여기고 있습니다. 대승불교가 일어나면서 우리 사회의 가장 이상적인 실천의 모습을 지닌 보살을 선정하고, 그 실천의 방법인 육바라밀 가운데 첫 번째로 보시 바라밀을 두고 있는 점도 그 같은 이유에서 찾을 수 있는 것입니다.

우선 '보시'라고 하면, 재물을 나누어주는 일만을 생각하기 쉽습니다. 그러나 신앙의 실천이 돈독한 사람일수록 보시는 재물을 나누어주는 일에 국한되어서는 안 됩니다. 왜냐하면 자신의 성숙된 마음으로 행할 수 있는 보시가 얼마든지 있기 때문입니다. 보시가 이처럼 강조되는 것은 사실 그 사람이 믿음이 있는 사람이냐 아니냐의 판단 기준이 될 수 있기 때문입니다.

『아함경』에서는 부처님께서 믿음 있는 사람을 구분하는데 다음과 같이 세 가지 일로 알 수 있다고 하였습니다.

첫째, 계를 가지는 바른 사람을 보고 싶어 하는 마음이 있을 것

둘째, 바른 법을 듣고 싶어 하는 마음이 있을 것

셋째, 아까워하는 마음이 없어 깨끗한 손으로 널리 보시하고, 보시를 바라는 사람에게 둘러싸여 보시하기를 즐기는 것.

이 세 가지를 갖추어야 비로소 믿는 마음이 있는 사람이라는 것입니

다. 앞에서 보시에는 재물이 없어도 행할 수 있다고 하였습니다. 그것은 7가지나 됩니다.

첫 번째, 부드러운 눈으로 사람을 대하는 안시입니다.

두 번째, 미소 띤 얼굴로 사람을 대하는 화안열색시,

세 번째, 좋은 말로 사람을 대하는 언사시,

네 번째, 예의 바르게 사람을 대하는 신시,

다섯 번째, 선심을 가지고 사람을 대하는 심시,

여섯 번째, 다른 이에게 자리를 양보하는 상좌시,

일곱 번째, 사람을 재워주는 방사시를 말합니다.

이러한 보시는 재물과 관계없이 행할 수 있습니다. 현대사회에 이르러 핵가족화가 되면서 생겨나기 쉬운 인간문제도 이러한 보시로 해결할 수 있습니다. 고부간의 갈등 문제도 위에서 기록한 보시를 실천하면 쉽게 해결될 수 있는 것입니다. 그것을 실행하지 못하는 것은 서로의 자존심이 그 보시의 실천을 막는 것입니다.

사회를 위한 모임에는 가정일을 제쳐두고 뛰어다니며 활동한다고 해서 그들이 굳건한 신앙심을 가지고 있는 것이 아닙니다. 어쩌면 그들은 자신의 공덕을 올바로 회향할 줄 모르는 신앙자라 볼 수 있습니다. 남이 알아주지 않아도 자신의 소신대로 신앙을 실천해 가는 양심 있는 행동을 말하기 때문입니다. 오늘날 같이 빈부의 차가 심하게 느껴질 때일수록 이웃에게 재물을 나누어주고, 가치관의 혼란에 의해 정신적 갈등을 겪고 있는 사람들에게 올바른 길을 제시하여주고, 매사에 자신이 없고 직장과 사회에서 피해망상과 노이로제에 신음하는 사람들에게 인간으로써 할 수 있는 실천에 대해 말해주는 것은 응당 불교인이 해야 할 임무인 것입니다.

날이 갈수록 개인주의에 빠지고, 물욕과 향락에 탐닉하는 현대인들에게 보시의 숭고함과 자비스러움이 더 없는 치료책이 될 수 있다고 할 때, 우리 불자들이 반드시 지녀야 할 회향임은 두말할 필요가 없는 것입니다. 한해가 저물어가는 12월에 우리는 육바라밀에서 보시가 왜 첫 번째에 위치하고 있는지에 대해 그 의미를 되새기며, 신앙심을 돌이켜볼 수 있는 계기가 될 것입니다. 불자들이 지녀야 할 마음가짐의 하나가 되기 때문입니다.

후기

부처님 전에서 십육 년을 불사하고, 공양올리고, 봉사하였는데, 그 공덕으로 절이 하나 생겼습니다.

조계종 지인스님의 인연으로 연화종 종정 스님을 뵙고 "큰스님, 저는 깎지 않으렵니다. 머리를 깎지 않아도 출가할 수 있습니까?" 여쭈었더니 "마음이 부처 이루지 머리털이 무슨 대수가." 하신 말씀 듣고 결심하였으며, 2017년 연화종 해산당 동원큰스님으로부터 출가, 비구니계를 받았습니다.

걷지도 못할 때부터 할머니 등에 업혀 절에 다녔고, 할아버지는 절을 지어 시주하셨습니다. 지금의 조계종 말사인 고경사입니다. 성인이 되어 결혼하였는데, 또 시외조모께서 절을 지어 시주하셨습니다. 조계종 말사 "성불사"입니다. 이는 이미 정해져 있는 불자였던가 봅니다. 40년을 몸은 자주 절에 안 다녀도 시주는 곧잘 하였었고, 20여년 공부해서 모아 놓은 노트들이 네 다섯 권이 되었습니다. 꺼내서 읽어보니 그대로 썩힐 수 없다는 생각이 들었습니다. 책을 만들어서 우리 불자들에게 돌리면 큰 보시가 되리라고 생각되었습니다.

2018년 인도 다람살라 달라이라마 존자님 법회에 갔었는데, 어느 한국 불자가 질문을 하였습니다. "우리 한국 불자들은 보리심이 없는데, 어떻게 하면 됩니까?" 그런 분들을 위해 적어 드립니다. 보리심 일어나는 공부! 티벳 스승들이 쓰신 보리도차제에 보면, 보리심에 대하여 상세히 적혀있습니다. 그 부분은 그대로 옮겨 적었습니다. 저도 읽고, 또 읽고, 다섯 번을 읽고, 두 번을 사경하였더니, 이제 조금 알 듯합니다. 죽을 때까지 해야 하는 공부라고 합니다. "보리도 차제" 람림을요. 초심불자와 보살도를 이루려는 분들에게 꼭 필요합니다.

모든 스님들의 법문 중에는 공성, 보리심, 자비심이 다 들어 있습니다 다만은 아주 상세히 해석해 놓은 티벳 스승님의 보리심 닦기는 놓치지 말고 보리심 일어날 때까지 읽어봅시다.

달라이라마 존자님께서는 우리 한국 불자들은 '공부'를 같이 해야 한다고 하셨습니다. '선'만으로 "부처"이룰 수 없습니다. 스승 없이 혼자는 성불할 수 없습니다. 우리나라에 절은 많이 있지만, 부처님 정법을 만나지 못하면 얼마나 안타까운 일입니까? 살피고 또 의심하고 살펴서 꼭 바른 법을 찾는다면 삼세에 큰 이로움이 되겠지요?

순간순간 일어나는 그 마음 삼독을 꽉 잡아서 흔들리지 않는 굳건한 불심 됩시다.

2006년 후원으로 인연이 되어 티벳불교사원을 가게 되었습니다.


을미생 일심日心 합장

초심불자와
보리심을 얻고자 하는 사부 대중들께

초판 1쇄 인쇄 2020년 4월 13일 | 초판 1쇄 발행 2020년 4월 20일
지은이 일심(日心) | 부산 일심사 070-8824-1680
펴낸곳 도서출판 운주사

(02832) 서울시 성북구 동소문로 67-1 성심빌딩 3층

전화 (02) 926-8361 | 팩스 0505-115-8361

ISBN 978-89-5746-603-2 03220  값 15,000원

http://cafe.daum.net/unjubooks 〈다음카페: 도서출판 운주사〉